Systemisches Coaching mit Menschen und Tieren

Anne Kramer · Mario S. Staller

Systemisches Coaching mit Menschen und Tieren

Sich selbst besser verstehen durch die Begegnung mit Tieren – heilen, wachsen, wirksam werden

Anne Kramer
Therapiezentrum Eifel
Greimersburg / Kaisersesch, Deutschland

Mario S. Staller
Hochschule für Polizei öffentliche Verwaltung
Nordrhein-Westfalen
Köln, Deutschland

Therapiezentrum Eifel
Greimersburg / Kaisersesch, Deutschland

ISBN 978-3-658-44916-2   ISBN 978-3-658-44917-9 (eBook)
https://doi.org/10.1007/978-3-658-44917-9

Die Deutsche Nationalbibliothek verzeichnet diese Publikation in der Deutschen Nationalbibliografie; detaillierte bibliografische Daten sind im Internet über https://portal.dnb.de abrufbar.

© Der/die Herausgeber bzw. der/die Autor(en), exklusiv lizenziert an Springer Fachmedien Wiesbaden GmbH, ein Teil von Springer Nature 2024

Das Werk einschließlich aller seiner Teile ist urheberrechtlich geschützt. Jede Verwertung, die nicht ausdrücklich vom Urheberrechtsgesetz zugelassen ist, bedarf der vorherigen Zustimmung des Verlags. Das gilt insbesondere für Vervielfältigungen, Bearbeitungen, Übersetzungen, Mikroverfilmungen und die Einspeicherung und Verarbeitung in elektronischen Systemen.
Die Wiedergabe von allgemein beschreibenden Bezeichnungen, Marken, Unternehmensnamen etc. in diesem Werk bedeutet nicht, dass diese frei durch jedermann benutzt werden dürfen. Die Berechtigung zur Benutzung unterliegt, auch ohne gesonderten Hinweis hierzu, den Regeln des Markenrechts. Die Rechte des jeweiligen Zeicheninhabers sind zu beachten.
Der Verlag, die Autoren und die Herausgeber gehen davon aus, dass die Angaben und Informationen in diesem Werk zum Zeitpunkt der Veröffentlichung vollständig und korrekt sind. Weder der Verlag noch die Autoren oder die Herausgeber übernehmen, ausdrücklich oder implizit, Gewähr für den Inhalt des Werkes, etwaige Fehler oder Äußerungen. Der Verlag bleibt im Hinblick auf geografische Zuordnungen und Gebietsbezeichnungen in veröffentlichten Karten und Institutionsadressen neutral.

Planung/Lektorat: Rolf-Guenther Hobbeling
Springer ist ein Imprint der eingetragenen Gesellschaft Springer Fachmedien Wiesbaden GmbH und ist ein Teil von Springer Nature.
Die Anschrift der Gesellschaft ist: Abraham-Lincoln-Str. 46, 65189 Wiesbaden, Germany

Wenn Sie dieses Produkt entsorgen, geben Sie das Papier bitte zum Recycling.

Ein erster Einblick

5 von 10

An Miks Arbeitsplatz gibt es einen großen Kühlschrank mit Glasfront, der niemals auch nur halbleer ist. Unsichtbare Hände füllen Bionade, Hafermilch, Dattelkugeln und teures Mineralwasser im Akkord auf, damit kein Mangel an irgendetwas herrscht. Außerdem gibt es eine Dachterrasse mit Feigenbäumen, mehrere Ruhezonen, Gruppenarbeitsräume im Wohnzimmer-feel und Kaffeevollautomaten an jeder Ecke. Also eigentlich ist da alles, was Mik auf seiner imaginären Arbeitsplatzwunschliste stehen hatte. Kolleg:innen sind super. Arbeitszeiten flexibel. Chefin verständnisvoll und achtsam. Gehalt passt.

Mik hat außerdem eine Wohnung, die man guten Gewissens als „stylisch" bezeichnen könnte, einen großen, warmherzigen und inspirierenden Freundeskreis, einen gesunden Körper und ein lustiges Freizeitsportteam.

Als Mik neulich gefragt wurde, wie glücklich er sei, auf einer Skala von 1 bis 10, da sagte er: „6. Nein 5. Nein doch 6. Irgendwie sowas." Und seitdem geht ihm die Frage – und seine eigene Antwort darauf – nicht aus dem Kopf: wieso ist er nur so mittelmäßig glücklich? Und wieso hat er oft ein flaues Gefühl im Bauch, oder noch schlimmer: gar kein Gefühl?

Vielleicht hat es etwas mit der Monotonie zu tun, die er in seinem Leben ausmacht. Und mit der Sinnlosigkeit seines Jobs. Es würde im Großen und Ganzen keinen Unterschied machen, ob er zur Arbeit erscheint oder nicht. Jemand anders könnte genauso gut die neue „Marketingstrategie bei finance pitchen".

Die Sinnfrage stellt sich immer öfter. Letztendlich haben seine Handlungen kaum bis keine Auswirkungen auf die Welt, oder?! Mik fühlt sich zunehmend leer, isoliert und festgefahren. Wie in einem Tunnel, sagt er.

Miks Coach sagt „Wir alle geraten im Laufe unseres Lebens in verschiedenste Tunnel, fühlen uns in unseren Sichtweisen und Handlungsoptionen eingeschränkt. Dies kann wie in deinem Fall berufliche Gründe haben, aber das Gefühl kann auch aus schwierigen familiären Situationen, Verlusten, Schicksalsschlägen, oder ökonomischen Misslichkeiten heraus entstehen. Oder es pas-

> siert einfach so, ganz ohne dass wir einen Grund dafür ausmachen können. Die Kunst ist es, wieder aus dem Tunnel herauszufinden, unseren Blick wieder ins Weite schweifen zu lassen und unsere Verbindung zur Welt wieder herzustellen."

Der Einblick in Miks Gedanken- und Gefühlswelt ist uns nicht neu. Wir alle kennen dieses Tunnel-Gefühl. Es ist eng, dunkel, und wir sehen keine Entscheidungs- oder Veränderungsoptionen. Einen Ausblick oder sogar den Überblick haben wir ohnehin nicht mehr. Die Welt ist draußen. Und wir fahren weiter geradeaus. Manchmal kommen wir schon nach kurzer Zeit wieder auf der anderen Seite hinaus, manchmal dauert es etwas länger, manchmal erscheint uns der Tunnel endlos. Wir versuchen, den Prozess zu beschleunigen, indem wir situationsspezifische Ratgeber kaufen ("Sicheres Auftreten bei Konflikten im Beruf"), durchs Internet klicken ("Wie löse ich Spannungen in meinem Team auf?") oder uns für Workshops anmelden ("Mentale Stärke für Alltag und Job"). Und nicht selten funktioniert das auch. Wir profitieren also von der Erfahrung und der Sichtweise Anderer. Oft sind die Veränderungen, die wir so herbeiführen, wenig nachhaltig, denn wir strampeln uns mit zielorientierter Selbstoptimierung ab und vergessen dabei, die größeren umgebenden Strukturen in den Prozess miteinzubeziehen, und so fallen wir letztendlich doch wieder in die alten Muster zurück.

Natürlich haben wir keine Ahnung von deinem persönlichen Tunnel, oder von deinen Erfahrungen, Themen und Anliegen, und wir möchten auch gar keine Lösungen für spezifische Probleme anbieten. Denn wenn es so einfach wäre, dass wir es für dich lösen könnten, hättest du das Problem nicht. Deine beruflichen und privaten Interaktionen sind naturgemäß hochkomplex, und daher können wir – auch wenn wir wollten – keine „richtigen" Wege vorgeben. Stattdessen möchten wir mit dir eine Haltung entwickeln, die von Weit- und Überblick geprägt ist, und die dir erlaubt, dir in allen Kontexten deiner eigenen Stärke bewusst zu sein wirksam handeln, sodass du selbst entscheiden kannst, welche (Lösungs-)Wege du einschlägst.

Wir arbeiten seit Jahren mit Menschen, die auf irgendeine Art feststecken. Die im Job nicht „weiterkommen", ihre Sinnhaftigkeit verloren haben, in zwischenmenschlichen Konflikten oder ungesunden Dynamiken verhaftet sind, den Zugang zu ihrem eigenen Potenzial nicht finden oder einfach nur unglücklich sind. Die Prozesse, die wir begleiten dürfen, sind oft überraschend und immer intensiv. Vor allem sind sie aber so ganz „anders" als das, was unsere Klient:innen bisher ausprobiert haben. Wir laden dich also dazu ein, dich mit uns auf einen „anderen" Ansatz einzulassen, der deine Haltung und deine Wirksamkeit, wenn du möchtest, nachhaltig verändern kann. Vielleicht hast du im Anschluss einen anderen „Ausblick".

Unsere Arbeit wird von einem systemischen Blick getragen. Und wir sind guter Hoffnung, dass du diesen Blick am Ende des Buches mit uns teilst und uns gar nicht mehr benötigst. Du wirst beim Lesen des Buches auch unsere Tiere[1] kennenlernen. In Buch und auch in unserem Ansatz des „Wirksam werdens"[2] kommt ihnen eine bedeutende Rolle zu.

Anhand von acht Fallbeispielen (Kap. 3) werden wir die großen Leitunterscheidungen, die uns in unserer Arbeit regelmäßig begegnen, thematisieren: Es wird um Nähe und Distanz gehen, um Kontrolle und Vertrauen, Macht und Ohnmacht, Anspannung und Entspannung, Selbst und Andere, Festhalten und Loslassen, Freude und Traurigkeit, um uns Selbst und um Andere, und um das „Sein" und das „Werden". Dabei werden wir dir Ideen und Impulse mitgeben, um diese Leitunterscheidungen für dich selbst aus neuen Blickwinkeln zu betrachten und zu durchdenken. Die Fallbeispiele analysieren wir anhand unseres SAFRAN-Prinzips (Kap. 4) und wir verweisen dabei auf verschiedene Leitideen (Kap. 5), sowie unterschiedliche Betrachtungsperspektiven (Kap. 6), und mögliche Methoden (Kap. 7), die du alle weiter hinten im Buch findest, und die du nicht chronologisch lesen musst, sondern bei Bedarf und Interesse zu Rate ziehen kannst. Du kannst also „kreuz und quer" lesen und, wenn du möchtest, den Verweisen folgen. Es spielt keine Rolle, um welche Systeme und Kontexte es in deinem Fall geht, da wir die Interaktions-Form (das *wie*) in den Fokus rücken – der Inhalt (das *was*) ist austauschbar.

Beginnen möchten wir allerdings mit einer kurzen Einführung in die systemische Arbeit (Kap. 2). Hier geben wir dir auch einen ersten Überblick über unser SAFRAN-Prinzip.

Dann lass uns loslegen. Es wird Zeit für einen neuen (Aus-)Blick.

---

[1] Mit „Tieren" meinen wir hier und im Folgenden nichtmenschliche Tiere, die wir in einem traditionellen Verständnis von Menschen abgrenzen. Der Titel des Buches macht allerdings schon deutlich, dass die Unterscheidung auch eine andere sein könnte.
[2] Am Ende des Buches kommst du vielleicht zu dem Schluss, dass wir das Buch auch „Wirksam sein" hätten nennen können.

Inhaltsverzeichnis

1	**Systemisches Arbeiten… mit Tieren**	1
	1.1 Der systemische Blick	2
	1.2 Das SAFRAN Prinzip	4
	Literatur	16
2	**Fallbeispiele**	17
	2.1 Nähe und Distanz	17
	2.2 Kontrolle und Vertrauen	27
	2.3 Macht und Ohnmacht	39
	2.4 Anspannung und Entspannung	51
	2.5 Festhalten und Loslassen	60
	2.6 Traurigkeit und Freude	69
	2.7 Selbst und Andere	78
	2.8 Sein und Werden	86
	Literatur	93
3	**Leitfaden – Muster erkennen, Handlungsspielraum vergrößern**	95
	3.1 Systeme	95
	3.2 Anliegen	103
	3.3 Form	106
	3.4 Ressourcen	112
	3.5 Alternativen	117
	3.6 Nudging – sanfte Störungen	124

4 Leitideen für einen gelungenen Veränderungsprozess 133
- 4.1 Akzeptanz 133
- 4.2 Ambivalenz 137
- 4.3 Beobachtung 144
- 4.4 Hermeneutische (Un-)gerechtigkeit 150
- 4.5 (De-)Konstruktionen 158
- 4.6 Leitunterscheidungen 166
- 4.7 Salutogenese 171
- 4.8 Speziesismus 175
- 4.9 Systemische Haltung(en) 185
- Literatur 194

5 Perspektivwechsel – unsere Arbeit aus Sicht der Tiere 195
- 5.1 Bedürfnisse 195
- 5.2 Natürliche Reaktionen: Fight, Flight, Freeze, Fawn 199
- 5.3 Safe Spaces 205
- 5.4 Sprache 209
- Literatur 214

6 Methoden – Vorschläge für positive Interaktionen 215
- 6.1 Fellpflege 215
- 6.2 Freie Interaktion 218
- 6.3 Führen 220
- 6.4 Füttern 223
- 6.5 Spazieren gehen 228
- 6.6 Spielen 230
- 6.7 Stellvertreter:innen 234

7 Ein letzter Ausblick 237

Über die Autor:innen

Anne Kramer ist systemische Therapeutin und Beraterin. Sie arbeitet systemisch mit Einzelpersonen, Paaren, Familien und Organisationen, teilweise mit Unterstützung von Tieren. Im Fokus ihrer Tätigkeit stehen die Wechselwirkungen zwischen Sprache, Sprachkompetenz und dem Zugang zu Diskurs-, Lern-, und Entwicklungsräumen. Ein weiteres Hauptanliegen ist es, Menschen und anderen Tieren selbstbestimmte, freie und sichere Interaktionen zu ermöglichen.

Dr. mult. Mario S. Staller ist Professor für Psychologie und Training sozialer Kompetenzen. Er forscht und lehrt an der Schnittstelle zwischen Wissenschaft und Praxis mit besonderem Blick auf Konflikt- und Interaktionsdynamiken. Weitere Forschungsschwerpunkte liegen in der Systemtheorie sowie in der Beobachtung von Systemstrukturen.

Gemeinsam gestalten und leiten sie das Therapiezentrum Eifel (www.therapiezentrum-eifel.de).

1
Systemisches Arbeiten… mit Tieren

Wir wenden uns an Menschen, die ihre eigenen Potenziale und Ressourcen entdecken, reflektieren und entwickeln möchten. Das mag man vielleicht häufiger oder mit größerer Dringlichkeit machen, wenn man im Berufsleben steht, aber es gilt natürlich auch für Menschen, die noch nicht, gerade nicht oder nicht mehr im beruflichen Alltag verstrickt sind. Es geht also darum, ganz praktisch in euren eigenen Kontexten systemisch wirksam zu werden. Und gerade deswegen kommen wir um eine kurze theoretische Einführung nicht herum. Systemisches Denken und Arbeiten an sich ist schon relativ komplex, und dann kommt noch die Frage hinzu, ob und wie uns (andere) Tiere dabei unterstützen können… Ein riesengroßes und weites Feld!

Bücher, Aufsätze, Artikel, Podiumsdiskussionen und Podcasts, die sich mit Systemtheorie(n), systemischer Therapie, systemischer Supervision, systemischem Coaching, hypnosystemischer Kommunikation etc., also ganz allgemein gesagt mit systemischen Ansätzen beschäftigen, gibt es zuhauf. Und wenn man einmal eingestiegen ist, versinkt man schnell im „rabbit hole"– es gibt immer noch mehr zu entdecken, zu lernen und zu diskutieren. Für unsere Zwecke genügt allerdings ein grober Überblick über den systemischen Ansatz und ein praxisorientiertes Integrieren der tiergestützten Arbeit.

1.1 Der systemische Blick

Der systemische Blick betrachtet das Individuum nicht als isoliertes Element im luftleeren Raum, sondern weitet die Linse, um auch die umgebenden Strukturen (das System eben) anzuschauen. Dabei bezieht er das dynamische, fluide (also sich stetig wandelnde) Wesen des Systems mit ein, ebenso wie die Wechselwirkung mit anderen Systemen. Problematische, festgefahrene oder ungesunde Denkweisen, Handlungen und Strukturen werden im Kontext des ganzen Systems verstanden. Vielleicht sind sie Lösungsversuche für als schwierig oder schmerzhaft empfundene Interaktionsmuster. Vielleicht eine logische Konsequenz aus langehegten, systemimmanenten Glaubenssätzen. Vielleicht liegt eine Passungsstörung zwischen persönlicher Haltung und der Haltung des Systems vor.

Ebenso schaut der systemische Blick im System selbst nach Ressourcen [siehe „Ressourcen" im Kap. 4 *Leitfaden*] und Lösungsansätzen. Wir alle verfügen über eine ganze Menge an Ressourcen, sowohl persönlicher als auch kollektiver Natur, die wir aber vielleicht vorübergehend in den Ruhezustand versetzt haben, von deren Existenz wir möglicherweise gar nichts wissen, oder an die wir uns nicht erinnern. Ein Perspektivwechsel [siehe Kap. 6 *Perspektiven*] und eine Gesamtbetrachtung des Systems kann helfen, diese Ressourcen zu (re-)aktivieren und sie wirksam einzusetzen. Da es nicht einfach ist, die eigenen Denkmuster eigenständig aus einer Meta-Perspektive zu betrachten oder sogar aufzulösen, setzt der systemische Ansatz auf Reflexion *mit anderen* (wir setzen, noch spezifischer, auf die Reflexion mit anderen Spezies, ‚maximieren' also sozusagen den Perspektivwechsel).

Dabei werden diese Anderen, die Beobachter:innen [siehe „Beobachten" im Kap. 5 *Leitideen*], allerdings selbst zu einem Teil des Systems, und gestalten dieses durch ihre Beobachtung mit. Es gilt also, das System inklusive der Beobachter:innen zu beobachten, und als Beobachter:in sich selbst mit anzuschauen. Das klingt unglaublich kompliziert – ist es auch. Aus Sicht eines Beobachtenden kann man es so verdeutlichen: Wie schaue ich gerade auf ein bestimmtes System, z. B. auf mein Arbeitsumfeld? Welche Realitäten konstruiere [siehe „(De)konstruktion" im Kap. 5 *Leitideen*] ich? Wovon werde ich dabei beeinflusst? Welches Vokabular benutze ich dafür? Welche Auswirkungen hat meine Beobachtung (und damit meine eigene Konstruktion) auf das System? Und umgekehrt?

Systeme wollen möglichst unverändert überleben, und gleichzeitig müssen sie sich so weiterentwickeln und anpassen, dass dieses Überleben auch unter veränderten Bedingungen möglich ist. Es lohnt also, zu fragen: Wie bleibt das System im Gleichgewicht? Was tut es, um sich selbst zu erhalten? Aber auch: Wie ist Veränderung (die ja oft gewünscht ist) denn dann möglich?

In diesem Kontext kann man sich jedes System als Suppentopf auf einem Herd vorstellen: wenn sich nichts bewegt, man also nicht umrührt, passt sich das System nicht an die veränderte Außenwelt (in unserem Beispiel die heißer werdende Platte) an und die Suppe brennt an. Großes, existentielles Problem für das ganze System Suppe! Verändert man das System allerdings durch zu heftige Eingriffe wie Ausschütten, heftiges Umrühren oder Pürieren mit einem Mixer, ist sie ebenso in ihrer Gesamtheit bedroht und vielleicht nach der Intervention nicht mehr als Suppe zu erkennen. Rührt man allerdings leicht um, sodass sich einzelne Elemente (auf eine unvorhersehbare, willkürliche Art und Weise) neu ordnen und ihre Position verändern können, ohne aus dem System herausgeworfen zu werden, ist das Projekt Suppe wahrscheinlich erfolgreich.

Systeme beinhalten einzelne miteinander interagierende und dabei (selbst) reflektierende Elemente, verfügen über individuelle und kollektive Ressourcen, sowie Beobachtungs- und Veränderungspotenzial. Das bedeutet, der Bedarf an Einflussnahme von außen ist recht gering, und die Möglichkeit der Beeinflussung von außen somit weitestgehend auf sanfte Störungen (besagtes Umrühren) des Systems beschränkt – die Neuausrichtung oder Anpassung ist von außen nicht beeinflussbar, sie geschieht im System selbst.

Vor diesem Hintergrund sehen sich systemische Coaches oder Therapeut:innen nicht als anleitende oder führende Personen, sondern als Unterstützer:innen bei der Erhöhung des Reflexionspotenzials durch zusätzliche Beobachtung. Was aus dieser zusätzlichen Beobachtungsebene entsteht, bleibt den Klient:innen überlassen – sie sind grundsätzlich Expert:innen für sich selbst, ihr umgebendes System und ihre eigenen Prozesse.

Auch ohne eine:n Therapeut:in an der Seite können wir von dieser Denkweise profitieren: Wir als Expert:innen für unsere eigene Situation vergrößern unseren Wirkungskreis in alle Richtungen, indem wir eine systemische Herangehensweise zugrunde legen: wir lernen, unser Sein in Systemen und unsere Interaktion mit diesen aus verschiedenen Perspektiven (oder durch verschiedene „Brillen") zu beobachten, unsere eigenen Glaubenssätze und Realitätskonstruktionen herauszufordern, Ressourcen zu entdecken und neue, alternative Denk- und Handlungsmöglichkeiten zu entwickeln, die uns im Alltag, sei es beruflich oder privat, auf neue Arten wirksam werden lassen.

1.2 Das SAFRAN Prinzip

Wir sind uns durchaus in Klaren darüber, dass es sehr anspruchsvoll ist, all diese Ebenen gleichzeitig zu durchdenken und miteinander in Verbindung zu setzten. Es könnte hilfreich sein, unser SAFRAN-Prinzip anzuwenden, um einen groben Überblick zu behalten, während wir in die systemische Arbeit einsteigen. Gehen wir also Schritt für Schritt vor, wenn wir eine (problematische) Situation systemisch betrachten und unser Wirkungsfeld erweitern wollen:

- **S – System:** Um welches System handelt es sich? Schau dir das System an, benenne es und beschreibe es in Grundzügen. Worauf kommt es in diesem System an? Worum geht es? Was sind systemdefinierende Strukturen?
- **A – Anliegen.** Was ist mein/unser Anliegen oder das Anliegen einer anderen Person (wenn wir beratend tätig sind). Ist das Anliegen von mir/uns überhaupt bearbeitbar? Wie kann das Anliegen so formuliert werden, dass es bearbeitbar ist?
- **F – Form.** Dies ist Kern und schwierigster Schritt unserer Analyse. Welche Form hat das ‚Problem'? Wie (nicht: was) wird gedacht/interagiert/kommuniziert? Welche Form haben Handlungen und Interaktionen? Es ist essenziell, sich über den Inhalt der Problematik hinweg auf eine Form-Ebene zu begeben, um tiefergehende Einsichten zu erlangen, da Inhalte sich verändern, die Form allerdings oft bestehen bleibt. Es gilt also, bei der Form anzusetzen!
- **R – Ressourcen.** Welche Ressourcen sehen wir – auch in dem bestehenden Problemmuster? Welche Fähigkeiten, Kenntnisse, Eigenschaften, die sich für unser Anliegen nutzen lassen, gibt es?
- **A – Alternativen.** Wie können diese Ressourcen auf andere Art als bisher genutzt werden? Welche alternativen Perspektiven und Handlungsmöglichkeiten gibt es?
- **N – Nudging.** Nudging bedeutet „anschubsen" oder „anstoßen". Wo und wie können wir also vorsichtig einen Impuls setzten, der eine Veränderung im System bewirken könnte?

Die SAFRAN-Leitfragen sind zirkulär angelegt: Unsere Anliegen – und in der Folge alle weiteren Parameter – verändern sich ständig; sie differenzieren sich mit zunehmendem Reflexionsniveau aus. Wir beobachten (uns selbst) zu verschiedenen Zeitpunkten auf verschiedene Arten, und was wir sehen, beeinflusst wiederum, wie wir unsere eigenen Wirklichkeiten konstruieren. Unsere Fragestellungen und Lösungsansätze passen sich diesen veränderten Wirklichkeiten an. Wenn wir unser Anliegen mit dem SAFRAN-Leitfaden durchdacht haben, werden wir wahrscheinlich ein weiteres, neues oder verändertes Anliegen vorfinden, das wir dann wiederum unter Verwendung der Leitfragensystemisch bearbeiten können.

Schauen wir uns das Ganze anhand eines alltäglichen Beispiels an:

S – System Ein „Lehrer:innen-Kollegium einer Schule". Es handelt sich um eine Gruppe von Menschen, die sich mit der Zuschreibung „Lehrende" identifizieren. Das System grenzt sich klar von Lernenden und nicht-lehrenden Mitarbeitenden einer Schule, sowie von den Eltern bzw. Sorgeberechtigten ab. Es geht um Erziehung und Bildung. Es geht aber auch um eine ökonomische, hierarchisierte Beziehung zum staatlichen Verwaltungsapparat und somit um gewisse Dienstpflichten und -erwartungen.

A – Anliegen Das ursprüngliche Anliegen wird von einem Element des Systems (also einer Person) so formuliert: „Meine Kolleg:innen sollen freundlicher und zugewandter miteinander und mit mir umgehen, damit die Stimmung besser wird." Solche Dinge wünschen wir uns natürlich ständig – sie sind allerdings gar nicht exklusiv von uns selbst beeinflussbar. Mit diesem Anliegen wird also eher eine vage Hoffnung ausgedrückt, das Individuum bleibt aber letztendlich passiv und denkt die eigene Wirksamkeit noch gar nicht mit. Es könnte hilfreich sein, es so umzuformulieren: „Ich möchte einen entspannteren Umgang mit den unvorhersehbaren Launen Anderer finden und selbst eine freundliche Grundhaltung beibehalten. Von negativen Stimmungen möchte ich mich abgrenzen."

F – Form Es lohnt sich, zu ergründen, *wie* man bisher mit der Problematik umgegangen ist. In unserem Fall – dies zeigt sich insbesondere im ursprünglichen, nicht lösbaren Anliegen – wurde defizitorientiert beobachtet und analysiert. Launenhaftigkeit, Unfreundlichkeit und Verschlossenheit wurden vermutet und folglich auch gesehen – sich selbst erfüllende Prophezeiungen und Kreisläufe der Negativität könnten aus dieser Haltung daraus entstanden sein.

R – Ressourcen Das Anliegen zeigt bei genauerem Hinsehen auch, dass der Wunsch zu einer gelingenden und entspannten Interaktion besteht. Offenheit und Wertschätzung gegenüber den anderen sind also vorhanden (sonst wäre es schlicht egal und man würde ein solches Anliegen gar nicht erst vorbringen). Ebenso ist die Bereitschaft vorhanden, aktiv zu werden. Dass eine negative Haltung oder Stimmung, unabhängig davon, wie und von wem sie konstruiert wurde, erspürt wurde, zeugt zudem von den sogenannten „feinen Antennen", die für das System wertvoll sind, weil sie Erschütterungen (ähnlich einem Seismografen) früh erkennen und Handlungsanpassungen erlauben.

A – Alternativen Das Erkennen dieser Ressourcen stellt hier vielleicht bereits die Alternative dar, die darin bestehen könnte, die Dinge „sein zu lassen", und zwar im wörtlichen Sinne dieser Phrase. Wertschätzung und Offenheit unabhängig von Reaktionen beizubehalten erfordert natürlich eine gewisse Resilienz, allerdings bietet das Erkennen und Benennen dieser positiven Selbstzuschreibungen bereits ein solides Fundament für diese. Die bereitgestellten Ressourcen könnten so als Angebot oder Einladung an andere, nicht als Erwartung wahrgenommen werden, was größere Unabhängigkeit vom Feedback der Kolleg:innen und so wiederum größere Handlungsspielräume eröffnet.

N – Nudging Gelegenheiten für Nudging bieten sich hier, indem bewusst die eigene Haltung und deren (Nicht-)Veränderung in der Interaktion mit anderen isoliert von deren Haltung betrachtet wird. Die eigenen als positiv empfundenen Ressourcen dürfen fest stehen bleiben, unabhängig von den umgebenden Kommunikationsdynamiken. Hilfreich ist es, in der Metakommunikation (mit sich selbst) statt Haupt- und Nebensätzen – „Ich bleibe freundlich, obwohl ich angegriffen werde." – zwei Hauptsätze zu bilden, um diese Abgrenzung zu verdeutlichen: „Jemand anderes verhält sich unhöflich. Ich verhalte mich freundlich und gelassen."

Wir möchten dich dazu einladen, ein eigenes Anliegen mit der SAFRAN-Methode zu durchdenken – und möglicherweise deine Perspektive dadurch zu erweitern und Denk- und Handlungsalternativen zu erkunden.

1 Systemisches Arbeiten… mit Tieren

Mein eigenes Anliegen mit der SAFRAN-Methode durchdacht

System:

Anliegen:

Form:

Ressourcen:

Alternative Ansätze:

Nuding(s):

Indem wir systematisch und systemisch das eigene Beobachten und Nachdenken – aus einer Vogelperspektive – beobachten, entsteht bereits der Raum für Veränderung: die eigene Haltung entwickelt sich in einer Weise, die nicht mehr als passiv und abhängig, sondern als aktiv und wirksam charakterisiert werden kann; gerade indem sie eigene Limitationen erkennt und Verantwortungsbereiche eng absteckt. Es braucht also weder große Gesten noch krasse Interventionen, um die Selbstwirksamkeit zu erhöhen und Dynamiken zu verändern. Es braucht lediglich die Bereitschaft, genau hinzuschauen und das Beobachtete effizient einzusetzen. Denn schließlich kann man nur – und das kann man gar nicht oft genug betonen, auch wenn es offensichtlich erscheint – mit dem arbeiten, *was da ist*, und nicht mit dem, was *nicht* da ist. *Wie* man allerdings damit arbeitet, bleibt einem glücklicherweise selbst überlassen.

Soweit, so einfach. Formulieren wir also aus dem System heraus ein Anliegen, beobachten unsere Interaktionsformen und Ressourcen, finden alternative Ansätze, nudgen uns selbst ein bisschen… und schon läuft es! …nicht ganz.

Unser Beispiel war ehrlich gesagt ziemlich offensichtlich, einfach gestrickt und außerdem von uns selbst be- bzw. geschrieben; und wir konnten uns somit gar nicht erwehren, die Lösung direkt mitzudenken. Im „richtigen" Leben sähe es selbstverständlich komplett anders aus: das Problem wäre komplexer, die Handlungsalternativen weniger offensichtlich. Wir wären in eine Sackgasse geraten und könnten uns nur schwer, oder gar nicht, daraus befreien. Wir kämen einfach nicht weiter. Vielleicht wüssten wir gar nicht so genau, worin das Problem bestünde oder was genau unser Anliegen wäre. Und selbst wenn wir eine konkrete Vermutung hätten, könnten wir es vielleicht nur mühsam in Worte fassen.

Genau hier liegt ein Kernproblem: Sprache erfasst eben nicht alles, sondern nur das, was in Worten verpackt werden kann. Natürlich gibt es *viele* Worte, und viele verschiedene, und man kann sich, wenn man einige davon kennt, nuanciert ausdrücken – aber es gibt eben nicht für jede Wahrnehmung, jede Dynamik, jede Empfindung genau das passende Vokabular. Und selbst wenn es so wäre, wäre es nicht in jeder Situation und aus jeder Perspektive semantisch gleich.

Obwohl Sprache arbiträr (also willkürlich in der Zuweisung der Zeichen) aber konventionell (also den meisten Mitgliedern einer Sprachgemeinschaft verständlich) ist, besteht doch zumindest teilweise eine semantische Individualität: Wörter haben immer auch noch eine mitschwingende Bedeutungsebene, die nutzer:innenspezifisch unterschiedlich sein kann. Wir versehen die sprachlichen Zeichen also nicht mit komplett identischen Inhalten, sondern jeder Mensch versieht sie mit eigenen, unterschiedlichen Konnotationen. Wenn du beispielsweise an einen „Weg" denkst, hast du höchstwahrscheinlich ein komplett anderes Bild vor deinem inneren Auge als die Person neben dir. Die Empfindungen, die in dir aufsteigen, wenn du in einer Konversation das Wort „problematisch" hörst, sind ebenso ganz individuell und völlig anders als die der anderen Zuhörenden. Sowohl die sprachbasierte Interaktion mit anderen als auch die Analyse dieser Interaktion (die sogenannte Metakommunikation) kann also nie vollständig alle Bedeutungsebenen aller Beteiligten erfassen, sie ist immer unvollständig.

Selbst wenn wir uns nur mit uns selbst ‚unterhalten', also unser eigenes Denken und Handeln betrachten, nutzen wir je nach Zeitpunkt, Kontext und anderen Parametern unterschiedliche Semantiken. Einfacher ausgedrückt: nicht jeder Tag hat dasselbe Wort dieselbe Bedeutung für uns. Zudem hat solch sprachbasierte Selbstreflexion naturgemäß einige blinde Flecken: wir alle kennen „Bauchgefühle", für die es keine passenden oder zutreffenden Worte zu geben scheint. Und wir alle denken nicht ausschließlich in Worten, sondern in Bildern, Empfindungen, Lauten oder vielleicht auch ganz anderen Kategorien, die noch nicht sprachlich erfasst sind.

Sprache ist also fluide, ständig im Wandel, und kann daher je nach Kontext völlig unterschiedliche Inhalte transportieren und Bedeutungen konstruieren.

Hier entsteht unter Umständen das, was von Miranda Fricker als „hermeneutische Ungerechtigkeit" bezeichnet wurde (Fricker, 2007): dem eigenen Anliegen bzw. dem eigenen Erleben kann sprachlich nicht so Ausdruck verliehen werden, dass es gehört oder verstanden wird. Dies bezieht sich sowohl auf die Kommunikation zwischen verschiedenen Personen (-gruppen) als auch auf die intrapersonale Kommunikation.

Im Dialog zwischen Personen (-gruppen) mit unterschiedlichen Voraussetzungen entsteht die hermeneutische Ungerechtigkeit, also das mangelnde Verständnis für die Erfahrungen und Gedanken der anderen auf der einen Seite und das Nichtverstandenwerden auf der anderen Seite, indem der Zugang zu hermeneutischen Ressourcen ungleich ist, was an soziale Hierarchien bzw. Machtstrukturen gekoppelt ist. Ein Mensch, der über ein großes zeitliches, finanzielles und bildungsbezogenes Kapital verfügt, kann dem eigenen Anliegen in den meisten kommunikationsbasierten Interaktionen des öffentlichen Lebens Gehör verschaffen, indem er sprachliche Strukturen nutzt, die von anderen, ähnlich ausgestatteten Menschen verstanden werden und resonieren. Es wird diesem Menschen aber schwerfallen, den Erfahrungsraum einer Person, die in prekären Verhältnissen, ohne Zugang zu Bildung und mit wenig Zeit für Diskurs aufgewachsen ist, zu betreten und zu begreifen. Umgekehrt wird es dieser letztgenannten Person kaum möglich sein, das eigene Erleben analytisch und sprachlich so aufzuarbeiten, dass es beispielsweise im akademischen Diskurs aufgegriffen und verstanden werden kann.

Noch existentieller ist das, was Fricker als Kern der hermeneutischen Ungerechtigkeit ausmacht, nämlich die Unfähigkeit, das *eigene* Erleben selbst sinnvoll zu deuten:

> „Hermeneutische Ungerechtigkeit tritt in einem früheren Stadium auf, nämlich dann, wenn eine Lücke in den kollektiven Interpretationsressourcen jemanden in seinem Bemühen, die eigenen sozialen Erfahrungen sinnvoll zu deuten, auf unfaire Weise benachteiligt." (Fricker, 2007, S. 1, übersetzt aus dem Englischen)

Dies tritt zum Beispiel auf, wenn es einer Person an Begrifflichkeiten, Definitionen oder Konzepten für das, was ihr widerfährt oder widerfahren ist, mangelt, wenn diese Person also sowohl auf einer inhaltlichen als auch auf einer linguistischen Ebene das eigene Erleben nicht „sortieren", kategorisieren oder einordnen kann. Krasse Beispiele dafür sind Menschen, die nicht wissen (und somit auch nicht ausdrücken können), dass es sich bei dem, was ihnen geschehen ist, um sexualisierte Gewalt handelt, da sie nicht darüber aufgeklärt wurden, dass es so etwas wie sexualisierte Gewalt (oder, noch grundlegender: das Recht auf körperliche Unversehrtheit) gibt, und keine Begrifflichkeiten dafür kennen [Siehe „Hermeneutische Ungerechtigkeit" im Kap. 5 *Leitideen*].

Weniger dringlich aber dennoch beobachtenswert sind komplexere und subtilere hermeneutische Ungleichheiten, mit denen wir alle täglich umgehen: auf welche Weise und mit welchen Voraussetzungen erschließen wir den Sinn der uns umgebenden Kommunikationsstrukturen? Welche konzeptionellen, analytischen und sprachlichen Werkzeuge stehen uns (nicht) zur Verfügung? Wie können wir unsere eigenen Empfindungen und Erfahrungen (für uns selbst) so beschreiben, dass sie verstanden werden?

> **Impuls**
> Ist es dir schon einmal schwergefallen, dein eigenes Erleben sprachlich wiederzugeben? In welchen Situationen? Welches Ausdrucksmedium hast du genutzt/ hast du dir gewünscht?

Wenn unsere Wirksamkeit also von sprachlichen Strukturen abhängig ist, die ja, wie oben beschrieben, nicht immer all unsere erlebten Realitäten begreifen und wiedergeben können, und die immer auch von den individuellen Voraussetzungen der Kommunikationsbeteiligten abhängig sind, ist sie also per se eingeschränkt. Daher gibt es alternative Ausdrucksmöglichkeiten, die nicht sprachbasiert sind: Kunst und Musik wären hier natürlich zu nennen, aber auch körperbasierte Ausdrucksformen wie Tanz oder Kampfsport und viele weitere.

Diese Interaktionen können – ganz grob – in zwei Kategorien unterteilt werden, nämlich objektbasierte Interaktion vs. subjektbasierte Interaktion. Interaktion mit unbelebten Objekten (Formen, Farben, Klängen…) eröffnet einen Dialog, bei dem die Objekte als Projektionsfläche und Spiegelung des eigenen Empfindens dienen. Sie haben keinen eigenen Willen und drücken keine eigenen Ideen aus. Natürlich haben wir trotzdem das Gefühl, ein Kunstwerk oder ein Musikstück „spricht" zu uns, letztendlich konstruieren wir jedoch anhand unserer eigenen Eindrücke eine Bedeutung.

Anders verhält es sich mit der subjektbasierten Interaktion, also der Interaktion mit Lebewesen. Sie bringen eigene Ideen, Vorstellungen und Realitäten mit und ergänzen so das eigene Erleben um eine weitere Dimension. Sie sind mehr als Projektionen oder Spiegelungen, sondern eröffnen neue Perspektiven anderer, eigenständig empfindender, denkender, handelnder, wollender „ichs". Wir werden mit Sichtweisen und Ideen konfrontiert, die wir noch gar nicht bedacht hatten und die uns bereichern, aber auch verstören oder verunsichern können. Und genau in diesem Prozess, diesem Dialog, wachsen wir. Allerdings ist die Problematik, dass die Interaktion mit Subjekten sich aufgrund sprachlicher Hürden, wie oben bereits beschrieben, schwierig oder frustrierend gestalten kann, damit immer noch nicht aufgelöst.

Hier kommen die Tiere ins Spiel, als Lebewesen, die eigenständig agieren und somit unsere Perspektiven erweitern. Gleichzeitig sind wir in der Kommunikation mit Tieren nicht auf unsere menschliche Sprache angewiesen, können also unmittelbar miteinander in Beziehung treten und aufeinander einwirken, ohne vorher unser inneres Empfinden „transkribieren", also sprachlich darstellen zu müssen.

Indem der Umgang mit Tieren weitgehend non-verbal stattfindet – denn selbst wenn wir mit Tieren in Menschensprache sprechen, geht es in den seltensten Fällen um den Inhalt, sondern vielmehr darum, durch Intonation eine gewisse Stimmung auszudrücken – sind wir von der hermeneutischen Ungleichheit zunächst einmal befreit, ebenso wie von dem Druck, uns durch sprachliche Zeichen einigermaßen strukturiert verständlich machen zu müssen. Denn in dem Bemühen, uns so auszudrücken, dass unser Gegenüber uns versteht, geraten wir nicht selten so unter Stress, dass der eigentliche Inhalt, unser Empfinden, gegenüber der Form in den Hintergrund tritt. Wir sind so darauf konzentriert, beispielsweise einer Therapeutin unter Verwendung von Sprache, die uns schon während wir sie nutzen unzulänglich scheint, zu schildern, wie wir uns fühlen, dass das eigentliche Gefühl in Vergessenheit gerät. In der Interaktion mit nichtmenschlichen Lebewesen verspüren wir diesen Druck allerdings selten – die unmittelbaren Empfindungen stehen im Vordergrund, nicht deren Beschreibung oder Erklärung. Dies öffnet den Raum, Gefühle zunächst einmal eingehend zu fühlen, anstatt sie analytisch aufarbeiten zu müssen. Nicht umsonst wird sogenannte *tiergestützte Therapie* besonders für Menschen eingesetzt, denen die Verwendung von Sprache schwerfällt, beispielsweise aufgrund diverser Beeinträchtigungen, Sprachbarrieren, Traumata oder Alterserscheinungen wie Demenz. Und auch wir als Menschen, die in Gegensatz zu diesen Personen mit Sprache grundsätzlich umgehen *können*, empfinden vielleicht auch einfach Erleichterung, wenn wir dies nicht *müssen*.

In unserer Arbeit beobachten wir, dass unsere Klient:innen den nonverbalen Umgang mit den Tieren als unmittelbarer und somit „echter" empfinden als die verbale Interaktion mit uns und/oder anderen Menschen. Oft hören wir Aussagen wie „Im Umgang mit Vuddy[1] habe ich zum ersten Mal erlebt, dass ich eine beruhigende Wirkung habe", oder „Ich habe oft mich oft gefragt, wie ich meine Präsenz verbessern kann, aber ich hatte keine Idee, wie sich das anfühlt, bis ich mit Nino gearbeitet habe und gemerkt habe, wie er auf mich reagiert, je nachdem, wie ich mich halte".

Indem wir also im Umgang mit Tieren die Schwierigkeiten der Sprachlichkeit umgehen, können wir direkt und unmittelbar wirken und bekommen unsere Wirksamkeit ebenso direkt und unmittelbar gespiegelt. Wir erfahren und spüren, wie unsere innere Haltung sich gestaltet, wo unsere Unsicherheiten liegen, welche Art von Verhalten resoniert, wie wir Verbindungen zu anderen erfolgreich gestalten [siehe „Haltung" im Kap. 5 *Leitideen*].

Von der anderen Seite aus betrachtet, also wenn wir uns als Empfänger:innen, nicht als Sender:innen, von Kommunikationssignalen verstehen, können wir uns in der Interaktion mit Tieren sicher sein, nicht durch Sprache abgelenkt, verunsichert oder sogar manipuliert zu werden.

---

[1] …ja, unser Pferd heißt wirklich Vuddy, und nein, diesen Namen haben wir nicht selbst ausgesucht – er hieß schon so, als er bei uns eingezogen ist.

Tiere übersetzen ihre Aussagen nicht in abstrakte Symbole. Sie verklausulieren, beschönigen, dramatisieren, lügen, verheimlichen also nicht, sondern kommunizieren mit ihren Gesten, ihrer Mimik, ihrer Stimme und ihren Blicken genau das, was sie wirklich meinen bzw. fühlen. Diese „analoge" Art der Kommunikation erleichtert uns das Verständnis, indem wir sie nicht erst entschlüsseln müssen. Wünschen wir also eine direkte und ehrliche Rückmeldung zu unserem Auftreten, unserer Haltung und/oder unserem Umgang mit anderen, sollten wir uns vielleicht an nichtmenschliche Lebewesen wenden – und bereit sein, die Rückmeldung auch anzunehmen.

Und da wir schon beim Thema Ehrlichkeit/Direktheit sind: Ein offensichtlicher, aber in seinen Auswirkungen oft unterschätzter Aspekt der Mensch-Tier-Interaktion ist, dass sie mit komplett unabhängig von Äußerlichkeiten wie dem sozialen Status, der Bildung, dem finanziellen Background oder dem Aussehen geschieht, da diese Kategorien für Tiere ganz einfach keine Rolle spielen. Sie sind ihnen – zum Glück – gänzlich unbekannt. Wir bekommen also die Chance, unsere Wirksamkeit unabhängig von Einflussfaktoren, die für eine Verzerrung sorgen würden und den Blick auf unseren Kern verstellen, zu erleben. Eine Managerin mit fünfstelligem Monatseinkommen hat im Umgang mit Tieren nicht mehr Ressourcen zur Verfügung als eine arbeitsunfähige Person, die auf Grundsicherung angewiesen ist, denn Tiere treten uns als Individuen zunächst einmal unvoreingenommen gegenüber. Es mag in einigen Fällen eine gewisse Vorsicht, vielleicht sogar berechtigte Angst, gegenüber uns Menschen als Spezies geben (siehe „Speziesismus" im Kap. 5 *Leitideen*), die in schlechten Erfahrungen begründet ist. Jedoch haben wir im Umgang mit ihnen die Möglichkeit, die (Selbst-)Zuschreibungen, die wir im Laufe unseres Lebens angesammelt haben, außer Acht zu lassen und in einen wert- und bewertungsfreien Raum einzutreten. In der Praxis ist es oft sehr interessant, und ja, manchmal auch unterhaltsam, zu beobachten, wie überrascht Menschen davon sind, dass all die „Dekorationen" wie Titel oder Finanzen plötzlich völlig irrelevant sind, und wie sie, angewiesen auf substanziellere Faktoren wie der eigenen Haltung gegenüber anderen, plötzlich ganz neue, effiziente Wirkweisen entdecken.

Ein weiterer für die Kommunikation relevanter Aspekt ist die Biochemie: Wir schütten im Kontakt mit Anderen ständig unterschiedlichste Arten von Hormonen aus, je nachdem, welche Art von Interaktion wir betreiben: Oxytocin als „Wohlfühlhormon" im direkten Kontakt mit Menschen, denen wir verbunden sind, ist sehr bekannt, ebenso wie Adrenalin oder Cortisol in (sozialen) Stresssituationen. Diese Hormone haben erheblichen Einfluss auf unsere Stimmung. Nach allem, was wir wissen, reduziert der nahe (freundliche)

Kontakt mit Tieren die Ausschüttung von Stresshormonen und fördert die Ausschüttung von Oxytocin.

Wir würden also gern noch einen Schritt weiter denken: Wenn wir allein durch die Anwesenheit eines Tieres biochemisch „gut aufgestellt" sind, also stressreduziert und bindungsbereit in die Interaktion eintreten, haben wir dann nicht viel mehr Raum und Energie zum Erkunden unserer Ressourcen und Wirksamkeiten? Vielleicht sollte grundsätzlich ein Hund anwesend sein, wenn wir an uns selbst und aneinander arbeiten …

Wenn du nun also systemisch arbeiten möchtest und dabei Tiere einsetzen bzw. als Unterstützer:innen dabeihaben möchtest, kann es hilfreich sein, das SAFRAN-Prinzip wie folgt zu ergänzen:

- **System**. In welcher Art von System befinden wir uns gerade, auch aus der Sicht des Tieres (z. B. Familie, Herde, Zweckgemeinschaft, Symbiose)? Was ist unsere Motivation, miteinander zu interagieren? Worum geht es in unserem System? Wie kommunizieren wir?
- **Anliegen**. Was möchten wir innerhalb dieses Systems beobachten? Welche Frage haben wir bezüglich (unserer eigenen) Dynamiken, Muster, Interaktionen?
- **Form**. Wie gehen wir miteinander um? Wie ist die Stimmung bzw. der „Ton" der Interaktion? Gibt es wiederkehrende Interaktionsmuster oder -formen? Was fällt auf? Gibt es Hierarchien oder Dominanzstrukturen? Welche?
- **Ressourcen**. Welche Ressourcen haben sowohl wir als auch die Tiere jeweils zur gelungenen Interaktion mitgebracht? Welche sind in der Interaktion miteinander entstanden?
- **Alternativen**. Wie können wir diese Ressourcen einsetzen, um neue, alternative Wirkweisen für uns zu entwickeln?
- **Nudging**. Wie können wir diese alternativen Wirkweisen umsetzen, ohne direkt das ganze System „umzuwerfen"? Wie können wir kleine, sanfte Veränderungen in der Form unseres Umgangs miteinander anstoßen?

Wenn du selbst keinerlei Erfahrung im Umgang mit Tieren hast, empfehlen wir dir, begleitend zu diesem Buch Supervision und/oder Kommunikationstraining in Anspruch zu nehmen, da es eine heillose Überforderung darstellen würde, unserem doch recht anspruchsvollen Beobachtungs- und Analysekonzept zu folgen, ohne die Signale des Tieres, mit dem du interagierst, überhaupt zu verstehen und eigene senden zu können. Es wäre grob fahrlässig, dir zu raten, es einfach mal auszuprobieren, da Missverständnisse, die oft durch mangelndes Wissen über die andere Spezies entstehen, zu verheerenden Konsequenzen führen können.

Wir setzen also voraus, dass du zumindest ein solides Grundvokabular in Pferdisch, Hundisch, Schweinisch oder einer anderen „Tiersprache" aufgebaut hast, schon Erfahrungen mit verschiedenen Tieren einer oder mehrerer Spezies gesammelt hast und dich in der Interaktion mit ihnen wohl und sicher fühlst.

Wenn du bereits Erfahrung mit Tieren hast und dieses Buch nutzt, um dich persönlich weiterzuentwickeln, wünschen wir uns, dass du offen und neugierig herangehst und auch bereit bist, alte Interaktionsmuster (mit deinem Tier) kritisch zu betrachten, herauszufordern und evtl. neu zu sortieren.

Wenn du selbst als Expert:in andere in ihrer Entwicklung unterstützen möchtest, und dabei Tiere zum Einsatz kommen, du also (tiergestützte:r) Therapeut:in, Coach, Pädagog:in o. Ä. bist, empfehlen wir dir, die vorgestellten Ideen und Ansätze auch einmal auf dich selbst anzuwenden, zu durchdenken und/oder auszuprobieren. Du solltest „Selbsterfahrung" sammeln, da dies sowohl für die Entwicklung deiner eigenen therapeutischen oder beraterischen Grundhaltung als auch für den Prozess mit deinen Klient:innen sinnvoll ist – immerhin wirst du auch dort zum Teil eines Systems und gestaltest dies durch dein eigenes Wirken deutlich mit.

> **In aller Kürze**
> - Systemisches Arbeiten bedeutet, die sozialen Strukturen, die das Individuum umgeben, die Beobachtung und Bearbeitung von Problemen oder Anliegen miteinzubeziehen.
> - Es geht vor allem um die Form der Interaktion, also das „wie", nicht die Inhalte, also das „was".
> - Ressourcen stehen dabei im Fokus, wir arbeiten lösungsorientiert.
> - Die Anliegen sind oft kompliziert und vielschichtig, daher hilft es, strukturiert nach dem SAFRAN-Prinzip vorzugehen.
> - Da Sprache als Medium zur Verarbeitung unserer Ideen und Beobachtungen oft unzulänglich ist, bietet die non-verbale Interaktion mit Tieren eine Basis, Dynamiken deutlich darzustellen.
> - Weitere Aspekte in der Mensch-Tier-Interaktion sind Direktheit der Kommunikation, Unvoreingenommenheit, und biochemisches Wirken.
> - Dies hilft dabei, neue Dimensionen der eigenen Potenziale zu erkennen und zu entwickeln.
> - Ein Basiswissen über „dein" Tier und die Fähigkeit, mit diesem zu kommunizieren, wird vorausgesetzt.

Literatur

Fricker, M. (2007). *Epistemic injustice: Power and the ethics of knowing.* Oxford University Press.

2

Fallbeispiele

2.1 Nähe und Distanz

Johann hat ein Aggressionsproblem

Vielleicht ist Johann Personalverantwortlicher einer mittelgroßen, mittelerfolgreichen Firma. Wenn Mitarbeitende in seinem Büro erscheinen müssen, werden sie prophylaktisch schon einige Minuten vorher blass. Es ist nicht vorherzusehen, worüber er sich so aufregen wird, dass die Adern an seinen Schläfen sichtbar zu pulsieren beginnen und er hemmungslos losbrüllt. Aufträge nicht bekommen. Falsche Zahlen. Emails nicht rechtzeitig beantwortet. Johann hat zwar in diesen Wut-Phasen noch nie jemandem nachhaltig geschadet, zumindest nicht auf beruflicher Ebene, aber die Situation ist maximal unangenehm für alle, insbesondere für Johann selbst, der sich danach meistens ein bis zwei Tage nicht auf dem Flur sehen lässt und auch nur verhalten, fast schon unterwürfig, grüßt, wenn er doch jemandem begegnet. Smalltalk ist ohnehin nicht so sein Ding. Meist nutzt er abgenutzte Floskeln wie „das wird schon", oder „Das hat noch keinem geschadet", wenn Mitarbeitende seinen Rat suchen (was immer seltener vorkommt).

Vielleicht ist Johann aber auch Familienvater. Die Nachbarn tuscheln darüber, dass er seine Kinder regelmäßig anschreit. Auch von einem unverhältnismäßig festen Griff an den Arm seiner Tochter hat man in der WhatsApp-Gruppe des schicken Neubaugebiets, in dem Johanns Familie lebt, schon berichtet. Jedenfalls ist es öfter mal laut im Haus der Familie. Ansonsten wirkt Johann eigentlich ganz nett und lustig, und bei Straßenfesten ist er fast immer derjenige, der am längsten freiwillig am Grill oder hinter der Theke steht und die anderen bedient.

Oder Johann ist 14 Jahre alt und Schüler einer Förderschule. Seine Eltern bekommen in unregelmäßigen (aber nicht sonderlich großen) Abständen Anrufe von der Klassenlehrerin – Johann muss abgeholt werden, weil er wieder „aus-

> gerastet" ist. Er schubst oder schlägt andere, drückt sie gegen die Wand oder dreht ihnen den Arm auf den Rücken. Alle Versuche pädagogischen Einwirkens sind bisher gescheitert, und Johanns einzige Äußerung zu den Vorfällen ist meistens: „Der hat angefangen!" – was sich aber nie so recht beweisen lässt.

Vielleicht kennst du selbst auch einen Johann. Und vielleicht hast du schon ziemlich intensiv über „deinen" Johann nachgedacht. Wozu diese Wut? Und wie könnte Johann auf andere, verträglichere Art wirken?

2.1.1 System

Die oben genannten Interaktionsmuster betreffen ein System, das man mit „Arbeitsumfeld", „Familie", „Freundeskreis" oder „Schule" beschreiben könnte, je nachdem, um welchen Johann es sich tatsächlich handelt. Wir treffen Johann nun persönlich, schaffen also ein neues Interaktionssystem, bestehend aus uns, den Coaches, sowie unservem Pferd Rosi und natürlich Johann selbst. Wir alle beobachten die Prozesse [siehe „Beobachten" im Kap. 5 *Leitideen*], die in unserer Interaktion entstehen und schauen, was passiert... Während Johanns alltägliche Systeme seine Wut bereits als gegeben voraussetzen bzw. erwarten, ist unser neues System ein unbeschriebenes Blatt – Dynamiken können sich frei entwickeln. Rosi weiß schließlich nichts über Johanns Vorgeschichte, geht also völlig unvoreingenommen auf ihn zu.

2.1.2 Anliegen

Johanns primäres Anliegen ist es, „die Ruhe" zu bewahren. Er möchte gelassener mit Situationen umgehen und sich „nicht so schnell provozieren lassen". In den folgenden Interaktionen werden wir also zunächst mit diesem Anliegen arbeiten, es aber immer wieder auf Aktualität und Passung überprüfen. Wir schaffen also zunächst ein Setting, das dem Wunsch nach „Ruhe" entspricht, und das einen sicheren Ort, an dem keine „Provokationen" stattfinden, darstellt: Wir wählen einen Ort, der nicht von außen einsehbar ist, um den Stress, der ganz automatisch entsteht, wenn man beobachtet wird, von vornherein zu vermeiden [siehe „Safe Spaces" im Kap. 6 *Perspektiven*]. In unserem Fall ist das ein kleiner, von drei Seiten durch Wände begrenzter Sandplatz, der gegen Wind und vor Sonne geschützt ist und der genug Raum zur freien Bewegung [siehe „freie Interaktion" im Kap. 7 *Methoden*] aller Beteiligten bietet.

Gleiche Bedingungen

Es ist selbstverständlich, dass die Rahmenbedingungen, die wir schaffen, um den menschlichen Bedürfnissen zu entsprechen, auch für die Tiere gelten. Zum einen bedient dies die offensichtliche ethische Ebene: die psychische und physische Gesundheit der Tiere ist Grundvoraussetzung für jede Art von Arbeit. Zum anderen gibt es aber auch einen systemischen Grund: Ein System, in dem nicht alle Beteiligten die gleichen Voraussetzungen vorfinden, ist kein System, weil die Individuen nicht dieselben Interaktionscodes nutzen können und Kommunikation höchstens ‚aneinander vorbei', nicht aber miteinander, stattfinden könnte. Würde Johann also freiwillig mit Rosi interagieren, Rosi wäre aber dazu gezwungen [siehe „Speziesismus" im Kap. 5 *Leitideen* und Kap. 6 *Perspektiven*], wäre es ein Über-sich-ergehen-lassen, und keine ‚echte' Kommunikation.

2.1.3 Form

Nun betrachten wir die Interaktionsform zwischen Johann und Rosi. Rosi kennen wir aus der Beobachtung der Dynamik unter unseren Pferden als zugewandt, freundlich, mutig und neugierig. Sie ist sich ihrer Position als Herdenchefin absolut bewusst und führt mit Bestimmtheit und Klarheit, aber auch mit liebender Güte und viel Ruhe. In brenzligen Situationen – und aus Pferdesicht ist so ziemlich alles brenzlig, was irgendwie ‚anders' ist als das Gewohnte: ein neues Straßenschild, ein umgestürzter Baum, eine Katze im hohen Gras… – geht sie mutig voran. Sie ist es auch, die Dynamiken innerhalb der Herde im Blick behält und bei Bedarf Konflikte löst: wenn sich jemand streitet oder jemand jemanden bedrängt, nutzt sie ihre imposante körperliche Präsenz und stellt sich einfach dazwischen. Ihr intensiver Blick und ihre aufrechte Haltung genügen, um die anderen auf Distanz zu halten und Ruhe in die Herde zu bringen.

Unsere ersten Beobachtungen der Interaktion zwischen Johann und Rosi bestätigten sich auch im Laufe der weiteren Begegnungen: es fällt auf, dass große physische Nähe zwischen beiden herrscht. Rosi lehnt sich an Johann an, Johann umarmt Rosis Hals. Rosi schiebt ihre Schulter eng an seine Schulter, ihr Huf kommt einen halben Zentimeter neben seinem Fuß zu stehen. Körperkontakt wirkt hier selbstverständlich und scheint von beiden genossen zu werden. Sie könnten stundenlang einfach so nebeneinanderstehen und sich aneinander anlehnen. Rosi zeigt Johann deutlich, an welchen Körperstellen sie gern gekrault werden würde, indem sie ihn mit ihrem etwas rundlichen Bauch nahezu bedrängt und manchmal sogar mit ihrem ebenso rundlichen Po.

Wir beobachten, wie sich die Bewegung im Raum gestaltet. Beim Führen [siehe „Führen" im Kap. 7 *Methoden*] streift Rosis Bein gelegentlich Johanns. Johann folgt Rosi, ähnlich wie ihr auch die anderen Pferde folgen. Sie wird schon wissen, wo es lang geht, wann man besser stehen bleibt, welches Gehtempo angemessen ist. Er freut sich darüber, wie sehr sie seine Nähe sucht, und gleichzeitig auf ihn aufpasst. Wenn er besonders gerührt von ihrer Freundlichkeit ist, bleibt er stehen und umarmt sie. Wenn sie kurz etwas hinter ihm zurückbleibt, bleibt er stehen und umarmt sie. Wenn beide anhalten… umarmt er sie.

Lass uns die Form der Interaktion nun genauer beleuchten. Was siehst du, wenn du dir die beschriebenen Szenen vorstellst? Was fällt dir besonders auf?

Wir sehen vor allem eins: Nähe! Und wenn wir ganz besonders viel von einem bestimmten Interaktionsmuster sehen, lohnt es sich immer, sein Gegenstück einmal mitzudenken. Wir bilden also eine Leitunterscheidung: Nähe – Distanz [siehe „Leitunterscheidungen" im Kap. 5 *Leitideen*].

Schauen wir uns einmal die Distanz an – (wo) sehen wir hier Distanz? Nun: wir sehen sie gar nicht. Es scheint sogar eine entschiedene, wenn auch vielleicht unbewusste, Abneigung gegen Distanz vorzuliegen. Distanzvermeidungsverhalten sozusagen. Und wir sehen, dass ein sehr großes Ungleichgewicht zugunsten einer Seite in der von uns aufgemachten Binärstrukturen, also der Leitunterscheidung herrscht. Wir nehmen uns vor, dort etwas genauer hinzusehen, also die Distanz auch zu beobachten.

Zugehörigkeit und Autonomie
Wir Menschen hegen genau wie die meisten anderen Lebewesen zwei gegenläufige aber doch aufeinander abgestimmte Bedürfnisse: einerseits ist es überlebenswichtig, Teil einer Gruppe von Artgenossen zu sein, und von diesen akzeptiert, unterstützt und wertgeschätzt zu werden. Dabei geht es zum einen um ganz pragmatische Kooperation und das Teilen von Ressourcen: Unsere Pferdeherde wechselt sich damit ab, Wache zu halten, damit die jeweils anderen sorgenfrei und tief schlafen können; unsere Meerschweinchen schicken die agilsten und jüngsten Tiere vor, um offene Flächen nach Raubvögeln auszukundschaften; zwei unserer Hunde bewachen die Ausgänge der Mäusewohnungen während eine:r gräbt; und wir Menschen haben unsere Firmen in Abteilungen aufgeteilt und bearbeiten in Teams verschiedene „tasks" – im Vergleich zu den vorangegangenen Beispielen ist letzteres zwar recht abstrakt, folgt aber tatsächlich derselben Logik. Es geht aber auch um physische und emotionale Zuwendung: um biochemisch im Gleichgewicht zu bleiben brauchen wir Körperkontakt, und um emotional stabil zu sein, das Gefühl, geliebt und geschätzt zu werden und einen sicheren Anlaufpunkt unter Artgenossen zu haben – egal ob wir Ratten, Esel, Hyänen oder Menschen sind. Wir brauchen also ein gewisses Maß an Nähe.

Andererseits ist es uns wichtig, autonom zu sein, uns also von anderen abzugrenzen, um uns als Individuen und somit auch innerhalb und außerhalb der Gruppe handlungsfähig wahrzunehmen. Einfach ausgedrückt: wir wollen und können uns nicht immer auf andere verlassen und wir möchten auch allein Situationen meistern und Neues entdecken. Unsere Pferde brauchen dieses Gefühl der Autonomie zum Beispiel, um mit uns Menschen auch in 1:1- Situationen sorgenfrei interagieren zu können, ohne gleich die ganze Herde als ‚back-up' mitschleppen zu müssen, und sich so auch persönlich entwickeln und Neues lernen zu können – was sie wirklich gern tun, denn Pferde sind, wenn man sie lässt, neugierige Tiere. Unsere Hunde verlassen sich ebenso auf ihre eigenen, ganz persönlichen Kompetenzen, wenn sie allein die Gegend erkunden oder allein den Garten bewachen. Unsere Meerschweinchen finden vielleicht die größten Leckerbissen, wenn sie sich trauen, allein unterwegs zu sein.

Es gilt also, beide Bedürfnisse, sowohl das nach Nähe als auch das nach Distanz, zu erkennen, zu erkunden und ernst zu nehmen, um sicher agieren und interagieren zu können. Die Frage: „Nähe oder Distanz?" ist also in den meisten Kontexten zu einfach. Es geht eher darum, beides zu erlauben, und eine Balance zu finden.

Impuls

In welchen Situationen fällt es dir besonders leicht oder besonders schwer, (professionelle) Distanz einzuhalten? Welche beruflichen oder privaten Interaktionen haben für dich genau das richtige Maß an Nähe/Distanz? Woran merkst du, dass es das richtige Maß (oder nicht das richtige Maß) ist? Wie reagierst du, wenn zu viel Nähe oder zu viel Distanz herrscht, z. B. im beruflichen Kontext?

Ohne sich ständig bewusst selbst zu beobachten ist es wahrscheinlich gar nicht so einfach, dieses Fragen zu beantworten, weil die Interaktion mit anderen Menschen, insbesondere in beruflichen Kontexten, hauptsächlich verbal stattfindet, und die Inhalte der verbalen Kommunikation den Aufmerksamkeitsfokus definieren. Wenn wir uns gerade über Bilanzen oder Personalentscheidungen unterhalten und dabei jede Menge Kopfrechnen müssen, haben wir einfach keine Zeit, die zwischenmenschliche Ebene zu analysieren: kommt mir jemand mit seinen/ihren Äußerungen oder körperlich „zu nah"? Werden persönliche Grenze überschritten? Oft merken wir, dass sich irgendetwas „komisch" anfühlt, aber wir können nicht so recht definieren, *was* komisch ist.

In der Interaktion mit Tieren ist es etwas einfacher, eigene Nähe-Distanz-Muster zu erkennen, da die verbale Ebene weitestgehend wegfällt und sich Nähe und Distanz physisch darstellen.

> **Impuls**
>
> Beobachte dich also gern in der Interaktion mit Tieren selbst: wie empfindest du diese Interaktion(en) vor dem Hintergrund des Nähe-Distanz-Spektrums? Wie verhältst du dich, durch diese Beobachtungs-Linse betrachtet? Suchst oder initiierst du viel Nähe? Gehst du „auf Distanz"? Wie verhält sich das Tier? Beschreibe zunächst nur, bewerte noch nicht. Beobachte das Tier: Spiegelt das Tier dein eigenes Empfinden? Verhält es sich komplementär, also entgegengesetzt? Entzieht es sich? Flüchtet es? [siehe „Flucht" im Kap. 6 *Perspektiven*] Kommt es sehr nah? Ist es eher aktiv oder passiv? Gibt es Parallelen/Unterschiede zur Interaktion mit anderen Menschen?
>
> Wenn du kannst, analysiere eure Interaktion nun: Versteht ihr eure jeweiligen Bedürfnisse? Respektiert ihr den Wunsch des/der Anderen? Spiegelt ihr jeweils die Signale des/der Anderen [siehe „Sprache" im Kap. 6 Perspektiven]? Überschreitet jemand Grenzen? Ziehe auch gern andere Beobachtende hinzu und/oder filme die Interaktion und sieh sie dir später an.

Rosi zeigt uns deutlich, dass Johann nur das Bedürfnis nach Nähe, nicht aber das nach Distanz, an sie heranträgt – und genau das spiegelt sie: Nähe. Bei genauerer Analyse bemerken wir, dass Johann kaum entscheidungsfähig ist. Es fällt ihm beispielsweise schwer, eine Laufrichtung festzulegen, oder weiterzugehen, wenn Rosi stehen bleibt. Der Wunsch nach ihrer Nähe ist so groß, dass er seine Autonomie dafür aufgibt. Wo keine eigenen Bedürfnisse definiert und keine Grenzen abgesteckt werden, werden diese allerdings auch nicht respektiert, was Rosi deutlich zeigt, in dem sie ständig ganz nah kommt, ihn nahezu bedrängt, und insgesamt sehr viel Raum einnimmt. Sie geht zwar freundlich mit Johann um – nicht aber auf Augenhöhe, denn alle Entscheidungen liegen komplett bei ihr.

Wir vermuten, dass hier ein Zusammenhang mit Johanns Aggressionsausbrüchen besteht. Er scheint sich der Zuwendung und dem Respekt der anderen nicht so sicher zu sein, dass er sich Distanz oder Abgrenzung erlauben kann, ohne Beziehungen in Frage zu stellen. Johann stellt in dem Bedürfnis, die Zuneigung anderer ständig sichtbar und erlebbar zu gestalten, das andere Bedürfnis nach Autonomie so sehr in den Hintergrund, dass die anderen ständig in seinen Raum eindringen dürfen – bis es dann doch zu viel wird und er „ausflippt". Die überlebensnotwendige, bisher aber nie eingeforderte, Distanz wird dann mit einer einzigen großen Explosion doch noch hergestellt.

Im tiergestützten Coaching können wir implizit arbeiten, Muster also sichtbar machen, ohne sie unbedingt benennen zu müssen. Was wir in der Interaktion mit Rosi beobachten und systemisch analysieren, wäre in einer rein verbalen kommunikativen Herangehensweise wahrscheinlich nicht zum Vorschein gekommen: weil das oben beschriebene Muster Johann vielleicht gar nicht so bewusst ist, dass er es verbalisieren kann. Oder weil es schambehaftet ist: Darf man denn als Abteilungsleiter so abhängig von der Zuwendung seiner Mitarbeiter:innen sein, dass man zunächst einmal keine Grenzen setzen kann – bis der Frust zu groß und man wütend wird? Oder vielleicht fehlen ihm einfach die Worte, um das, was er empfindet, auszudrücken, wie in dem Fall unseres 14-jährigen Förderschülers.

Nachdem wir die Form, in diesem Fall das Nähe-Distanz-Muster erkundet haben, schauen wir nun noch Ressourcen, alternative Wirkmöglichkeiten und potenzielle ‚Nudgings' an, damit wir systemisch rundum ausgestattet sind.

2.1.4 Ressourcen

Du hast Johann nun schon ein wenig kennengelernt. Welche Ressourcen siehst du?

Wir sehen viel Bereitschaft, auf Andere (in diesem Fall auf unser Pferd Rosi) einzugehen. Wir sehen Geduld, Freude, Verbundenheit, Liebe und Wertschätzung. Und mit Sicherheit könnten wir noch viel mehr auflisten. Wenn du auch einen Johann kennst, und dir dieser Johann wichtig ist (oder du es selbst bist), lohnt sich eine solche, persönliche Ressourcenliste auf jeden Fall!

Tatsächlich ist das „Ausflippen" aus systemischer Sicht auch eine Ressource – es ist die Lösung für ein Problem (zu viel Nähe). Betrachten wir es einmal so: das Ausflippen zeigt, dass zumindest der Grundimpuls, eigene Grenzen zu setzen, also auf sich selbst aufzupassen, vorhanden ist. Es funktioniert zwar eher wie eine Schleudersitz-Automatik (abrupt und mit ungewissem Ausgang), hilft Johann aber, aus einer unangenehmen Situation auszusteigen. Es liegt also schon ein gewisses Gespür für die eigenen Bedürfnisse vor.

2.1.5 Alternative Wirkmöglichkeiten

Verbundenheit, Freude und Wertschätzung zeigen sich in unserem Johann-Rosi-System über den Körperkontakt. Gemeinsam mit Johann entwickeln wir andere Möglichkeiten, diese wichtigen Ressourcen wirken zu lassen. Auch an dieser Stelle ist es besonders wichtig, umfassende Kenntnisse über das natürliche Verhalten der jeweiligen Tierart zu haben, aber auch das spezifische Individuum, mit dem man arbeitet, sehr gut zu kennen, um Alternativen anbieten und ausprobieren zu können, die für alle Beteiligten sicher und angenehm sind. Wechseln wir also erneut die Perspektive und durchdenken wir unsere Leitunterscheidung „Nähe-Distanz" aus Pferdesicht.

Wie zeigen Pferde untereinander ihre Verbundenheit? Pferde sind – als Herde – neugierig. Wenn sie nach ihren eigenen Vorstellungen leben dürften, würden sie ständig grasend umherziehen und so die Gegend erkunden. Sie würden aufeinander aufpassen und sich gegenseitig absichern. Um dies zu tun, würde jemand entschieden vorangehen, andere würden folgen. Ohne Körperkontakt wären sie also durch die gemeinsame Aufgabe und das damit einhergehende Aufeinanderaufpassen verbunden.

Wir bieten Johann und Rosi diese Form der Interaktion an, um zu erkunden, ob Nähe und Verbundenheit auch anders als „eng miteinander in Kontakt" erlebt werden können: durch gemeinsame Spaziergänge oder durch das spielerische Erkunden neuer Objekte. Hier hat Johann die Möglichkeit, Fürsorge und Verbundenheit gerade dadurch zu erleben, dass er autonom entscheidet und leitet (du erinnerst dich: das war ein Problem!). Er beginnt, die Rolle der Leitfigur in der Pferdeherde anzunehmen und bei Ausflügen den Weg vorzugeben. Er zeigt ihr, welche Objekte als „sicher" (aus Fluchttiersicht) einzustufen sind und vermittelt ihr diese Sicherheit durch seine eigene innere und äußere Haltung: stabil, ruhig, aufrecht und bestimmt. Rosi gibt die Rückmeldung, dass sie es genießt, Aufgaben abgenommen zu bekommen, indem sie entspannt, also den Kopf etwas tiefer trägt, nicht mehr alles im Blick behält, die Ohren zur Seite klappen lässt, den Gang weniger dynamisch gestaltet, und sich eher hinter Johann positioniert und nicht mehr vor ihm. Je mehr Rosi sich an Johann orientiert, desto mehr wird sich Johann seiner Wirksamkeit bewusst und desto eher ist er bereit, Entscheidungen zu treffen: eine positiv-Spirale wird in Gang gesetzt. Die physische Nähe ist nun nicht mehr der einzige verbindende Faktor. Johann vertraut darauf, dass Rosi ihn akzeptiert, respektiert und wertschätzt – auch wenn dies nicht durch unmittelbare körperliche Nähe, sondern durch gelungene Interaktion und Aufgabenteilung gezeigt wird.

Die Erfahrung, auch ohne ständige Rückversicherung mit der „Herde" Entscheidungen autonom treffen zu können und genau dafür sogar wertgeschätzt zu werden, lässt sich gut auf menschliche Interaktionen übertragen – Johann zeigt eine höhere Bereitschaft zu autonomem Agieren, zu größerer Distanz und folglich zu einer gewissen Abgrenzung von Anderen. In diesem Prozess empfindet er Stabilität und Entspannung in dem Wissen, ohne den Rückhalt der „Herde" nicht nur zu überleben (um es aus Pferdesicht zu sagen), sondern sogar für autonome Entscheidungen und klare Abgrenzung wertgeschätzt zu werden.

2.1.6 Nudging

Das Anliegen hat sich also gewandelt, oder besser gesagt: ausdifferenziert. Um „Ruhe zu bewahren" möchte Johann nun lernen, die eigenen (räumlichen) Grenzen frühzeitig zu setzen, und die entstehende Distanz auszuhalten. Auch hier nutzen wir die natürlichen Verhaltensweisen der Pferde, um Handlungs- und Übungsmöglichkeiten für Johann abzuleiten.

Da Pferde ihre Artgenossen, wenn es ihnen zu ‚eng' wird, wegschicken und auf Distanz halten, in dem sie gewisse dominante, aber stabile und ruhige Körperpositionen einnehmen, üben wir, das Pferd allein durch die Körperhaltung und den Blick des Menschen auf Abstand und in Bewegung zu halten, um mit Johann das Festlegen seines individuellen Raums, den das Pferd erst auf Einladung betreten darf, auszuprobieren.

> **Impuls**
> Überlege oder stelle sogar mithilfe von Kreide, Schnüren oder anderen Dingen dar, wie groß oder klein dein persönlicher Raum sein soll. Führe die Übung zu unterschiedlichen Zeitpunkten durch. Ändert sich dein Raum? Versuche, den Raum allein durch deine physische Präsenz zu verteidigen: er gehört allein dir! Du kannst dir diesen Raum und deine damit verbundene Anspruchshaltung auch in der täglichen Interaktion mit anderen vorstellen. Verändert diese Vorstellung deine Interaktion? (Wie) strahlst du diese innere Haltung aus? (Wie) reagieren andere darauf?

Wie du dir bestimmt denken kannst, „funktioniert" diese Übung zu Anfang überhaupt nicht. Es ist Johann einfach nicht möglich, so raumeinnehmend aufzutreten, dass ein anderes Lebewesen von sich aus eine gewisse Distanz einhält. Über sprachbasierte Form der Interaktion oder (Selbst)reflexion hätte Johann diese Einsicht wahrscheinlich nicht oder nur schwer gewonnen, hier aber wird sie physisch erfahrbar und deutlich: das Pferd bewegt sich keinen Meter von Johann weg. Wir haben also eine Realitätskonstruktion (Johann hat sich die Realität des Immer-In-Kontakt-Sein-Müssens ja selbst konstruiert) erlebbar und spürbar gemacht.

Also ‚nudgen' wir fleißig: wir nutzen, wenn nötig, unsere eigene Präsenz, um gemeinsam mit Johann eine erste Distanz-Erfahrung zu machen, also das Pferd wegzuschicken. Richten uns gemeinsam mit Johann auf, formulieren Mantras („Der Raum gehört mir!"), leiten mögliche Bewegungen an. Wir motivieren, loben, oder stehen einfach unterstützend dabei. Es ist ein langer und intensiver Prozess, auch für uns: Immer wieder reflektieren wir, wann und wie unsere Unterstützung angemessen ist. Wie aktiv oder passiv sollen wir uns verhalten? Welche Interaktionen und Beobachtungen sollten wir explizit verbalisieren, welche eher implizit im Raum stehen lassen? Johanns Prozess verdeutlicht uns, wie wichtig es auch als Coach ist, die eigenen Konstrukte ständig zu prüfen und gegebenenfalls zu de- und re-konstruieren [siehe „(De-)konstruktion" im Kap. 5 *Leitideen*].

Monate später fällt zuerst auf, dass sich Johanns physische Präsenz verändert hat. Sie ist einnehmender, gerader und aufgerichteter – entsprechend seiner sich aufrichtenden inneren Haltung. Johann hat durch die Interaktionen mit Rosi erfahren, dass eine gewisse Distanz nicht gleichbedeutend mit dem Abbruch von Beziehungen ist – sondern diese im Gegenteil sogar stärkt, weil sie Selbstbewusstsein und Autonomie sichtbar macht und somit Vertrauen ermöglicht. Was wir Menschen in tausenden von Worten umständlich erklärt hätten, hat Rosi einfach gezeigt: Je mehr Johann fähig war, Distanz einzufordern, desto mehr echtes Interesse hatte sie an ihm. Sie schaute ihn neugieriger an, war aufmerksamer ihm gegenüber, beobachtete genauer, und war eher bereit, zu folgen. Wenn Johann nun aufgerichtet und mit festem Blick in der Mitte des Raumes steht, Rosi frontal gegenübertritt und den Raum einnimmt, hält sie einen Respektabstand von etwa zehn Metern – sie geht entspannt im Kreis um ihn herum, aber sie betritt seinen Raum nicht. Erst wenn Johann bewusst die Einladung zu mehr Nähe ausspricht, indem er den Blick abwendet, sich physisch weniger einnehmend zeigt und sich seitlich zu ihr positioniert, kommt sie heran. Rosi folgt Johann inzwischen ohne Seil, und hält dabei einen Abstand von etwa anderthalb Metern ein. Sie achtet weniger auf die Umgebung, weil sie Johann zutraut, Verantwortung zu übernehmen. Johann spürt, dass sie ihn nach den „Distanzübungen" nicht weniger mag, sich aber umso mehr auf ihn verlässt und seine Grenzen respektiert.

Aus Johanns Umfeld wissen wir, dass sich auch der Umgang mit Menschen spürbar verändert hat. Es ist ihm nun möglich, andere Positionen zu vertreten als Kolleg:innen, Freund:innen oder Familie, ohne einen Kontaktabbruch zu befürchten. Situationen, die er als „zu nah" empfindet, kann Johann verlassen, ohne Angst zu bekommen. Johann nimmt nun bewusst wahr, an welchem Punkt er das Verhalten anderer als unangenehm oder übergriffig empfindet und ist in der Lage, sich davon abzugrenzen. Sein Umfeld schätzt diese Klarheit. Indem er sich seiner Wirkmöglichkeiten bewusst geworden ist, kann er diese nun gelassen einsetzen. Ebenso wie in der Interaktion mit unserem Pferd ist eine Positiv-Spirale entstanden: je sichtbarer die Wirkung, desto selbstbewusster und klarer die innere Haltung, desto sichtbarer die Wirkung.

Johanns Beispiel zeigt uns, wie durch Beobachtung der Interaktion und der folgenden immer differenzierter werdenden Reflexion neue Perspektiven und Handlungsalternativen geschaffen werden.

> **In aller Kürze**
> - Johanns Wutausbrüche können als „Freibrechen" aus Situationen, die von zu viel Nähe geprägt sind, verstanden werden.
> - Es gilt also, die Nähe-Distanz-Regulation zu bearbeiten.
> - Soziale Nähe und soziale Distanz sind natürliche und berechtigte Bedürfnisse jedes Lebewesens.
> - Indem verschiedene Dimensionen der Nähe erschlossen werden, erweitert sich der Handlungsspielraum.
> - Die Erfahrung, dass Abstand nicht gleichzusetzen ist mit Beziehungsabbruch hilft dabei, das Bedürfnis nach Autonomie und Distanz umzusetzen.
> - Die Wutausbrüche werden nicht mehr benötigt, da die Nähe-Distanz-Regulation nun funktioniert.

2.2 Kontrolle und Vertrauen

> **Feli hat gern die Kontrolle**
>
> *Vielleicht ist Feli eine 17-jährige Schülerin an einer Gesamtschule, die am liebsten Einser schreibt. Eine Eins minus ist manchmal auch noch okay (aber nur, wenn der Test besonders schwierig war), eine Zwei sorgt schon für schlechte Laune (das geht ja in Richtung Mittelmaß) und eine Drei ist unerhört. Wenn Feli eine Drei zurückbekommt, dann wird ihr übel. Manchmal beißt sie sich dann auch vor lauter Frust selbst in die Hand. Felis Familie sagt ihr, sie „solle sich nicht so aufregen" und es seien „doch nur Noten", aber die haben alle ganz offensichtlich nicht verstanden, dass diese doch-nur-Noten wichtig für ihre fu***ing Zukunft sind und sie ohne die passenden Noten nicht zum Studium zugelassen werden wird und dann wird sie keinen passenden Job finden und kein Geld verdienen und ihr Leben wird völlig aus den Fugen geraten und wenn sie daran denkt, muss sie sich auf den Boden legen und ganz flach atmen, damit sie nicht durchdreht. Wenn sie wieder aufgestanden ist, überprüft sie, ob noch alle Shirts im Schrank so ordentlich Kante-auf-Kante liegen, wie sie sie gestern einsortiert hat, und dann wird es ein bisschen besser…*
> *Oder Feli ist 64 und Ärztin. Sie ist sehr gründlich in der Behandlung ihrer Patient:innen und wird dafür von diesen sehr geschätzt und gemocht. „Frau M. ist unglaublich zugewandt, freundlich und nimmt sich sehr viel Zeit für die Diagnostik und Behandlung", lautet eine ihrer Google-Reviews. Mehrfach hat sie Krebspatient:innen schon in einem sehr frühen Stadium „herausgefischt", wie sie selbst sagt, und ihnen so das Leben gerettet. Weil dieser winzig kleine Knubbel ihr eben doch nicht normal erschien, und diese kleine Abweichung in den Entzündungswerten im Blut doch etwas zu bedeuten hatte… Feli würde*

> am liebsten jede Patientin routinemäßig zur Mammografie schicken und Männer ab 30, besser ab 25, eigentlich am liebsten alle, zur Prostata-Vorsorge. Sie verbringt nach der Arbeit Stunden damit, zu überlegen, ob sie nicht irgendetwas vergessen oder übersehen hat. Wenn die Krankenkasse eine nötige Leistung nicht erstatten will, ruft sie persönlich dort an und diskutiert mit den Mitarbeitenden. Die Laboruntersuchungen würde sie, wenn es möglich wäre, auch selbst übernehmen (wer weiß, wie dort geschludert wird, und immerhin stehen Leben auf dem Spiel). Am liebsten würde sie auch das Telefon selbst beantworten – denn ob ihre Mitarbeiter:innen die Ernsthaftigkeit eines potenziellen Notfalls erkennen, hält sie für fraglich, und sie will nicht dafür verantwortlich sein, dass jemand stirbt. Mit ihren Mitarbeiter:innen gerät Feli manchmal aneinander – sie verliere sich in Details und könne keine Prioritäten setzen, wirft man ihr vor. Am liebsten würde sie ohnehin allein arbeiten, denn dann würden die Dinge wenigstens so erledigt werden, wie sie es sich vorstellt – gründlich.
>
> Oder Feli ist Tochter, Partnerin, Mutter, Schwester, Freundin. Sie sorgt sich sehr um ihre Familie. Manchmal hat sie das Gefühl, sie sei die Einzige, die dies tue – sich sorgen, sich kümmern, die Verantwortung übernehmen. Die anderen sehen alles immer so locker. Dabei ist es gar nicht „locker", wenn eins der Kinder von der Rutsche fällt (daher die Installation eines recht teuren, aber effektiven Fallschutzes darunter). Es ist auch nicht mehr „locker", wenn die Eltern, inzwischen ziemlich gebrechlich, die Treppe im Haus herunterfallen und sich die Hüfte brechen. Da sich ihre beiden Geschwister eh nicht darum kümmern, hat sie mehrere Notfallschalter, einen kleinen Sitzaufzug und unzählige Haltegriffe angebracht. Ruhig schlafen kann sie dennoch nicht. Ihr Handy ist zwar immer eingeschaltet, aber was ist, wenn sie es überhört? Felis Partnerin sagt, sie solle mal „einen Gang runterschalten", und damit leben, dass es hundertprozentige Sicherheit nicht gibt. Zum Leben „gehöre ein Restrisiko dazu". Ja, stimmt, und dieses Restrisiko sollte man minimieren.

Vielleicht kennst du auch eine Feli, oder vielleicht trägst du Anteile einer Feli in dir. Vielleicht ist ihr oder dein Bedürfnis nach Kontrolle nicht so stark ausgeprägt – wir verwenden hier natürlich Beispiele aus unseren Coachings, die sehr deutlich sind, denn in den starken Ausprägungen verschiedener Verhaltensweisen kommen die darunterliegenden Muster am klarsten zum Vorschein – aber du hast das Gefühl, dass dich dieses Kontrollthema irgendwie auch betrifft… Nach unserer Erfahrung ist das Verhandeln von Kontrolle und Vertrauen ein Kernaspekt in vielen problematischen Dynamiken oder Konflikten, und es lohnt sich fast immer, einen Blick auf dieses Spektrum zu werfen. Wir laden dich also ein, Feli in ihrem Prozess zu begleiten.

Das Kontrolle-Vertrauen-Spektrum
Stell dir die Leitunterscheidung „Kontrolle – Vertrauen" [siehe „Leitunterscheidungen" im Kap. 5 *Leitideen*] und dazwischen eine Linie oder eine gespannte Leine vor. Die beiden Konzepte sind miteinander verbunden, befinden sich aber an genau

gegenüberliegenden Punkten des Spektrums und weit voneinander entfernt. Nun wird deutlich, dass du dich, je mehr du dich dem einen Pol annäherst, umso weiter von dem anderen entfernst. Je mehr du die Kontrolle suchst, desto weniger agierst du im Vertrauen, und umgekehrt: wenn du (etwas oder jemandem) absolut vertraust, hast du die Kontrolle komplett abgegeben. In Psychotherapien, Coachings oder Beratungen ist das Ziel oft, eine situationsangemessene, bewegliche Position zwischen Kontrolle und Vertrauen zu finden. Dies zeigt schon, dass es keineswegs darum geht, sich entweder „komplett fallen zu lassen" oder dem berühmten Sprichwort „Kontrolle ist gut – Vertrauen ist besser" zu folgen, sondern immer wieder individuell zu prüfen, wieviel Kontrolle bzw. Vertrauen gerade passend ist.

2.2.1 System

Je nachdem, welche Feli wir als Beispiel nehmen, geht es hier um das System „Arbeitsumfeld", „Schule" oder „Familie". Indem wir und unsere Tiere mit Feli in Interaktion treten, schaffen wir ein neues System, ein gemeinsames Lern- und Entwicklungssystem. Wir arbeiten mit unseren Kleintieren, mit unserem Hund Nino, und mit unserem Pony Maribel. Unser System dient dazu, Muster und Dynamiken sichtbar zu machen – es geht also um die Beobachtung. Dieses eigene Vorhaben sollten wir als gute Coaches im Blick behalten und uns immer mal wieder die Frage stellen, inwieweit es ein bestimmtes Verhalten oder bestimmte Interaktionsdynamiken hervorruft. Denn wer sich beobachtet fühlt, agiert möglicherweise anders als in unbeobachteten Momenten.

2.2.2 Anliegen

Felis ausgesprochenes Anliegen ist es, die Anspannung „loszuwerden". An dieser Stelle schütteln wir uns innerlich kurz – etwas „loszuwerden" halten wir für ein unerreichbares Ziel.

Etwas „loswerden"? Unmöglich!
In der systemischen Arbeit gehen wir davon aus, dass die Denkmuster und Verhaltensweisen einer Person meist einen Zweck erfüllen, also einen Sinn haben. Sie sind als Bewältigungsstrategie für andere Schwierigkeiten oder Konflikte zu verstehen – vielleicht sind es nicht immer die schönsten oder bequemsten Bewältigungsstrategien, aber grundsätzlich „wollen" sie erst einmal das Beste für uns: sie sollen, ganz banal ausgedrückt, unser Überleben sichern. Verständlicherweise wollen und können wir sie also – bewusst oder unbewusst – nicht so einfach loslassen, und das wäre auch gar nicht machbar, denn sie sind Teil unseres Selbsts. Versuche, bestimmt Teile

dieses Selbsts „loszuwerden" resultieren meist darin, dass sie sich nur umso stärker festbeißen und bemerkbar machen. Stell dir vor, man würde dich einfach aus deinem Haus werfen wollen. Du würdest dich wahrscheinlich im Türrahmen festhalten und schreien. Ähnlich verhalten sich auch die Muster und Anteile, die wir aus unserer Persönlichkeit zu werfen versuchen…

Feli möchte auch gelassener werden, mehr Zeit für sich haben, und sich „wieder freuen können". Außerdem würde sie gern besser mit ihrem Umfeld „klarkommen" und klagt über mangelndes Verständnis seitens der anderen dafür, dass sie gern alles „100 %ig" macht. Wir enttäuschen Feli sowohl in der Erwartung, irgendetwas „loswerden" zu können, als auch in der Erwartung, ihr Umfeld bzw. die Verhaltensweisen der Menschen um sie herum verändern zu können, bieten ihr aber an, den Wunsch nach Gelassenheit und Freude gemeinsam anzuschauen und zu reflektieren, und diese Gegeneinladung von uns nimmt sie an.

Feli entscheidet sich dafür, zunächst mit unserem Hund Nino zu interagieren. Sie fühle sich von seiner Lebensfreude angezogen, sagt sie, die sei so „ansteckend". Tatsächlich ist Nino, jüngstes Mitglied unserer bunten Hundefamilie, ein genügsamer, unkomplizierter und fröhlicher kleiner Kerl, der zufrieden ist, wenn er einfach bei allem dabei sein darf. Er findet Menschen grundsätzlich erst einmal super, liebt Nähe und Körperkontakt (insbesondere das Kraulen am Bauch) geht bei gutem Wetter gern auf lange Streifzüge durch den Wald und liegt bei schlechtem Wetter eingerollt auf dem Sofa. Er jodelt vor Freude, wenn bekannte Gesichter zur Tür hineinkommen. Dass Nino bei uns wohnt, hat er einem bemerkenswerten Akt des blinden Vertrauens zu verdanken. Du bemerkst es sicher schon: Kontrolle – Vertrauen…

2.2.3 Form

Wir beobachten die erste Interaktion zwischen Feli und Nino. Nino ist … Nino. Er wedelt und wedelt, schmiegt sich an Feli, wirft sich vor ihr auf den Boden, präsentiert seinen Bauch in deutlicher Absicht („Kraulen!"), wedelt wieder, setzt sich vor Feli hin, schaut sie erwartungsvoll an. Feli streichelt Nino. Sie sitzt einfach neben ihm, wirkt zufrieden. Nino wirkt auch zufrieden. Keine:r von beiden bewegt sich von der Stelle. Ninos Augen fallen immer wieder zu. Feli hat sich zu ihm auf den Boden gesetzt, sein Kopf liegt auf ihrem rechten Bein, ihre Hand streicht gedankenverloren über seinen Kopf. Dieser Zustand dauert erstaunlich lange an.

Fällt dir etwas auf?

Am liebsten würden wir in dem Moment laut rufen: Da ist es doch! Du kannst es! Ihr seid beide total zufrieden und entspannt, und gerade muss absolut nichts anderes gemacht werden, als einfach nur im Moment zu verweilen und es zu genießen.
Aber wir halten uns raus und beobachten weiter.
Nino hat weiterhin kein Bedürfnis, irgendetwas an dieser Situation zu verändern. Eine gefühlte Ewigkeit ist vergangen, in Wirklichkeit wahrscheinlich 15 bis 17 min. Wir haben uns, um nicht aufdringlich zu wirken, irgendwelche Alibi-Arbeiten gesucht und räumen Dinge von A nach B. So haben wir Feli und Nino zwar unauffällig im Blick, die beiden fühlen sich aber von uns nicht gesehen.

> **Impuls**
> Teste, wie lange du einfach „sein" kannst, ohne irgendetwas „Produktives" zu tun. Wenn du kannst, verbringe die Zeit gern mit einem Tier. Wie fühlt es sich an? Woran merkst du, dass es Zeit ist, die Übung zu beenden? Hast du dabei über irgendetwas nachgedacht?

Dann wird Feli unruhig. Ihre Mimik wirkt angespannter als zu Anfang, sie schaut sich suchend um, rutscht auf ihrem Kissen hin und her. Unser eigener Impuls ist, einzuschreiten und Aktivitäten anzubieten, aber wir halten uns weiterhin zurück. Feli steht auf. Nino setzt sich auf und starrt sie an. Feli geht ein paar Schritte. Nino bleibt, wo er ist, und legt sich wieder hin, rollt auf die Seite, dann auf den Rücken, wedelt, biegt den Kopf in einem fast unmöglichen Winkel, um Feli anzuschauen, fiept zweimal. Für uns ist klar, dass er Feli dazu auffordert, zurückzukommen, und genauso weiterzumachen, wie zuvor. Feli wirkt aber verunsichert.
Wir thematisieren dies: „Du wirkst gerade, als seist du auf der Suche nach etwas. Können wir dir helfen?"
„Ich weiß nicht. Ich glaube, ihm ist langweilig, er würde gern etwas spielen."
„Okay, wenn du das vermutest, dann darfst du das natürlich gern ausprobieren." Wir zeigen unsere Materialkiste und fragen, ob sie gern Impulse oder Vorschläge [siehe „Spielen" im Kap. 7 *Methoden*] von uns hätte, die wir dann auch auf ihren Wunsch hin liefern.
Feli versucht, mit Nino zu spielen. Nino, inzwischen wieder in Bauchlage, hebt kurz den Kopf, schaut dem fliegenden Ball hinterher, schaut dann Feli sichtlich verwirrt an, dreht sich auf den Rücken und wedelt mit dem

Schwanz. Während uns selbst das Herz aufgeht vor lauter Hundezufriedenheit, scheint Feli verwirrt und sogar frustriert.

Was ist da los?

> **Impuls**
>
> Wenn du mit (deinen) Tieren interagierst, gibt es Momente, in denen das Bedürfnis der Tiere ein völlig anderes ist als dein Bedürfnis? Oder Momente, in denen ihr aneinander vorbei zu kommunizieren scheint? Wie geht ihr beide damit um? Wie fühlt es sich für dich an, deinen „Plan" aufzugeben und dem Bedürfnis des Tiers nachzukommen (falls du das schon einmal so erlebt hast)?

Schauen wir uns also die Form der Interaktion genauer an: Nino ist völlig zufrieden damit, nichts Besonderes zu tun und einfach bei Feli zu sein. Er braucht kein Entertainment, keine To-Do-Liste und keinen Plan. Feli aber hat das Gefühl, etwas Bestimmtes tun, ein Ziel verfolgen oder Nino etwas bieten zu müssen. Sie scheint einen Plan zu brauchen.

> **Impuls**
>
> Wie definierst du für dich selbst „planvolles" und „planloses" Vorgehen? In welchen Situationen tendierst du zu dem einen oder dem anderen?

An diesem Punkt halten wir es für sinnvoll, Feli mit in die Beobachtungsperspektive [siehe „Beobachtung" im Kap. 5 *Leitideen*] zu nehmen. Wir erfragen, was Nino ihrer Meinung nach gerade braucht und möchte [siehe Kap. 6 *Perspektiven*]. „Einfach dasitzen und nichts tun. Vielleicht gestreichelt werden." „Und du selbst, Feli, was möchtest du?" „Ehrlich gesagt fand ich es schon schön, einfach da zu sitzen und nichts zu tun und den Kopf abzuschalten." Na, dann… Wie ist Feli dann auf die Idee gekommen, selbst aktiv werden und die Situation kontrollieren zu müssen? War es unser Blick? Wir erinnern uns: unser System dreht sich um Beobachtung von Entwicklungsprozessen. Wollte Feli also sozial erwünscht handeln und etwas „Sinnvolles" tun? Oder ist es unabhängig davon, ob sie beobachtet wird, grundsätzlich ihr eigener Anspruch, Situationen zu kontrollieren? Wir fragen nach. „Woher kommt diese Idee, dass du irgendetwas Bestimmtes tun musst?" … und überlassen es Feli, diese Frage für sich selbst und auf ihre eigene Art zu klären…

Wir haben über Monate hinweg mit Feli und ihrem sozialen Umfeld zahllose ganz unterschiedliche Gespräche geführt, mal beiläufig, mal bewusst und intensiv.

Vielleicht wurde die Herkunftsfamilie von Glaubenssätzen beherrscht, die weitreichende Auswirkungen hatten: „Man kann sich auf niemanden verlassen außer auf sich selbst!" oder „Wenn man sich nicht zu 100 % anstrengt, geht man unter!" oder „Wer nichts arbeitet, ist nichts wert!" oder ... du ahnst es ... „Vertrauen ist gut, Kontrolle ist besser – wenn du willst, das etwas erledigt ist, tue es lieber selbst!" Jede:r in der Felis Familie (er)kennt die Wichtigkeit von Produktivität auf der einen und Kontrolle auf der anderen Seite und sorgt (intuitiv) dafür, dass er/sie a) nicht durch Müßiggang negativ auffällt und b) die Dinge selbst regelt, sich also nicht auf andere verlässt, und so auch niemandem zur Last wird.

Vielleicht hat Feli aber auch die Erfahrung gemacht, dass andere Menschen nicht verlässlich sind, und daher für sich selbst entschieden, Dinge lieber selbst zu erledigen. Dies ist möglicherweise schon früh in ihrer Kindheit passiert, oder in ersten Beziehungen, ersten Freundschaften, ersten Jobs. Vielleicht wurde sie allein gelassen, als sie Unterstützung gebraucht hätte. Vielleicht gab es in der Familie Suchtproblematiken, die zu unberechenbarem Verhalten geführt haben. Vielleicht wurde sie in der Schule bloßgestellt, oder ihr wurde ohne Erklärung der erste Job gekündigt. All dies hat möglicherweise Auswirkungen darauf, wie wenig Feli vertrauen kann – und wie sehr sie kontrollieren muss.

Unabhängig davon, wie es sich in Felis Fall genau zugetragen hat – das jetzige Mindset ist jedenfalls ein Produkt aus Genetik (also angelegten Persönlichkeitsstrukturen), biochemischen Prozessen im Hirn, und Lebens- und Lernerfahrungen. Diese empirisch zurückzuverfolgen und aufzudröseln, ist nicht unser Job – sich dem Einfluss vergangener Erfahrungen bewusst zu sein, allerdings schon. Es geht vor allem darum, im Hier und Jetzt einen Umgang mit den in der Vergangenheit entstandenen Mustern zu finden.

> **Impuls**
> Welche Glaubenssätze herrschen in deiner Familie bezüglich Kontrolle und Vertrauen? Welche Erfahrungen hast du selbst gemacht? Und welche Auswirkungen haben diese Erfahrungen: Kontrollierst du gern? Kannst du gut vertrauen? In welchen Situationen wird dies sichtbar oder erlebbar?

Wir sehen in der Interaktion mit Nino sehr deutlich, dass die eigenen, über Generationen hinweg immer wieder aufgegriffenen Glaubenssätze bezüglich der Wichtigkeit von Kontrolle, und/oder die eigenen negativen Erfahrungen mit Vertrauen dazu geführt haben, dass Felis über Jahre aufgebauten Konstruktionen mitten in ihrem Sichtfeld steht. Dies führt dazu, dass sie die momentane Situation gar nicht überblicken *kann*. Es steht einfach etwas Großes im Weg herum. Sie sieht beispielsweise nicht, dass Nino völlig zufrieden im Nichtstun ist, weil die Vorstellungen, immer etwas tun zu müssen, einen Plan zu haben, und auf keinen Fall ziellos zu sein, das eigene Denken dominieren.

Felis Denkmuster „Ich darf nie die Kontrolle verlieren" oder „Ich brauche immer einen Plan" mag in der Vergangenheit durchaus hilfreich gewesen sein – vielleicht hat es sie davor bewahrt, erneut enttäuscht zu werden, als eine vermeintliche Vertrauensperson sich nicht verlässlich zeigte. Oder als nur das ständige Erbringen von Leistung ihr die Anerkennung und Wertschätzung ihres sozialen Umfeldes einbrachte. Wir fragen uns jedoch, ob dieses Muster heute immer noch in dieser starken Ausprägung benötigt wird.

Da wir glauben, erkannt zu haben, durch welche Brille Feli schaut, würden wir nun gern einen Brillenwechsel vorschlagen. Denn wir fragen uns, ob sie schon einmal die Erfahrung gemacht hat, dass absolut nichts Schlimmes passiert, wenn sie weder plant noch kontrolliert. Dass sie akzeptiert und wertgeschätzt wird, egal was sie tut (oder nicht tut).

Achtung! Es geht hier nicht darum, ob ein:e außenstehende:r Beobachter:in sehen könnte, dass Feli geschätzt, geachtet, geliebt wird, ohne etwas „abliefern" zu müssen – natürlich wird sie das! Von ihrer:m Partner:in, ihren Kindern, ihren Freund:innen, ihren Patient:innen… Es geht eher um die Frage, ob Feli selbst dies in ihrer eigenen Realitätskonstruktion aufnehmen und annehmen kann. Denn die Realität der Beobachtenden ist, das wissen wir, sehr verschieden von der subjektiv erlebten Realität [siehe „(De-)Konstruktionen" im Kap. 5 *Leitideen*].

Feli scheint zumindest in der von uns beobachteten Interaktion nicht darauf zu vertrauen, dass es schon irgendwie genügen wird, einfach da zu sein, ohne etwas Besonderes zu tun. Sie vertraut auch nicht auf ihre eigene Intuition, die die Signale des Hundes anders einordnet als ihre Kognition. Und anscheinend traut Feli dem sozialen Umfeld (also in diesem Fall uns) nicht zu, dass wir es okay finden, wenn sie nichts tut, keinen Plan hat, nicht zielgerichtet agiert, auch wenn genau dieses Sich-Treiben-Lassen gerade ihr Wunsch wäre.

2.2.4 Ressourcen

Welche Ressourcen siehst du, wenn du dir Felis Interaktion mit Nino, aber auch ihre mögliche Biografie(n) vorstellst?

Wir sehen sehr viel Disziplin, Fleiß und Eigeninitiative. Feli möchte etwas bewirken, sie verfügt über Antrieb, Motivation und Energie. Aus ihrer Biografie wissen wir, dass sie einen guten Blick für genau die Details hat, in denen sie sich manchmal verliert. Zudem hören wir, dass sie viel aushalten kann, dass sie Enttäuschen überstanden hat, schwirige Situationen ohne Hilfe bewältigen konnte und es gewöhnt ist, die Verantwortung zu übernehmen. Sie ist eine echte Einzelkämpferin! In der Interaktion mit Nino sehen wir aber auch, dass sie grundsätzlich das Beste für Andere möchte. Und vor allem ist uns aufgefallen, dass sie doch einen Zugang zu den Ressourcen hat, die sie so verzweifelt sucht, nämlich Gelassenheit und Freude. Auch wenn sie diesen Zugang nicht immer nutzen und die Ressourcen nicht voll ausschöpfen kann: für eine paar Minuten hatte sie sich auf Nino eingelassen und sich einfach mit ihm gefreut.

In unserem System kann Feli neben ihren eigenen auch auf die externen Ressourcen, die Nino und die anderen Tiere bereithalten, zugreifen, und auch auf jene, die wir als Coaches beitragen können [siehe „Ressourcen" im Kap. 4 *Leitfaden*].

> **Impuls**
> Wie verhält es sich mit dem System, das du gerade beobachtest? Welche Ressourcen stehen dir zur Verfügung, die Andere miteinbringen, oder die in der Interaktion entstehen? Wie erhöht sich dadurch dein eigenes Potenzial?

2.2.5 Alternative Wirkmöglichkeiten

Unser Mensch-Tier-System bringt eine gewisse Grundgelassenheit mit. Nino hat großes Vertrauen in sich und die Welt, sonst würde er nicht bei jeder Gelegenheit so freudig und ungehemmt seinen felligen Bauch präsentieren und sich so anderen ausliefern. Auch wir haben in der Interaktion mit unseren Tieren eine Entspanntheit entwickelt, die auf der Erfahrung beruht, dass wir grundsätzlich alle gut aufeinander aufpassen. Diese Grundgelassenheit darf allerdings nicht die ebenso notwendige Achtsam- und Wachsamkeit ersetzen, denn natürlich können immer unvorhergesehene Dinge passieren, die durchaus zu schlimmen Zwischenfällen eskalieren können, wenn man im Umgang miteinander unkonzentriert oder unaufmerksam agiert [siehe Kap. 6 *Perspektiven*]. Kontrolle und Vertrauen stehen also nebeneinander, und sind miteinander im Wechselspiel.

Auch Felis mitgebrachte Ressourcen sind willkommen: sie kann ihre grundsätzliche Wachsamkeit einsetzen, wenn es angemessen ist, beispielsweise bei gemeinsamen Spaziergängen mit unserem Pony Maribel in freiem Gelände: Sie übernimmt Führung und Verantwortung, scannt die Umgebung nach potenziellen Gefahrenquellen ab und behält Maribels Wohlbefinden im Blick, passt also auf sie auf. Die Muster, die von anderen oft als problematisch empfunden werden, haben also hier auch ihren Platz und können wirkungsvoll eingesetzt werden.

Allerdings lässt sie sich auch auf die von den Tieren initiierten Momente der Entspannung und Ziellosigkeit ein. Wir üben gemeinsam, zu bemerken, wann ein Tier eine Pause braucht, und zu beobachten, wie Phasen der An- und Entspannung sich abwechseln:

„Es ist wie beim Atmen, Feli, man kann nicht immer nur einatmen, irgendwann muss man ausatmen."

> **Impuls**
> Wie ist bei dir selbst das Verhältnis von „Einatmen" und „Ausatmen"? Oder, wenn du nicht gern in Metaphern denkst, das Verhältnis von Phasen der Anspannung zu Phasen der Entspannung? Woran merkst du, ob du dich in der An- oder in der Entspannung befindest? [siehe auch das Unterkapitel „Anspannung und Entspannung" in diesem Kap. 3].

2.2.6 Nudging

Angeleitet von den Tieren gelingt es Feli nun langsam immer mehr, auszuhalten, dass nicht alle Handlungen zielgerichtet ablaufen. Dass man, zumindest als nichtmenschliches Tier, manchmal einfach nichts tut. Dass sogenannte „Fehler" passieren und es niemanden besonders interessiert. Nino, als vermeintlich sozialkompetenter Therapiehund, blafft die Katze an. Vuddy verwechselt unseren blauen Fußball mit der lilafarbenen Sitzgelegenheit und tritt freudig und mit viel Schwung dagegen (kaputt!). Maribel hat nach 300 m Spaziergang bereits keine Lust mehr, weiterzugehen. Wir vergessen, eine Tür zu schließen, und unser Pferdekind Frizi erkundet („erkundet" ist hier gleichzusetzen mit „verwüstet") unser Lager. Und all das… ist okay. Während Feli anfangs noch blass wurde, wenn die Dinge nicht nach Plan (ihrem eigenen Plan, wir haben ja keinen) verliefen, hat sie nun erlebt, dass in solchen Situationen eigentlich nichts weiter passiert, von leichten Materialschäden einmal abgesehen. Wir befinden uns in einem sicheren Rahmen [siehe „safe space" im Kap. 6 *Perspektiven*], in dem Dinge ausprobiert werden und Fehler – was auch immer das sein soll – passieren können.

Feli wird in dieses System aufgenommen, was für uns bedeutet, den Coachingprozess paradoxerweise etwas zu „entcoachen". Weil Feli ohnehin schon sehr kontrolliert und ergebnisorientiert agiert, möchten wir nicht noch mehr desselben liefern, sondern Alternativen anbieten. Wir enttäuschen also die Erwartung, dass Coaching ein linearer Prozess mit stetigem Zugewinn an Wissen und Können sei [siehe „Haltung" im Kap. 5 *Leitideen*]. Stattdessen bieten wir in dem vollen Vertrauen, dass Feli ihren eigenen Prozess genau richtig gestalten wird, Raum zum Ausprobieren. Und zum Nichtstun. Wir sprechen wenig über Felis Pläne und viel über das, was wir bei den Tieren beobachten – du erinnerst dich: Wachsamkeit, aber auch Entspannung. Einatmen und Ausatmen.

Durch den Perspektivwechsel bemerkt Feli, dass alle ihre Kontrollmechanismen im System zwar manchmal, aber keineswegs immer gebraucht werden. Erstens sind die Anderen offensichtlich auch bestens in der Lage dazu, auf die Herde, das Rudel oder einfach nur sich selbst aufzupassen. Zweitens haben unsere Tiere nicht den Anspruch, irgendeine Art von Performance liefern oder bekommen zu müssen. Drittens hat sie erlebt, dass sie in unserem Mensch-Tier-System einfach nur „sein" muss, um akzeptiert und gemocht zu werden. Weder Nino noch Maribel noch wir koppeln unsere Wertschätzung an Leistung oder Ergebnisse.

Wir laden Feli dazu ein, zu beobachten, *wofür* sie von Nino oder Maribel geschätzt wird. „Weiß ich gar nicht so genau… dafür, dass ich hier bin, vielleicht." „Vielleicht, Feli." „Und dafür, dass ich mich ehrlich für sie interessiere." „Du schaust genau hin. Das kannst du wirklich gut." „… und für meine Ruhe." Feli lacht. „Hätte ich gar nicht gedacht, dass ich diese Ruhe habe, aber ja, ich glaube, das ist es!"

> **Impuls**
>
> Uns ist bewusst, dass es insbesondere in beruflichen Kontexten schwierig sein kann, den eigenen Wert losgelöst von messbaren Leistungsergebnissen zu betrachten und vor allem zu akzeptieren, dass Fehler passieren, Dinge außer Kontrolle geraten und man nicht immer einen Plan oder eine gute Lösung hat. Hier kann es hilfreich sein, deine Kontexte zu priorisieren: welche Systeme deines Lebens berühren deinen Kern? Welche Systeme betreffen dich nur oberflächlich? Wofür wirst du in den Systemen, die dir wirklich wichtig sind, wertgeschätzt? Wofür schätzt dein Tier dich?

Feli, die Schülerin, sagt: „Wenn ich meine Noten den Tieren zeigen würde, wären sie ihnen völlig egal. Sie könnten gar nichts damit anfangen." „Womit können sie denn etwas anfangen, Feli?" „Mit meiner Sanftheit." „Ja, das sehen wir auch so."

Feli, die Mutter, Schwester, Partnerin, sagt: „Ich schaue meine Familie jetzt ein bisschen so an, wie ich die Tiere anschaue. Was brauchen sie gerade wirklich? Perfekt gepackte Schulranzen oder fünf Minuten mehr Zeit mit ihrer Mama? Es gelingt mir allerdings selten, das von mir aus zu bemerken und mich zu bremsen. Das machen die anderen dann für mich. Aber ich höre zu."

Feli, die Ärztin, erinnert sich an die erste Begegnung mit Nino am meisten: „Ich sehe jetzt, dass ich anfangs so sehr versucht habe, alles „richtig" zu machen, dass ich Nino irgendwie aus dem Blick verloren habe, obwohl er deutlich gesagt hat, was er will. Die Erfahrung hilft mir im Umgang mit den Patient:innen – bevor ich das „große Besteck" auffahre, versuche ich durchzuatmen und überlegen: was braucht die Person gerade von mir? Und manchmal ist das einfach nur ein offenes Ohr, dann muss ich gar nicht viel tun. Verrückt."

Feli wird niemals die Person sein, die das Haus verlässt, ohne aufgeräumt, den Kühlschrank abgetaut und alle Pflanzen gegossen zu haben. Sie wird immer lieber doppelt nachschauen als einmal etwas zu übersehen. Und das ist sehr gut so, denn wenn wir alle vertrauensselig und sorglos durch die Welt laufen würden, gäbe es wahrscheinlich ein ziemliches Chaos. Das, was Feli tut, ist also funktional. Und genau die Rückmeldung hat sie in der Interaktion mit unseren Tieren bekommen: Danke, dass du so wachsam bist! Kontrolle ist wichtig. Feli hat aber auch erlebt, wie wichtig es sein kann, ergebnisoffen, ohne festen Plan und voller Weltvertrauen in Situationen hineinzugehen.

Felis berufliches und privates Umfeld hatte, verständlicherweise, mit Gereiztheit und Ungeduld auf ihre Kontrollversuche reagiert. Daraufhin hatte sich wiederum bei ihr eine Abwehr- bzw. Rechtfertigungshaltung eingestellt. In dem Gefühl, mit Kritik oder Alternativvorschlägen nicht gehört zu werden, hatten Partner:innen, Kolleg:innen oder Familienmitglieder vehementer und härter gegen Felis Perfektionismus rebelliert. Woraufhin Feli wiederum ihre Kontrollmechanismen verstärkt hatte – denn sie fühlte sich schließlich allein verantwortlich. Und so weiter. Eine Negativspirale aus wechselseitiger Verhärtung war im Gange gewesen.

Die Tiere jedoch sind nicht persönlich betroffen von Felis Interaktionsmustern. Sie haben keine eigene Agenda, und keine Vorstellung davon, wie die Dinge „richtigerweise" zu laufen haben. Also können sie neugierig, unvoreingenommen und offen mit ihr umgehen, und ihr so das Gefühl vermitteln, so wie sie ist, völlig okay zu sein. Sie muss sich nicht rechtfertigen. Und genau das war hier eine wichtige Ausgangssituation für unsere Arbeit: ohne harte Kritik oder Vorwürfe vorzubringen, und in völliger Geduld und Gelassenheit haben die Tiere auf sanfte und charmante Art Alternativen vorgeschlagen, die Feli annehmen konnte.

> **In aller Kürze**
> - Feli hatte versucht, durch extrem persönlichen Einsatz, harte Arbeit und viel Planung alle Variablen in ihrem Umfeld zu kontrollieren.
> - Dadurch gab es immer wieder berufliche und private Konflikte und ein ständiges Gefühl der Anspannung.
> - Die Kontrollversuche dienen, so vermuten wir, dazu, alle potenziellen Unsicherheiten und Gefahren zu vermeiden.
> - Dies könnte in schlechten Erfahrungen in der Vergangenheit oder in familiär weitergegebenen Glaubenssätzen begründet liegen.
> - Feli hat also nicht besonders viel Vertrauen in ihre Umwelt (und ihre eigene Intuition).
> - In der Interaktion mit den Tieren erfährt Feli, dass ein gewisses Maß an Planung und Kontrolle berechtigt ist und dass es wichtig ist, auf sich und andere aufzupassen. Ihr „Default-Mode" wird also gewürdigt.
> - Sie erfährt aber auch, dass vermeintlich sinn- oder zielloses Nichts-Besonderes-Tun lohnenswert sein kann, denn gerade in dieser Zeit werden intensive Bindungserfahrungen gemacht.
> - Feli erlaubt sich vermehrt, Entspannung und Gelassenheit zuzulassen und als wertvoll anzusehen.

2.3 Macht und Ohnmacht

> **Alyn kann sich nicht gut bewegen**
> *Vielleicht ist dieser Titel metaphorisch zu verstehen, und Alyn ist eine „ganz normale" Angestellte in einem „ganz normalen" Betrieb. Alyn erledigt die Aufgaben, die ihr aufgetragen werden – immer zur vollsten Zufriedenheit aller. Manchmal genießt sie die Einfachheit, selbst nicht besonders viel entscheiden zu müssen. Bei genauerem Nachdenken fällt ihr auf, dass sie eigentlich gar nichts entscheiden muss. Oder besser gesagt: nichts entscheiden darf. Die Prozesse im Betrieb sind klar definiert und haben sich über Jahre hinweg bewährt. Manchmal fragt sie sich aber auch, wozu sie überhaupt dort sitzt, in ihrem kleinen Büro an der Nordostseite des Gebäudes, in dem man kaum mitbekommt, wie sich die Lichtverhältnisse über den Tag hinweg verändern. Auch sonst verändert sich nicht viel, bis auf die Anzahl der traurigen Fliegenleichen am Boden unter dem Fenster, das man nicht öffnen kann. Wäre sie selbst nicht*

dort, würde jemand anders genau das tun, was sie tut, und das Ergebnis wäre dasselbe.

Oder Alyn sitzt im Rollstuhl. Nach einem Unfall, für den niemand etwas konnte, wurden ihr beide Unterschenkel amputiert. Sie hat sich nie so richtig daran gewöhnt, dass ihr Körper nicht mehr so funktioniert wie früher. Inzwischen lebt sie in einer Einrichtung für Menschen mit Beeinträchtigung, wie es so unschön heißt. Der Tagesablauf ist klar definiert. Der Essensplan liegt freitags in der Woche zuvor aus. Die Pflegenden geben den Bewohner:innen Anweisungen. Die Bewohner:innen befolgen die Anweisungen. Shopping-Trips, Ausflüge, Urlaube, werden gemeinsam unternommen und sehr lange im Voraus geplant. Wenn Alyn etwas „außer der Reihe" machen möchte, muss sie bei der Gruppenleitung anfragen und hoffen, dass es einzurichten ist. Meistens ist es nicht einzurichten. Alyn braucht so ziemlich bei allen Alltagtätigkeiten Hilfe. Sie selbst wird von niemandem gebraucht, und das weiß sie auch.

Oder Alyn arbeitet auf der Intensivstation eines Kinderkrankenhauses. Sie weiß genau, was sie tun müsste, um die bestmögliche Versorgung für alle Kinder zu gewährleisten. Bloß ist dies absolut unmöglich: ein Mangel an Ressourcen, Personal und Planung führt dazu, dass nur das Nötigste getan und nur die absoluten Grundbedürfnisse der Patient:innen gedeckt werden: für Zuwendung, Zuspruch oder andere individuell angepasste Menschlichkeit gibt es keinen Raum. Die Lücke zwischen Alyns eigenem Anspruch an ihre Arbeit und der Realität klafft immer weiter auseinander. Sie hat das Gefühl, niemandem gerecht zu werden und fühlt sich ohnmächtig. Am liebsten würde sie ganz aufgeben und kündigen. Etwas anderes fällt ihr nicht ein.

Oder Alyn macht sich viele Gedanken über den Zustand der Welt und ihre eigene kleine Rolle darin. Klima-Dynamiken sind längst außer Kontrolle geraten. Überschwemmungen, Dürren, Hitze- oder Kälteeinbrüche, Erdrutsche und Tornados sind quasi jede Woche Thema in den Medien. Die Arten sterben rapide aus. Der point of no return ist längst überschritten. Und die Menschen arbeiten nicht nur fleißig an der Zerstörung der Anderen, sondern auch an ihrem eigenen Aussterben: sinnlose Kriege werden in Europa angezettelt. Irgendjemand putscht in anderen Teilen der Welt (wer und wo genau hat sie sich nicht gemerkt). Religiöse Fanatiker:innen unterdrücken die eigene Bevölkerung. Menschenfeindliche Parolen sind plötzlich politisches Standardwerkzeug. Was zur Hölle ist eigentlich los? Und wo soll man anfangen? Vegan leben? Kein Auto mehr fahren? Nicht in den Urlaub fliegen? Keine Kinder bekommen? Für Alyn sind das Tropfen auf dem heißen Stein. Im Großen und Ganzen wird sich nichts verändern. Also wieso überhaupt irgendetwas tun?

Vielleicht kommen dir einige von Alyns Überlegungen bekannt vor. Vielleicht bist du nicht so hilflos, nicht so ersetzbar, nicht so fatalistisch wie unsere Alyn, aber sicherlich kennst du das Gefühl, nichts tun zu können, also das Gefühl, in gewisser Weise ohnmächtig zu sein. Wir wissen, dass es für unsere mentale und physische Gesundheit von großer Wichtigkeit ist, die eigene Wirksamkeit zu erleben, also ein gewisses Maß an „Macht" zu haben, und dass umgekehrt das Erleben von Ohnmacht zu schwerwiegenden gesundheitlichen Einschränkungen führen kann. Und vielleicht hilft es dir, gemeinsam mit uns zu ergründen, wie die Alyn sich innerhalb ihres Systems andere Interaktionswege als die der völligen (empfundener oder tatsächlicher) Passivität bahnen wird.

Macht und Ohnmacht
Spätestens seit der Soziologe Aron Antonovsky in den späten 70er Jahren einen engen Zusammenhang zwischen mentaler Gesundheit und dem von ihm sogenannten „sense of coherence", also dem Kohärenzgefühl oder Kohärenz-Sinn herstellte, ist die Wichtigkeit des eigenen Wirksamkeitserlebens auch in beruflichen Kontexten erkannt worden. Antonovsky stellt den „sense of coherence" als Kombination aus Verstehbarkeit, Handhabbarkeit und Sinnhaftigkeit der Kontextfaktoren bzw. -stressoren da. Ein möglichst hohes Maß dieser drei Parameter, also insgesamt ein möglichst hohes Kohärenzgefühl sorge für eine größere Selbstwirksamkeit und somit verbesserte mentale Gesundheit. Dies ist ohne große Schwierigkeiten nachvollziehbar: je mehr du das Gefühl hast, die Situation verstehen und selbst handhaben zu können, und je größer der Sinn ist, den du darin siehst, desto besser geht es dir wahrscheinlich damit.

2.3.1 System

Alyns Systeme aus dem Arbeitskontext, der individuellen persönlichen Lebenswelt oder der erweiterten gesellschaftlichen Umwelt haben gemeinsam, dass sie aus ihrer eigenen Sicht auch ohne sie selbst als Individuum weitestgehend unverändert fortbestehen würden. Es ist wichtig, dies in den folgenden Interaktionen zu bedenken, da Alyn zu glauben scheint, mit keinerlei Wirkmacht ausgestattet zu sein, also nichts verändern zu *können*. Sie räumt sich selbst also keine aktiven Gestaltungsfreiräume ein. Wir könnten uns bereits jetzt vornehmen, an der Dekonstruktion dieses Glaubenssatzes mitzuwirken, um die Spirale aus Passivität und der Erwartung von Passivität zu unterbrechen [siehe „(De-)konstruktion" im Kap. 5 *Leitideen*].

Wir arbeiten mit unserem Pony Maribel und richten unseren Fokus auf Alyns Erwartungshaltung bezüglich ihrer eigenen Rolle in diesem Interaktionssystem.

2.3.2 Anliegen

Alyns ausgesprochenes Anliegen ist es „irgendeine Bedeutung in [ihrem] Leben zu finden und endlich etwas Sinnvolles zu tun". Mit diesem Anliegen tun wir uns zugegebenermaßen etwas schwer. Erstens ist das ein wirklich großes und weitgefasstes Vorhaben, und zweitens sind wir uns nicht sicher, ob so etwas überhaupt jemals machbar ist. Einen Sinn „finden". Das klingt ein bisschen, als sei dieser Sinn ein sichtbares, greifbares Objekt, das irgendwo verborgen liegt, und das man sofort als „Sinn" erkennt, wenn man es gefunden hat. Dann darf man es behalten und ist für immer froh damit. Aufgabe erledigt. In unserer Erfahrung ist dieser „Sinn" allerdings ein flutschiger kleiner Formwandler, der, hat man ihn einmal kurz zu fassen bekommen, flüssig wird und durch die Finger rinnt, nur um kurz darauf wieder in anderer Gestalt irgendwo aufzublitzen – meistens ausgerechnet dort, wo man gerade nicht so gut drankommt. Wir verbalisieren unsere Unsicherheit angesichts des Anliegens und einigen uns darauf, gemeinsam mit Alyn den Blick erst einmal beobachtend auf ihre Konzeption von Sinn und möglicherweise verschiedene, wenn auch kurzfristige erlebte Sinnhaftigkeiten zu richten [siehe „Haltung" im Kap. 5 *Leitideen*].

Alyn hat bereits selbst beobachtet, dass sie sich in einer, wie sie es nennt „Negativspirale" befindet: Ihre Passivität führt dazu, dass sie sich schämt („ich kann nichts beitragen, ich kriege nichts hin, ich bin nichts wert"). Diese Scham wiederum führt dazu, dass sie sich zurückzieht und zurückhält, also weiterhin passiv verhält. Dies wiederum sorgt für vermehrte Scham und Selbstabwertung.

In der weiteren Interaktion mit Alyn stellen wir fest, dass in ihrer Konzeption der Begriff „Sinn" synonym mit der Idee, etwas „Sinnvolles beitragen" zu können, verwendet wird. Es geht also um ihre eigene Relevanz im System. Das Anliegen wandelt sich also von der anfangs vagen „Sinnsuche" hin zu einer konkreteren Vorstellung von der eigenen Sichtbarkeit und Wirksamkeit im System.

Individuum und System
Wenn du dir ein System als großes, buntes Gebilde deiner Wahl vorstellst (ein abstraktes Bild oder ein farbenfrohes Netz oder vielleicht so etwas wie ein Wald oder ein Sonnensystem), wäre es *viel zu einfach*, das Individuum als ein einzelnes Puzzlestück darin zu sehen. Denn erstens würde das bedeuten, dass jedes Individuum nur in ein System passt – was aber natürlich Unsinn ist, denn wir sind alle in vielen verschiedenen Systemen verflochten. Und zweitens würde es bedeuten, dass das System das Individuum als *Ganzes* braucht, also zum Beispiel alle biologischen, psychischen und sozialen Prozesse verwertet. In der Realität sieht das aber ganz anders aus: im Arbeitskontext werden andere Fähigkeiten und Handlungen einer bestimmten Person abgerufen als beispielsweise im Familienkontext. Wiederum andere werden im Sportclub oder im Freundeskreis benötigt. Das Individuum ist also möglicherweise gar nicht komplett „Teil" eines Systems, sondern stellt diesem Einzelteile seines Selbst zur Verfügung. Gleichzeitig „gehört" es nicht einem einzigen System an,

sondern hat Zugang zu vielen verschiedenen Systemen. Je nachdem in welchem Job du tätig bist, ist es für den Betrieb nicht relevant, wie geduldig oder empathisch du bist. Was zählt ist vielleicht deine Datenverarbeitungskapazität, deine Fingerfertigkeit oder deine Raumwahrnehmung. Umgekehrt ist es für dein Beziehungssystem vielleicht nicht von Bedeutung, wie gut du rechnen oder schreiben kannst – hier zählt deine Loyalität und deine Fröhlichkeit. Es könnte also lohnenswert sein, zu überlegen, welche Teil-Kompetenzen für das jeweilige System, in dem du interagierst von Bedeutung sind, und welche deiner Teil-Kompetenzen keinerlei Relevanz für dieses System haben.

Wir einigen uns darauf, zu beobachten, wie Alyn sich auf dem Spektrum Macht – Ohnmacht bzw. Aktivität – Passivität bewegt und sich selbst wahrnimmt. In welchen Kontexten erlebt sie sich als (ohn)mächtig? Welche Ressourcen kann oder könnte sie einbringen, um sich als relevant zu erleben [siehe „Ressourcen" im Kap. 4 *Leitfaden*]?

Impuls
- In welchem System fühlst du dich besonders wirksam oder mächtig?
- Welche deiner Kompetenzen sind relevant für dieses System?
- Für welche Kompetenzen wünschst du dir Anerkennung von diesem System?
- Überlappen diese Kompetenzen oder sind sie völlig unterschiedlich?
- In welchem System fühlst du dich besonders wirkungslos oder ohnmächtig?
- Welche deiner Kompetenzen sind relevant für dieses System?
- Für welche Kompetenzen wünschst du dir Anerkennung von diesem System?
- Überlappen diese Kompetenzen oder sind sie völlig unterschiedlich?

Alyn entscheidet sich dafür, unser Shetlandpony Maribel kennenzulernen. Maribel ist eine genügsame, zufriedene und gelassene kleine Pony-Person, die grundsätzlich die besten Absichten hinter dem Verhalten Anderer vermutet und gutherzig und neugierig auf ihren kurzen Beinchen durch die Welt marschiert. In der Herde ist sie so freundlich und kooperativ, dass nie jemand mit ihr Streit sucht. Sie kümmert sich mit schier unglaublicher Geduld um ihre Tochter Fritzi, und fordert selbst nur sehr wenig vom Leben. Ohne es jemals zu verlangen, genießt sie es doch sehr, gekratzt, gebürstet, gekrault zu werden, mit uns Menschen umzugehen und sich umsorgt zu fühlen.

2.3.3 Form

Alyn liebt es von Anfang an, mit Maribel zusammen zu sein. Es hat einfach geklickt und die beiden tun sich sichtlich gut. Alyn bürstet Maribels schwarzes Fell. Sie entwirrt mit einer Engelsgeduld ihre lange, zottelige, schottlandwettertaugliche Mähne. Maribel schließt immer wieder die Augen und lässt die Unterlippe hängen, während Alyn sie pflegt – in der Pferdewelt sind dies Zeichen der Entspannung und des Vertrauens [siehe „Sprache" im Kap. 6 *Perspektiven*]. Manchmal füttert Alyn Maribel und die anderen Pferde mit Mineralfutter. Vor allem geht sie gern und regelmäßig mit Maribel spazieren [siehe „Spaziergang" im Kap. 7 *Methoden*]. Falls wir hier von jener Alyn berichten, die einen Rollstuhl benutzt, steuert sie dabei mit der einen Hand den E-Rolli und hält mit der anderen Hand das Führseil fest – insbesondere das gegenseitige Anpassen des Tempos stellt dabei eine Herausforderung dar, die beide hervorragend meistern. Hätte Maribel das Gefühl, dass Alyn sich nicht souverän verhält, würde sie Zeichen von Anspannung zeigen, allerdings folgt sie Alyn durchweg vertrauensvoll.

An dieser Stelle könnten wir uns also entspannt zurücklehnen, die Hände hinter dem Kopf verschränken, zu pfeifen beginnen und unsere Arbeit als getan ansehen. Wir erinnern uns an Alyns eigenes Anliegen: Etwas Sinnvolles tun? Abgehakt. Selbst wirksam sein? Auch abgehakt. Etwas zum System beitragen? Ebenso. Aber als wir uns gerade fragen, wie das, was wir beobachten, zu dem Anliegen passt (gibt es da überhaupt ein Problem?), horchen wir auf. Alyn überschlägt sich fast vor Freude, als sie uns berichtet, wie schön sich Maribel um sie (also um Alyn) kümmert, wie achtsam sie sei und wie gut sie ihr tue. Das Pony helfe ihr so sehr, sie fühle sich so gut im Kontakt mit ihr. Wie sehr Maribel mitdenkt! Wie schlau sie ist! Wie geschickt sie sich bewegt! Wie rücksichtsvoll sie mit Alyns „Einschränkungen" umgeht!

Diese Freude und Dankbarkeit ist natürlich herzerwärmend, aber … bemerkst du etwas?

Was uns auffällt: Wenn man Alyn zuhört, könnte man glauben, sie selbst trage kaum etwas bis gar nichts zur Interaktion mit Maribel bei. Beobachtet man hingegen den Umgang der beiden miteinander, ergibt sich ein ganz anderes Bild: Alyn kümmert sich hingebungsvoll um Maribel. Sie umsorgt sie sehr, und sie ist es, die die Aktivitäten initiiert und anleitet.

Hier zeigt sich also eine klar erkennbare Diskrepanz zwischen nonverbalen Interaktionen und verbalen Aussagen [siehe „systemisches Arbeiten mit Tieren" im Kap. 1 *Einleitung*]: auf der abstrakten, sprachlich aufbereiteten Ebene, also der Meta-Ebene, konstruiert Alyn sich selbst als passives Wesen, das auf die Unterstützung und Hilfe anderer angewiesen ist [siehe „(De-)konstruktion" im Kap. 5 *Leitideen*]. Auf einer viel unmittelbareren Ebene, in der direkten Interaktion, ist das Gegenteil der Fall: sie handelt als aktive, entscheidende und wirksame Person.

> **Impuls**
> Wenn du mit anderen Lebewesen interagierst: Beobachte, ganz einfach ausgedrückt, wer wann was für wen tut. Also: was bringst du aktiv ein, damit die Beziehung gelingt? Was bringt dein Tier ein? In welchen Situationen tust du etwas für das Tier, in welchen Situationen ist es umgekehrt?

Wir sehen also, dass sich Alyn auf dem Spektrum „Aktivität – Passivität" in ihrer Selbstbeobachtung bzw. ihrem eigenen Narrativ anders positioniert als wir es in unserer Beobachtung bzw. unserem Narrativ tun.

Insbesondere wenn die systemrelevanten Erzählungen der im System miteinander verbundenen Individuen derart unterschiedlich sind, kann es bereichernd sein, verschiedene Perspektiven übereinanderzulegen und miteinander zu vergleichen.

Achtung! Wir gehen immer mit einer neugierigen Haltung an diesen Perspektivwechsel heran. Unser Ziel darf es nicht sein, zu vermuten, dass wir als „objektive" Beobachter:innen das „Richtige" sehen und Alyn nun von unserer Sicht überzeugen müssen – das wäre ein furchtbar gewaltvoller Akt. Wir würden Alyn überwältigen und ihre Perspektive für nichtig erklären. Gleichzeitig würde es Alyns Narrativ bestätigen: Wir wären mächtig, sie selbst ohnmächtig. Stattdessen gehen wir davon aus, dass unsere Perspektive auch nur eine von vielen möglichen ist. Wenn uns auffällt, dass unsere Sicht sich gang anders darstellt als die von Anderen, bitten wir diese Anderen (in dem Fall Alyn) uns bei einem neugierigen Erforschen der Unterschiede zu unterstützen [siehe „Haltung" im Kap. 5 *Leitideen*].

Wenn wir mit diesen Beobachtungen nun das Anliegen noch einmal anschauen, differenziert sich die Fragestellung aus [siehe „Beobachtung" im Kap. 5 *Leitideen*]. Alyn würde sich innerhalb ihres Systems gern als sinnstiftend, wirksam und relevant erleben – tatsächlich nehmen wir sie in der Interaktion mit ihrer Umwelt auch so wahr! Gleichzeitung konstruiert sie ein Bild der Passivität und Bedürftigkeit. Wir können also auch hier einen Blick auf mögliche Funktionen dieses Narrativs legen. Inwieweit ist es systemerhaltend?

Es könnte sein, dass Alyn gelernt hat, dass sie am wenigsten Reibung, Streit oder Kritik innerhalb des Systems erlebt, wenn sie sich weitestgehend passiv verhält und anderen die Entscheidungen überlässt. In diesem Fall wäre die Passivität funktional, weil Alyn so „nicht stört".

Es könnte auch sein, dass die Handlungen und Kommunikationen Anderer überflüssig werden würden, wenn Alyn nicht so passiv und bedürftig wäre. Das Kümmern, Entscheiden und Versorgen anderer liefe ins Leere. Da sie aber passiv und bedürftig ist, sind die Handlungen und Kommunikationen Anderer weiterhin relevant. Alyn „braucht" die Anderen, und die Anderen müssen sich kümmern, indem sie ihr Entscheidungen abnehmen und sie anleiten. Auch in diesem Fall überlebt das System und wird nicht gestört.

Oder Alyn stellt durch ihre Passivität sicher, dass sie selbst nicht durch mehr Freiraum überfordert wird. Auch hier: Das System bleibt in sich stabil.

Wir sagen an dieser Stelle nicht, dass eine dieser Möglichkeiten als Erklärung für Alyns Dilemma zu verstehen sei – das wissen wir nämlich nicht, weil wir nicht Alyn sind. Wir sagen lediglich, dass es sich immer lohnt, die eigenen Narrative nach ihren möglichen Funktionen abzuklopfen und für sich selbst zu prüfen.

> **Impuls**
> Wenn du dich selbst manchmal als ohnmächtig oder passiv erlebst: Was sind die Auswirkungen? Wozu könnte deine Passivität führen oder dienen? Inwieweit ist es möglicherweise sogar systemrelevant oder – erhaltend?

2.3.4 Ressourcen

Welche Ressourcen siehst du, wenn du dir Alyns Interaktionen und Alyns Narrative anschaust?

In der Interaktion sehen wir die Fähigkeit, sich um andere zu kümmern. Alyn erspürt genau, was Maribel braucht, was sie möchte, und was ihr guttut. Wir sehen auch Entscheidungsfähigkeit – Alyn hatte sich schon recht früh in unserer Arbeit gewünscht, mit Maribel spazieren zu gehen/zu fahren und Maribel selbst auf die Wiese zu bringen und zu füttern.

Aber auch in dem als problematisch empfundenen Muster, also der Passivität, sehen wir Ressourcen: die Anerkennung, andere zu brauchen, sich als vulnerabel und „bedürftig" zu outen, erfordert viel mehr Stärke, als es auf den ersten Blick scheint. Immerhin ist es gesellschaftlich oft nicht akzeptabel, zuzugeben, dass man sich nutzlos oder hilflos fühlt.

Gerade in dieser Anerkennung der Begrenztheit der eigenen Wirkmöglichkeiten liegt eine große Chance – denn die eigenen Wirkmöglichkeiten *sind* nun mal begrenzt. Oder auch: es ist, wie es ist. Niemand von uns wird eigenhändig den Klimawandel aufhalten, Katastrophen umkehren oder

Kriege beenden – in den meisten Fällen haben wir nicht einmal Einfluss auf signifikante Strukturen unserer Organisation, Firma oder Familie.

Auch wenn viele Coachings oder Selbstentwicklungsprogramme ein „du selbst kannst alles erreichen" – Mindset fördern: die Realität sieht anders aus. Wir können eben nicht alles erreichen, sondern wir sind und bleiben begrenzt durch biologische, soziale, ökonomische und viele weitere Faktoren, die wir nicht oder nur in sehr geringem Maße beeinflussen können. Die Gefahr ist, dass wir in Vernachlässigung dieser Realität frustrierter als zuvor aus oben genannten Coachings hervorgehen: Wenn wir dem Narrativ folgen, allein für unser Glück, unseren Wohlstand, unsere Lebensumstände verantwortlich zu sein und diese sich dann doch nicht so gestalten, wie wir es uns wünschen – haben wir dann nicht versagt? Ganz und gar nicht. Deshalb: die Anerkennung sowohl der eigenen Grenzen als auch der Macht der Strukturen kann durchaus dabei helfen, eine realistischere Erwartungshaltung aufzubauen und Enttäuschungen zu vermeiden.

In Alyns Falls geht es also vielleicht um eine Resignifizierung bestehender Denkmuster: Zunächst einmal erkennt sie die Begrenztheit der eigenen Relevanz an. Dies ist per se nicht gut oder schlecht. Nun kommt es allerdings darauf an, wie sie diese Begrenztheit deutet: als Defizit oder als Chance zu einer höheren Zufriedenheit?!

Resignifizierung
Resignifizierung bedeutet, Konzepte oder Begriffe umzudeuten. Unter Anderem verwendet man bewusst Wörter, die eher negativ konnotiert sind, in einem positiven Kontext, um die dahinterstehenden Konzeptionen aufzuwerten oder Stigmata abzulegen. Resignifizierung ist beispielsweise in feministischen oder gender-bezogenen Diskursen eine gängige Praxis – so wird z. B. das Wort „bitch" zur Bezeichnung autonomer, selbstbestimmter, sexpositiver Personen verwendet. Aber auch in anderen Kontexten findet Resignifizierung statt – dank der Fluidität der Sprache wird damit ein Raum für gesellschaftliches Um-denken geschaffen.

Alyn könnte also den Begriff und die Idee der Begrenztheit resignifizieren: Woher kommt die Idee, Begrenztheit sei negativ zu verstehen? Welche positiven Konnotationen könnte sie aber auch besitzen?

> **Impuls**
> Welche Begriffe und Selbstzuschreibungen stehen dir manchmal im Weg? Wie und auf welche Art könntest du sie resignifizieren?

2.3.5 Alternative Wirkmöglichkeiten

Diesmal geht es tatsächlich um uns als Coaches. Wir suchen alternative Wirkmöglichkeiten für uns selbst. Indem wir das tun, verändern wir automatisch unser Interaktionssystem und somit auch Alyns Rolle darin [siehe „Haltung" im Kap. 5 *Leitideen*]. Da wir bereits genau die Ressourcen gesehen haben, die Alyn sucht, entscheiden wir uns dazu, diese zunächst einmal wirken zu lassen und den Raum zu öffnen, um sie erleb- und erfahrbar zu machen. Übersetzt heißt das: wir tun absolut nichts. Und lassen Alyn und Maribel „einfach mal sein". Indem wir unsere eigenen Muster unterbrechen, unterbrechen wir auch Alyns: wir fungieren nicht mehr als die beratenden oder betreuenden Coaches, sondern stehen einfach nur irgendwie passiv dabei. Alyn wird also bewusst *nicht* von uns betreut oder angeleitet. Dies verbalisieren wir auch *nicht* (sonst wäre es ja wieder eine Erklärung, eine Aktion von uns), sondern wir *lassen es einfach*.

Auch wir erkennen also unsere eigene Begrenztheit an und begeben uns mit großer Gelassenheit in eine ambivalente Rolle: einerseits sind wir mit vielen Ideen und Kompetenzen ausgestattet, insbesondere was die Interaktion in Systemen betrifft, andererseits können wir eben nichts erschaffen, was nicht schon in irgendeiner Weise da ist, wir können also nichts „machen". Und gerade in dieser Begrenztheit sind wir wirksam: ähnlich einer Körperzelle, die als einzelnes kleines Wesen nicht den gesamten Organismus bewegen kann, in Verbindung mit Millionen von anderen Zellen aber sehr wohl zur Stabilisierung oder Destabilisierung desselben beiträgt, sehen wir unseren Job nicht darin, uns mit viel zu großen Aufgaben aufzureiben, sondern darin, auf einer Mikroebene stabil und gesund zu sein.

Die Einsicht, dass alles auf der Welt miteinander verwoben ist, und die Akzeptanz, dass jedes Individuum nur eine winzige Rolle in diesem Riesenorganismus spielt, nimmt uns die Last, für „alles" verantwortlich zu sein – wir brauchen uns also nicht so ernst zu nehmen, denn tatsächlich sind wir gar nicht so wichtig. Gleichzeitig öffnen diese Sichtweise den Raum, in unserem unmittelbaren Umfeld bewusst kleinere Verantwortungen anzunehmen, die auf den ersten Blick vielleicht auf globaler Ebene nicht besonders relevant erscheinen, aber es bei genauerer Betrachtung sind: Wie gestalten wir alltägliche Interaktionen? Wie blicken wir auf die Welt? Was konsumieren wir?

Reduziert auf diese viel kleinere Ebene werden die alltäglichen, individuellen Interaktionen viel bedeutsamer, weil sie unmittelbar in unserem Verantwortungsbereich geschehen. Mit dieser veränderten Perspektive erlauben wir uns, aktiv, relevant und wirksam zu werden.

> **Impuls**
> Beginne, deine „kleinen" Wirksamkeiten zu beobachten. Nimm dazu beispielsweise eine kurze Interaktion mit einer:m Kolleg:in in den Fokus: Ihr habt ein oder zwei Minuten auf dem Flur miteinander gesprochen oder habt kurz an der Kaffeemaschine Smalltalk gehalten. Wie hast du diese Interaktion (bewusst oder unbewusst) gestaltet? Welche Auswirkungen könnte sie für die andere Person oder dich selbst haben? Welche Auswirkungen würdest du dir wünschen und wie könntest du zukünftige kleine Interaktionen entsprechend gestalten?

2.3.6 Nudging

Das Nudging geschieht in unserem System auf zwei Ebenen: auf der erlebbaren Ebene und auf der narrativen, also erzählten, Ebene.

Unmittelbar erlebt Alyn in der Interaktion mit unseren Tieren, insbesondere mit Maribel, sich selbst als aktiv, entscheidungsfähig und vor allem systemrelevant. Maribel zeigt ihre Dankbarkeit für Streicheleinheiten, ihre Freude über Futter und ihre Fröhlichkeit bei den gemeinsamen Spaziergängen unmittelbar. Inzwischen wiehert sie freudig, sobald sie Alyn kommen hört. Alyn kann nicht umhin, diese echte Freude wahr- und aufzunehmen. Was in der kognitiven Verarbeitung unsichtbar war, ist im unmittelbaren Erleben spürbar.

Es ist somit nur eine Frage der Zeit, bis auch das Narrativ sich ändert, und tatsächlich tut es das auch. Aussagen wie „Ich bin Maribel echt dankbar dafür, dass sie so lieb zu mir ist" werden zu „Ich glaube, unser gemeinsamer Spaziergang hat ihr richtig Spaß gemacht", zu „Sie hat sich bestimmt schon darauf gefreut, dass ich heute komme", oder zu „Das tut ihr richtig gut, das merkt man!".

Alyn erzählt auch nun auch von sich selbst als aktiv und relevant, und sie konstruiert den „Sinn", den sie gesucht hat, aus der Versorgerinnenrolle heraus. Einem einzigen Tier schöne Erlebnisse bereiten zu können, scheint „sinnvoll" genug zu sein.

Es hat offensichtlich ein Brillenwechsel stattgefunden: zu Anfang blickte Alyn durch eine Brille, die große Strukturen in den Fokus rückte, kleine aber aus dem Blickfeld schob. Du kannst es dir in etwa vorstellen, wie wenn man umgekehrt durch ein Fernglas schaut: das große Ganze wird viel kleiner, Details kann man nicht mehr erkennen. Nun kann sie zumindest zeitweise eine andere Brille aufsetzten, bzw. das Fernglas umdrehen, und die kleinen Strukturen in den Fokus nehmen. Und während die eigene Wirksamkeit im großen Wimmelbild verschwand, wird sie im Kleinen sichtbar.

Vielleicht, so denken wir, schwappt dieses Erleben und Erzählen der eigenen Relevanz und Sinnhaftigkeit ja in die großen Strukturen über: auch wenn Alyn ihre eigene Macht nicht mit jeder Brille sehen kann, weiß sie nun, dass sie da ist und sichtbar wird, wenn sie den Fokus verschiebt.

Vielleicht werden durch den Perspektivwechsel auch die Wertigkeiten der einzelnen Systeme neu definiert: wieviel Wert schreibe ich einem System zu, in dem ich mich selbst als völlig wertlos erlebe? Die Erkenntnis, vielen verschiedenen Systemen anzugehören, erlaubt uns, diese unterschiedlich zu gewichten und nicht in jedem System „mächtig" sein zu müssen. Wir dürfen uns dafür entscheiden, in einigen Systemen eine passive Rolle einzunehmen, wenn wir uns als Ausgleich in anderen Systemen aktiv einbringen können.

Die Ambivalenz bleibt bestehen: wir sind alle gleichzeitig mächtig und ohnmächtig, aktiv und passiv, wirksam und unwirksam – je nachdem, durch welche Brille man schaut und wie groß oder klein die beobachteten Strukturen sind. Diese Ambivalenz anzuerkennen, und somit die Verantwortung für gewisse Prozesse und Dynamiken nicht annehmen zu müssen, kann dabei helfen, die Spirale aus Ohnmacht, Scham, Wertlosigkeit und Resignation zu unterbrechen.

> **Impuls**
>
> Wenn du dich ohnmächtig fühlst, versuche, bewusst die Brille zu wechseln und näher heranzuzoomen: Wie zeigt sich deine Wirkmacht in kleinen oder kleinsten Strukturen?

> **In aller Kürze**
> - Alyn hatte sich selbst in beruflichen oder privaten Kontexten als ohnmächtig und passiv wahrgenommen.
> - Verstehbarkeit, Bewältigbarkeit und Sinnhaftigkeit waren in diesen Systemen für Alyn nicht ersichtlich.
> - In der Interaktion mit Tieren erlebt Alyn sich selbst allerdings unmittelbar als wirksam und wichtig.
> - Sie beginnt, dies auch beschreiben zu können, dekonstruiert also das ursprüngliche Narrativ der Ohnmacht und konstruiert ein Narrativ der eigenen Wirksamkeit.
> - Dies gelingt, weil ein Perspektivwechsel stattgefunden hat: Alyn fokussiert nun die kleineren Strukturen, anstatt sich in großen, übermächtig erscheinenden Strukturen zu verlieren.
> - Sie erkennt, dass jede Person vielen, ganz unterschiedlichen Systemen angehört…
> - … und erlaubt sich, die jeweilige Wertigkeit dieser Systeme für sich selbst neu zu definieren und erlaubt sich somit, in einigen davon passiv zu bleiben, während sie in anderen aktiv und wirksam ist.

2.4 Anspannung und Entspannung

Paul ist gestresst

Vielleicht arbeitet Paul als Kinder- und Jugendpsychotherapeut in eigener Praxis und beschäftigt vier oder fünf Angestellte. Er ist Vater einer erwachsenen Tochter, und Ehemann einer Frau, die ebenfalls voll berufstätig ist (Professorin für Anthropologie). Gemeinsam arbeiten sie daran, die wenige Freizeit, die ihnen gemeinsam bleibt, möglichst unangenehm zu gestalten: Sticheleien, Abwertungen, offene Feindseligkeiten und laute Streitereien sind an der Tagesordnung. Paul fällt dann nachts um zwei erschöpft ins Bett, fragt sich, warum er sich das alles antut, und schläft vier unruhige Stunden, bevor er wieder aufsteht, die Küche aufräumt, die Hühner versorgt und dann aus dem Haus geht, um als erster in der Praxis zu sein. Die Pflege der Räume, die Terminplanung und die Betreuung der Webseite übernimmt er „so nebenbei". Selbstverständlich ist er Ansprechpartner für die Mitarbeitenden. Und für Patient:innen, wenn diese außerhalb der eigentlichen Termine noch Anliegen haben. Paul denkt sich manchmal, der Tag müsse mehr Stunden haben oder er müsse noch schneller werden. Dann schaut er auf seine Apple Watch und erschrickt angesichts der dreistelligen Zahl, die seinen Puls beziffert. Manchmal erwischt er sich auch dabei, während der Termine nicht richtig bei der Sache zu sein, weil sein Hirn schon an der To-Do-Liste für die nächsten Stunden und Tage arbeitet. Dann wieder ist er verwundert, dass Mitarbeitende seine Anweisungen nicht umsetzten. „Du sprichst einfach zu schnell, so komme ich nicht mit!" hat ihm eine ehemalige Angestellte mal gesagt. Die hat er, ehrlich gesagt, als etwas dumpf empfunden. Sie hat dann auch bald darauf gekündigt. Nun wendet sich sein vertrautester Mitarbeiter an ihn: er wolle sich beruflich „neu orientieren" und die Arbeit „familienfreundlicher gestalten". Als Paul sich bei seiner Tochter darüber beschwert, dass die Mitarbeitenden einfach nicht mehr belastbar seien, sagt diese: „Papa, ich glaube, du weißt gar nicht, wie viel Stress du verbreitest."

Oder Paul ist Vater eines Sohnes, der mit seinen jungen dreizehn Jahren schon zwei Klinikaufenthalte hinter sich hat. Zunächst wurden die Diagnosen Essstörung und Angststörung gestellt. Dann wurden die Diagnosen aufgehoben und eine Hochbegabung festgestellt. Zunächst ging es dem Sohn, Mattis, damit ganz gut – endlich hatte er eine Erklärung für seine „Andersartigkeit"- gerade rutscht er aber wieder ins Unglücklichsein ab. „Die Anderen verstehen mich einfach nicht, Papa." Paul fühlt sich davon zutiefst belastet. Er würde alles, wirklich alles, tun, damit sein Sohn endlich glücklich sein kann. Irgendeine Erklärung muss es doch dafür geben, dass Mattis so ist, wie er ist. Autismus. Es muss Autismus sein. Paul setzt alles daran, dass diese Diagnose gestellt wird, und Mattis endlich die richtige Erklärung für das „Anderssein" bekommt. Die beiden ziehen von Ärztin zu Ärztin, von Therapeut zu Therapeut. Wenn Mattis mal wieder geknickt ist, setzt Paul Himmel und Hölle in Bewegung, damit es besser wird, schlägt Aktivitäten vor, redet auf ihn ein und mobilisiert die Verwandtschaft zur Unterstützung. Die Therapeutin seiner Frau sagt, die Familie solle mal „den Druck rausnehmen". Die hat gut reden! Ganz sicher wird Paul nicht den „Druck rausnehmen", solange die Dinge nicht rund laufen. Pause machen kann er später noch.

Oder Paul ist Teil eines alternativen Wohn- und Arbeitsprojekts, das sich von kapitalistischen Systemen abheben möchte, indem es Ressourcen und An-

> forderungen gleichmäßig auf die Schultern aller verteilt. Man gestaltet im Dienst der Gemeinschaft Infrastrukturen, bietet kostenfrei Dienstleistungen an oder kümmert sich um die Grundversorgung der Kommune, indem man Obst und Gemüse anbaut. Geld wird innerhalb des Projekts nicht verwendet, stattdessen werden Güter und Dienstleistungen je nach Fähigkeit und Vermögen bereitgestellt und genutzt. Es ist eine gelebte Utopie. Aber nun bemerkt Paul, wie rastlos er sich fühlt. Es muss noch so viel gemacht werden. Wenn gerade irgendeine Reparatur fertig ist, steht schon die nächste an. Und wenn diese dann fertig ist, sieht er, dass die anderen Mitglieder der Gemeinschaft in ihren Projekten Hilfe benötigen. Da kann er nicht einfach zusehen. Paul hat seit drei Monaten keine Freund:innen mehr getroffen. Gedatet hat der schon ewig nicht mehr. Wer oder was ist nochmal „Sex"? Er ist froh, wenn er Zeit hat, seine Zähne zu putzen.

Vielleicht kommen dir einige dieser Situationen bekannt vor und du kennst das Gefühl, einfach nicht hinterherzukommen mit dem, was getan werden müsste. Die ganze Welt scheint Anforderungen an dich zu stellen. Du planst ständig bereits den nächsten Schritt und grübelst über deine Projekte. Du schläfst zu wenig und arbeitest zu viel. Du fühlst dich gestresst. Ständig bist du angespannt, weil du immer bereit bist, noch etwas zu tun, die Verantwortung zu übernehmen, einzuspringen, zuzugreifen, zu handeln.

2.4.1 System

Pauls Systeme aus dem Arbeitskontext, der individuellen persönlichen Lebenswelt oder der erweiterten gesellschaftlichen Umwelt erfordern (zumindest in seiner Wahrnehmung) unglaublich viel Einsatz. Es geht darum, zu funktionieren. Vielleicht kennst du dieses Gefühl auch... Paul scheint zu denken, dass es ohne ihn nicht rund läuft. Als wir ihn fragen, zu wie viel Prozent er die Verantwortung für das Wohlergehen seines Sohnes, seiner Praxis, oder seiner Kommune bei sich selbst sehe, liegen die Antworten bei um die 90 %. Aus seinen Schilderungen hören wir heraus, dass die Anforderungen, die das System an ihn stellt nicht zu dem passen, was er an zeitlichen und physischen Ressourcen zur Verfügung hat. Paul geht davon aus, dass die Menschen um ihn herum sich auf ihn und seine Kompetenzen verlassen. Da ihm sehr viel an diesen Menschen liegt, möchte er sie bestmöglich unterstützen und keinesfalls für Enttäuschungen sorgen. Dies führt dazu, dass er sich immer „getrieben" fühlt.

Wir schlagen unser Kaltblutpferd Vuddy als Interaktionspartner für Paul vor und haben uns vorgenommen, die Kontextabhängigkeit der Anspannung genauer zu betrachten. Vuddy ist ein von Natur aus sehr entspanntes

Pferd, dem die Abläufe irgendwelcher Systeme ziemlich schnuppe sind und der seine eigene Entspannung grundsätzlich priorisiert. Er steht am liebsten einfach irgendwo herum.

2.4.2 Anliegen

Pauls Anliegen ist es, sich „nicht immer so getrieben zu fühlen" und „endlich einmal zur Ruhe zu kommen". Gleichzeitig betont er, er wolle „sein Energielevel und Arbeitspensum beibehalten", denn die „Arbeit mache ihm auch Spaß" und er dürfe keinesfalls „jemanden fallenlassen". Wir sind uns zwar eigentlich sicher, dass man den von Paul gewünschten Ruhe-Zustand nicht von außen herbeiführen kann – und wir können das als externe Beobachtende schon gar nicht – bieten aber an, verschiedene Kontexte zur Verfügung zu stellen, in denen Paul seine eigene Anspannung bzw. Entspannung beobachten kann, um mehr Klarheit über die Wechselwirkungen, in denen diese Gefühle eingebettet sind, zu bekommen.

Wir entschließen uns, bereits hier einen ressourcenorientierten Blick anzunehmen, um nicht ausschließlich Pauls eigenes Narrativ zu übernehmen, in dem der Stress problematisch ist und „weg" soll – denn so einfach ist es ja bekanntlich nicht. Siehe „Ressourcen" im Kap. 4 *Leitfaden*].

2.4.3 Form

Wir stellen Kontakt zwischen Paul und Vuddy her. Vuddy ist ein großer, dicker Kerl von 900 kg, der von Weitem ein wenig aussieht wie eine an Land gegangene Seekuh, aber auf den zweiten Blick ist er ganz sicher ein Pferd. Er ist aufgeschlossen, freundlich, fröhlich und sehr anhänglich. Vuddys erklärtes Lebensziel ist es, den Rücken gekratzt zu bekommen – mit Vorliebe die Stelle ganz oben am Widerrist – und leise, liebe Worte zu hören. Wenn beides gleichzeitig geschieht, ist er so glücklich und entspannt, dass sein Kopf ganz tief hängt, die Unterlippe herunterbaumelt und die Ohren zur Seite abklappen.

Zum Kennenlernen schlagen wir vor, dass wir Vuddys Vorliebe entsprechend sein buntes Fell bürsten und ihn kraulen. Wir treffen Vuddy auf der Wiese, stellen ihm Paul vor, zeigen ihm die Bürsten und lassen ihm Zeit, die Situation zu verstehen und alle(s) zu beschnuppern. Dann beginnt Paul vorsichtig mit der Fellpflege [siehe „Fellpflege" im Kap. 7 *Methoden*]. Zunächst helfen wir Coaches mit und halten gleichzeitig ein bisschen Smalltalk mit Paul, dann ziehen wir uns etwas zurück und lassen die beiden miteinander interagieren. Wir bleiben allerdings in der Nähe, sodass wir einschreiten könnten, sollten wir entsprechende Signale von Vuddy erhalten [siehe „Sprache" im Kap. 6 *Perspektiven*]. Allerdings wirken die beiden absolut zufrieden und versunken, und wir lassen sie einfach in Ruhe.

Etwa 25 min später taucht Paul wieder auf – anders können wir es gar nicht beschreiben, denn er schien tatsächlich gemeinsam mit Vuddy abgetaucht zu sein und die umgebende Welt nicht wahrgenommen zu haben – und sagt: „Das war wunderbar". Selbst wir, die seit Jahren gute Erfahrung damit machen, Tiere und Natur in Coaching-Prozesse mit einzubinden, sind überrascht davon, wie sehr diese eine kurze Erfahrung Paul äußerlich verändert hat: er wirkt absolut entspannt, sein Gesicht ist aufgeklart, die Stirn ist viel glatter und wir können erstmals seine Augenfarbe erkennen.

Wir können uns kurzfassen: Viel mehr passiert nicht. Paul wünscht sich, einfach Zeit mit unserem gemütlichen Vuddy-Bär zu verbringen, was konkret bedeutet, dass beide nebeneinander stehen und nichts tun oder eben irgendeine Art von Körperkontakt miteinander haben. Manchmal legt sich Paul in die Heuraufe (das ist ein großer, runder Behälter voller Heu) und Vuddy steht daneben, lässt den Kopf neben Pauls Körper hängen und döst.

Wir verbieten uns, in Aktionismus zu verfallen oder den Prozess zu früh auf eine Meta-Ebene zu heben, sondern haben volles Vertrauen in Pauls Gespür für sich selbst und das, was ihm guttut.

> **Impuls**
>
> Du hast deinen systemischen Blick bereits gut entwickelt: was beobachtest du hier?

Wir beobachten, dass sich Paul ganz automatisch auf Vuddys Entspanntheit einlässt. Es scheint ihm überhaupt nicht schwerzufallen. Dass es sich nicht um ein sozial erwünschtes, oberflächliches Verhalten im Sinne von „ich soll mich hier entspannen also tue ich so, als ob" handelt, können wir an Vuddys Körpersprache ablesen: er fühlt sich sichtlich wohl und zeigt keine Zeichen von Anspannung. Würde Paul seinen Stress „mitbringen", wäre Vuddy deutlich achtsamer, aufmerksamer und vielleicht sogar ein bisschen nervös, denn er hätte ja Grund zur Sorge.

Paul ist also sowohl in der Lage, sehr angespannt als auch sehr entspannt zu sein – allerdings ist beides kontextabhängig und jewels nicht oder nur teilweise willentlich abruf- oder steuerbar.

> **Impuls**
>
> Hast du ähnliche Erfahrungen gemacht? Gibt es Kontexte, in denen du einfach nicht entspannt sein kannst? Wie wird in den Stress-Kontexten der Stress erzeugt?

Wir sehen also, dass sich Paul im Spektrum „Anspannung – Entspannung" je nach umgebender Realität mehr zur einen oder mehr zur anderen Seite ziehen bzw. schieben lässt, und selbst wenig Einfluss auf diese Dynamiken zu haben scheint.

Wenn wir mit diesen Beobachtungen nun das Anliegen noch einmal anschauen, stellt sich die Frage, ob es Pauls Wunsch bzw. Ziel ist, seine Haltung kontextunabhängiger zu gestalten, also trotz stressinduzierender Faktoren gelassen zu bleiben, oder ob es eher darum geht, die Kontexte so zu gestalten, dass sie seine Entspannung fördern.

Wir stellen ihm genau diese Frage. In der Arbeit mit Paul profitieren wir von dem Privileg, dass verbale Interaktion problemlos möglich ist und wir auch abstrakte Fragestellungen auf sprachlicher Ebene mit ihm verhandeln können. Wenn wir allerdings mit Klient:innen arbeiten, denen es schwerfällt oder die sich unwohl dabei fühlen, Sprache zu benutzen, würden wir diese Fragestellung eher durch Ausprobieren und Beobachtung klären.

Paul überlegt eine Weile und sagt dann: „Ehrlich gesagt: ich würde wahrscheinlich so viel Energie brauchen, um mich selbst und meine Systeme so zu bearbeiten, dass ich anders und weniger gestresst reagiere, dass ich mir das gar nicht zutraue. Das ist mir zu mühsam. Gerade bemerke ich, dass ich einfach den Kontext wechseln kann und gar nicht viel mehr tun muss. Ich muss halt ab und zu einfach raus aus dem Stress."

Paul hat also die Kontextgebundenheit seiner Anspannung beobachtet, analysiert und akzeptiert. Die Möglichkeit des Aus-dem-Kontext-Heraustretens ist durch die Erfahrung mit Vuddy erlebbar geworden. Nun wird es vielleicht darum gehen, zu verhandeln, wie (oft), wann und unter welchen Bedingungen Kontextwechsel stattfinden können.

> **Impuls**
>
> In welchen (entspannenden) Kontexten würdest du selbst gern mehr Zeit verbringen?

2.4.4 Ressourcen

Welche Ressourcen siehst du, wenn du dir Pauls Systeme, Anliegen und Narrative anschaust?

Paul scheint eng mit den Personen in seinen Systemen verbunden zu sein. Ihre Bedürfnisse und Wünsche sind ihm wichtig, daher zeigt er viel Bereitschaft, eigene, interne Ressourcen für andere einzusetzen. Er arbeitet viel und hart, scheint ein enormes Maß an Energie zu haben, ist zielstrebig, genügsam und unkompliziert.

Auch in der Akzeptanz des Problemmusters sehen wir eine große Ressource: die Erkenntnis, mehr Energie in die Veränderung investieren zu müssen, als ihm gerade zur Verfügung steht, und somit den Status Quo zunächst einmal zu akzeptieren, ist paradoxerweise ein großer Schritt in Richtung Veränderung. Indem Paul aufhört, sich selbst dafür zu kritisieren, dass er so oft gestresst ist, eliminiert er zumindest einen Stressfaktor und kann mit sich selbst gelassener, gnädiger und somit auch ruhiger umgehen [siehe „Akzeptanz" im Kap. 5 *Leitideen*].

In unserem System gelingt es Paul, achtsam, aufmerksam und entspannt mit Vuddy umzugehen. Wir brauchen uns gedanklich nicht sehr weit zu strecken um die Verbindung zwischen Achtsamkeit bzw. Im-Moment-sein (denn nichts anderes ist mit Achtsamkeit ja eigentlich gemeint) und dem Gefühl von Entspannung zu verstehen: je mehr wir mit unserer Wahrnehmung, unserer Aufmerksamkeit, unserem Denken und Fühlen im Hier und Jetzt angebunden sind, desto weniger geraten wir ins Vorausplanen oder ins Anhaften an Vergangenem, und desto weniger angespannt fühlen wir uns folglich. Im Prinzip ist es das kleine Einmaleins der Meditation, und wahrscheinlich hast du schon so oft davon gehört oder gelesen, dass wir es dir nicht gar nicht erklären müssen.

Indem wir Kontakt mit anderen Lebewesen herstellen, lenken wir unserer Aufmerksamkeit instinktiv auf unser gemeinsames Interaktionssystem: Wir tasten uns ganz wortwörtlich aneinander heran, „beschnüffeln" uns, nehmen Zeichen des/der Anderen wahr, versuchen, die Stimmung aufzunehmen und reagieren aufeinander. Dadurch verankern wir uns in dieser Interaktion und in diesem Moment. Anderes tritt in den Hintergrund. Pauls Fähigkeit, diesen intrusiven Umgang anzunehmen, ist eine wichtige, ausgleichende Ressource.

Vor allem aber sehen wir eine große externe Ressource, und auch diese sind in der systemischen Arbeit essenzieller Bestandteil von Veränderungsprozessen (siehe „Ressourcen" im Kap. 4 *Leitfaden*). In unserem Fall ist die externe Ressource ein großes, buntes Pferd, das absolut nichts von Pauls anderen Systemen weiß und völlig unvoreingenommen in die Interaktion hineingeht. Seine einzige Agenda ist, eine gute, friedliche, satte und sichere Zeit zu haben, und selbstverständlich ist Paul dazu eingeladen.

> **Impuls**
> Versuche, in deiner nächsten Interaktion mit einem nichtmenschlichen Lebewesen besonders bewusst und achtsam auf ihn/sie und seine/ihre Stimmung und Signale zu achten. Versuche, etwas Neues an ihm/ihr zu entdecken – einen Wirbel im Fell vielleicht, eine Schattierung im Auge oder wie sich die Zehen anfühlen…

2.4.5 Alternative Wirkmöglichkeiten

Indem Paul verstanden hat, dass seine Anspannung zumindest teilweise aus dem Wunsch, den Anforderungen Anderer gerecht zu werden, entsteht, hat er sie für sich selbst erklärbar und verstehbar gemacht. Das positive Motiv dahinter (die Fürsorge und Liebe für Andere) erlaubt es ihm, der gesamten Dynamik positiver und freundlicher gegenüberzutreten. Die zunächst entschiedene Ablehnung der Anspannung ist also in eine weniger eindeutige Haltung umgeschlagen, und wir als Fürsprecher:innen der Ambivalenz befürworten diese natürlich entschieden.

Pauls Akzeptanz seiner eigenen Ambivalenz setzt einen positiven Rahmen für weitere (Selbst-)Beobachtungen und das Ausprobieren neuer Wege und Wirkmöglichkeiten. Denn nur, indem der Jetzt-Zustand akzeptiert wird, haben wir eine stabile Basis, aus der wir uns entwickeln können.

Es geht also nun für Paul darum, bewusst Kontexte zu schaffen oder zu besuchen, in denen Entspannung möglich ist und sich so zwischen Anspannungs- und Entspannungskontexten zu bewegen, dass ein nachhaltiges Gleichgewicht entsteht. Einer unserer Lehrer, ein sehr kluger, sanfter Mensch, sagte vor Jahren einmal: „Man braucht beides zum Leben: Einatmen und Ausatmen." Natürlich hat er absolut Recht – ohne die Anspannung wäre die Entspannung keine Erleichterung, und ohne die Entspannung wäre die Anspannung nicht haltbar.

> **Impuls**
> Wie würdest du das Verhältnis von „Einatmen" und „Ausatmen", von Anspannung und Entspannung in deinem eigenen Leben beschreiben?

2.4.6 Nudging

Pauls Plan steht also. Selten haben wir jemanden erlebt, der so klar und strukturiert mit den eigenen Ambivalenzen umgeht. Wir beobachten und lernen. „Ich werde mich selbst nicht so sehr ändern, dass ich mich im Beruf (in der Familie/in der Kommune) weniger aufreibe. So bin ich eben. Und es entsteht ja aus einem liebenden Gefühl heraus. Das kann ich so stehen lassen", sagt Paul. Dann ist doch alles gut so, wie es ist, oder? „Nicht ganz. Andererseits tut es mir ja nicht gut, ständig mit einem Puls von 160 durch die Gegend zu laufen". Und jetzt?

„Ich war selbst überrascht davon, wie schnell ich mich auf Vuddy einlassen konnte. Der Kerl ist einfach tiefenentspannt. Das erdet mich. Und es hat mir gezeigt, dass ich mir solche Entspannungsinseln im Alltag schaffen muss."

Es geht nun hauptsächlich darum, dieses Konzept auszuprobieren: den Kontext wechseln, oder um es in Pauls Worten zu sagen, eine Entspannungsinsel aufzusuchen, wenn es an der Zeit dazu ist. Die Herausforderung dabei ist nicht nur, zu erspüren, wann ein Kontextwechsel angezeigt wäre, sondern auch, den „Absprung" zu schaffen, wenn man gerade das Gefühl besonders viel zu tun zu haben, also besonders gebraucht zu werden.

Ins Pauls Fall klappt es tatsächlich zunächst nicht so gut, wie er sich erhofft hatte. „Ich dachte, ich weiß ja jetzt wie es geht, dann mache ich das einfach. Wenn mir alles zu viel war, habe ich mich zurückgezogen, Musik gehört, sowas eben. Aber das hat nicht funktioniert. Es sollte eine Abkürzung sein – anstatt nach draußen zu gehen, was ja ein gewisses Maß an Vorbereitung erfordert, und auch etwas Zeit, dachte ich, ich kann das ja auch im Kleinen haben, so schwer kann es ja nicht sein. Aber dann war ich ständig halb bei der Arbeit/ bei meinem Sohn, und doch wieder angespannt. Ich habe gelernt, dass ich mich wirklich körperlich distanzieren muss, wenn es zu viel wird. Und vor allem habe ich gelernt, dass es mir allein (noch) nicht gelingt. Ich brauche die Tiere, oder zumindest die Natur dazu, anders komme ich nicht runter."

Wir schmunzeln ein wenig. Uns wundert es nicht besonders, dass Paul ein anderes Lebewesen, oder viele andere Lebewesen, braucht, um sich in Achtsamkeit und Gelassenheit zu üben. Allerdings können wir nicht nur auf ein breites Spektrum an eigenen Erfahrungen, sondern auch auf wissenschaftliche Forschung zurückgreifen, die zeigt, dass der Kontakt zu Tieren und zur Natur zur physischen und psychischen Stressreduktion führt.[1]

---

[1] Vgl. z. B. (Ein et al., 2018; González-Ramírez et al., 2013; Yao et al., 2021).

Paul hat also einen Safe Space, also einen sicheren Ort, (siehe „Safe Spaces" im Kap. 5 „Leitideen") für sich selbst gefunden, an dem er ohne Druck und Verpflichtungen und mit der Unterstützung anderer Lebewesen den Moment zu genießen.

In dem Wissen um die Existenz dieses Safe Space und um seine eigene Fähigkeit, sich darauf einzulassen, sowie in der Akzeptanz der Stresssituationen als „Investment" in seine Beziehungen, interagiert Paul nun auch in fordernden Situationen gelassener. Das Nudging in kleinen Bereichen seines Lebens hat also Auswirkungen auf die anderen Bereiche.

> **Impuls**
> Welche kleinen Veränderungen hatten, im Nachhinein betrachtet, größere Auswirkungen auf dein eigenes Leben als zunächst vermutet?

> **In aller Kürze**
> - Paul fühlte sich im Alltag dauernd gestresst und angespannt.
> - In der Interaktion mit Tieren erlebt Paul sich selbst allerdings als gelassen, ruhig und entspannt.
> - Pauls Anspannung ist also kontextabhängig.
> - Das Gefühl der Anspannung in bestimmten Systemen resultiert aus dem Wunsch, Anderen gerecht zu werden.
> - Die (wahrgenommenen) Anforderungen des Umfelds übersteigen Pauls Ressourcen und Kapazitäten.
> - Der Wunsch, Anforderungen zu erfüllen und die große Einsatzbereitschaft werden als Ressourcen verstanden und somit positiv konnotiert und akzeptiert.
> - Der aus diesem Wunsch resultierende Stress wirkt so weniger belastend und annehmbarer.
> - Paul entschließt sich, die Anspannung in bestimmten Kontexten hinzunehmen und nicht verändern zu wollen.
> - Stattdessen möchte er sich selbst Kontextwechsel ermöglichen, um insgesamt ausgeglichener zu sein.
> - Er beginnt, das Hinein- und Hinaustreten aus stressinduzierenden oder stressreduzierenden Kontexten zu üben.

2.5 Festhalten und Loslassen

Mo hatte den Dreh eigentlich raus…

Vielleicht ist Mo eine engagierte Deutschlehrerin an einer städtischen Gesamtschule, Anfang 50. Sie ist bekannt für ihre scharfsinnigen Analysen klassischer Literatur und ihre Vorliebe für traditionelle Lehrmethoden. „Streng aber fair!" sagten die Schüler:innen früher. Oder auch: „Etwas trocken, aber sie ist mega schlau." Heute sagen die Jugendlichen gar nichts mehr. Sie weiß kaum, wen sie da vor sich sitzen hat, so wenig geben sie preis. Was bewegt sie? Bewegt sie überhaupt etwas? In der Lehrer:innen-Lounge schließt sich Mo oft den Gesprächen ihrer Kolleg:innen an, die sich über die mangelnde Motivation und das Desinteresse der Schüler:innen beklagen. „Die können überhaupt nicht mehr geradeaus denken!", „Die sind eh nur am Handy!", „Wenn man sie irgendwo aussetzt, sterben sie einfach, so unfähig sind sie!" Mo fühlt sich in dieser Gemeinschaft der Gleichgesinnten wohl. Die Gesellschaft verkommt, verdummt, verliert sich, da ist man sich einig. Umso wichtiger, mit Wissen und Weisheit dagegen zu halten. Oder? Eines Tages, als sie Goethes „Faust" bespricht, bemerkt sie, dass ein Großteil der Klasse abwesend wirkt. Kein:e einzige:r Schüler:in beteiligt sich an der geplanten Diskussion, einige starren aus dem Fenster, andere auf ihre Handys. Mo ist frustriert, aber auch verunsichert – soll sie ihre bewährten Methoden aufgeben „die Ansprüche herunterschrauben" um die Aufmerksamkeit ihrer Schüler:innen zurückzugewinnen? Übersieht sie, dass ihre Klasse voller kreativer Jugendlicher ist, die nach modernen und relevanten Themen suchen, die ihre eigene Lebenswelt widerspiegeln? Ist sie selbst womöglich einfach nicht mehr zeitgemäß?

Oder Mo ist doppelt promovierter Physiker im Ruhestand, arbeitet aber noch auf Freelance-Basis bei einigen renommierten Unternehmen. Er hat sich einen Ruf als methodischer und zuverlässiger Projektleiter erarbeitet, der auf traditionelle, gut strukturierte Arbeitsabläufe setzt. So ist er auch im Privatleben: strukturiert. Er kennt seinen Wochen- oder sogar Monatskalender auswendig, ebenso den seiner Tochter und seines Schwiegersohns, hat immer einen Überblick über alle Konten und Wertanlagen, und weiß genau, welche Habseligkeiten wo aufbewahrt werden. Bloß: er hat zu viele davon. Mo hebt alles auf – man könnte es ja noch einmal gebrauchen. Das Arbeitszimmer ist kaum noch begehbar, auch im Wohnzimmer und in der Küche wird es eng. Hunderte Ausgaben einer Wochenzeitung stapeln sich neben den Verpackungen der jüngst angeschafften smarten Thermostate und den 8 Sofakissen, die seine Tochter entsorgen wollte (Mo hat sie gerade noch vor dem Container gerettet). Es ist nicht schmutzig oder eklig in seiner Wohnung. Es ist einfach nur voll. Mo hätte gern mehr Platz, kann sich aber nicht von den Dingen, die er angesammelt hat, trennen. „Du hast ein echtes Loslassen-Problem!", sagt seine Tochter. Ach nee, echt?! Aber warum etwas loslassen, was man noch gebrauchen kann? Wozu etwas loslassen, das einem schöne Erinnerungen bereitet?

Oder Mo lebt viele Jahre in einer Beziehung, die von Routine und Beständigkeit geprägt ist. Es ist ein ruhiges, vertrautes Zusammenleben, in dem jeder Tag einem ähnlichen Muster folgt. Morgens der gemeinsame Kaffee, abends gemeinsames Kochen. Dazwischen arbeiten. Mo schätzt diese Beständigkeit, die ein Gefühl von Sicherheit und Zugehörigkeit vermittelt. So

> *geht Beziehung. Doch im Laufe der Zeit bemerkt Mo, dass die Verbindung zu seiner Partnerin abkühlt. Da ist diese Distanz. Sie sprechen über Oberflächliches. Wenn überhaupt. Sex gibt es kaum, Körperkontakt wenig. Mo möchte, dass die Beziehung wird wie früher. Er besteht sogar darauf. „Das ist mir zu langweilig", sagt die Partnerin. Offensichtlich liebt sie mich nicht mehr, denkt Mo, und trennt sich. Nun bemerkt er allerdings, dass auch er die Beziehung nicht so richtig loslassen kann: ständig denkt er an die Ex-Partnerin. Auf Empfehlung einer Freundin hat schon sämtliche „Befreie dich von der inneren Last" – Meditationen und Coachings ausprobiert. Die Mantras wie „Atme dich frei uns lasse Vergangenes gehen" haben ihn wütend gemacht. Vielleicht will er gar nichts gehen lassen... Vielleicht war die Trennung überstürzt? Sollte er versuchen, die Partnerin zurückzugewinnen? Aber wie?*

In diesen unterschiedlichen Lebensbereichen offenbart sich zunächst die Schwierigkeit, Bekanntes loszulassen und damit Veränderung herbeizuführen. Vielleicht geht es aber um noch mehr: vielleicht wird Mo im Laufe des Prozesses bemerken, dass es nicht um „einfach nur" um eine simple Entscheidung zwischen Festhalten und Loslassen geht, sondern viele andere Dinge eine Rolle spielen – die komplexen Wechselwirkungen zwischen Situationsdynamiken, eigenen Bindungserfahrungen, systemischen Strukturen und der ständigen Entwicklung der Welt um uns herum.

Festhalten und Loslassen

Aus systemischer Sicht, und unter Fokussierung der Beziehungen zwischen den Elementen eines Systems und deren Wechselwirkungen, bedeutet „Festhalten" oft, an vertrauten Mustern, Rollen und Beziehungen innerhalb des Systems festzuhalten, weil sie sich lange Zeit als systemerhaltend erwiesen haben. Die Fähigkeit, an dem festzuhalten, was dem System Sicherheit und Stabilität gibt, ist grundlegend dafür, Entwicklung zu ermöglichen, ohne dabei im Chaos zu versinken. Allerdings verändern sich Systeme, und somit sind alte Muster nicht immer automatisch funktional oder gesund. Beispielsweise ist es in einer kleinen, nichthierarchisch strukturierten Kreativ-Firma funktional, jede Woche Team-Meetings abzuhalten, bei der alle zu Wort kommen und sich gleichberechtigt äußern dürfen. Wächst diese Firma aber auf über 400 Mitarbeitende an, ist diese Routine nicht mehr praktikabel. Die Mitarbeitenden haben nun andere Rollen und Aufgaben, und die Firma wird sich notgedrungen hierarchisieren.

„Loslassen" in einem systemischen Kontext bezieht sich darauf, nicht nur Individuen, sondern vor allem gesamte Systeme für Veränderungen zu öffnen, alte Muster zu hinterfragen und neue, potenziell gesündere Dynamiken zu fördern. Dies kann Herausforderungen mit sich bringen, da es oft eine Neudefinition von Rollen und Beziehungen erfordert und das gesamte System beeinflusst. Eltern beispielsweise lernen irgendwann, einem erwachsenen Kind mehr Unabhängigkeit zu gewähren und keine Entscheidungen mehr zu übernehmen, was das Familiengefüge verändern und einen neuen Umgang miteinander erfordern wird.

Angesichts der dynamischen Natur von Systemen werden Abläufe, Muster, Rollen und Beziehungen in Systemen also ständig entweder festgezurrt oder auseinandergenommen – je nachdem, wie funktional sie sind. Die Herausforderung für uns ist es allerdings, diese Prozesse zu erkennen.

Wir machen es noch etwas komplizierter: ein weiteres Element, dass unsere eigene Motivation oder Fähigkeit, festzuhalten oder loszulassen beeinflusst, ist unser Bindungsstil: Die Bindungstheorie, die von John Bowlby und Mary Ainsworth aufgestellt wurde, legt nahe, dass unsere frühesten Bindungserfahrungen mit primären Bezugspersonen unsere späteren Beziehungen prägen. Menschen mit einer *sicheren Bindung* neigen dazu, ein gesundes Gleichgewicht zwischen Nähe und Autonomie zu finden. Sie können leichter loslassen, da sie ein grundlegendes Vertrauen in sich und in Beziehungen haben. Anders ausgedrückt: In dem Wissen, dass ein sicherer Hafen auf sie wartet (meist die Familie) können sie neugierig in die Welt segeln und diesen Hafen (vorübergehend) zurücklassen. *Unsicher* (ängstlich, vermeidend oder desorganisiert) gebundene Personen haben oft Schwierigkeiten, dieses Gleichgewicht zu finden. Die Angst, der sichere Hafen könnte verschwinden, oder sich grundlegen verändern, ziehen sie möglicherweise gar nicht erst los in die Welt: ängstlich gebundene Menschen neigen dazu, zu klammern und haben Angst, verlassen zu werden. Oder sie verzichten gänzlich auf einen sicheren Hafen: vermeidend gebundene Menschen neigen dazu, emotionalen Abstand zu halten und sich vorzeitig zu lösen, bevor Strukturen oder Beziehungen zu fest werden. Ein Ungleichgewicht in der Loslassen-Festhalten-Balance kann also durchaus mit Bindungserfahrungen und resultierenden Bindungsstilen zu tun haben. Wir haben allerdings gute Nachrichten: unser Bindungsstil kann sich im Laufe unseres ganzen Lebens durch verschiedene Beziehungserfahrungen entwickeln und verändern – wir können ihn also aktiv mitgestalten.

Wenn wir nun Mos Interaktionen stellvertretend für unsere genauer betrachten, dürfen wir auch unseren eigenen Bindungsstil in den Blick nehmen. Vielleicht lohnt es sich sogar, sich eingehender über Bindung und Bindungstheorien zu informieren, um Aufschluss über berufliche und private Dynamiken, die ja immer auch von Zwischenmenschlichkeit geprägt sind, zu erhalten…

2.5.1 System

Wir haben Mo in verschiedenen Lebensbereichen kennengelernt: im beruflichen und privaten Kontext, und in einer ganz konkreten häuslichen Umgebung, die er sich selbst geschaffen hat. All diese Bereiche sind geprägt von etablierten Strukturen und Routinen, die sich im Laufe der Zeit entwickelt haben, und die lange funktional waren – bis sie es nun nicht mehr sind. Alle Mos sind an einem Wendepunkt: Das Etablierte ist an Grenzen gestoßen, neue Strategien müssen her. Es ist also wichtig, die jeweiligen Systeme mitzudenken: Wie haben sie sich verändert? Wie funktionieren sie nun? Welches Verhalten von Mo wäre im neuen System funktional? Wie ist dies vereinbar mit seiner/ihrer eigenen Grundhaltung?

Es lohnt sich auch, seine Interaktionen mit der Beobachtungsbrille „Bindung" anzuschauen. Inwiefern haben Bindungserfahrungen die negative und defizitorientierte Haltung der Schulklasse gegenüber mitgeprägt? Wie prägen frühe Bindungsmuster immer noch seinen Umgang mit Trennung oder Veränderung von Beziehungen? Hat sogar das Festhalten an Dingen und der damit verbundene Wunsch nach Sicherheit mit Bindungserfahrungen zu tun?

Möglicherweise sind Mos Bindungserfahrungen bisher *unsicher* – und dies hat, genau wie andere systemische Prozesse, Auswirkungen auf seine jetzige Lebensgestaltung. Wir maßen uns nicht an, seinen Bindungsstil genau analysieren zu können und ihn als Begründung herzunehmen – das wäre viel zu einfach. Wir laden ihn, uns selbst und dich lediglich dazu ein, auch einmal zu überlegen: welche Bindungserfahrungen und -strukturen liegen gerade darunter? Und welche Auswirkungen haben sie?

2.5.2 Anliegen

Wir werden nicht so recht schlau aus dem, was Mo uns sagt. Er möchte klären ob er es „so oder so" machen soll: Anpassung an die Bedürfnisse der Schüler:innen oder den eigenen Anspruch beibehalten? Die alte Beziehung aufgeben oder an ihr festhalten? Sich unter großer innerer Aufregung von den geliebten Dingen trennen oder Unordnung in Kauf nehmen und sich dafür sicher im eigenen Haus fühlen? Uns fällt auf, dass Mo die Hinwendung zu Neuem mit einer kompletten und endgültigen Trennung vom Alten, mit einem Beziehungsabbruch, zu assoziieren scheint – was ihn verunsichert.

Wenn Menschen zu uns kommen, die kein deutliches Anliegen formulieren können oder möchten, drängen wir sie nicht dazu. Stattdessen beobachten wir sie gern in der Interaktion mit unseren Tieren, die oft so aufschlussreich ist, dass man daraus ein Anliegen ableiten kann.

Wir bieten Mo also an, einfach mal mit den Tieren in Interaktion zu treten und zu schauen, was passiert. Nachdem er in freier Interaktion und durch Fellpflege [siehe „Freie Interaktion" und „Fellpflege" im Kap. 7 *Methoden*] eine solide Verbindung zu Pony Maribel aufgebaut hat, schlagen wir einen Spaziergang vor.

Du kennst Maribel bereits [siehe „Macht und Ohnmacht" in diesem Kap. 3]. Sie lässt sich schnell und freudig auf den Umgang mit Mo ein und spaziert fröhlich mit uns los.

2.5.3 Form

Als Mo und Maribel ihren Spaziergang mit uns beginnen, fällt sofort Mos Versuch auf, die Führung zu übernehmen – auf eine direkte, fordernde und starre Art. Wir bemerkten, wie Mo das Pony am Seil hält, etwas steif und mit festem Griff. Wir müssen ihn wiederholt daran erinnern, dass auf gar keinen Fall Spannung aufgebaut werden darf und der Führstrick immer leicht durchhängen soll. Mo ist außerdem fest entschlossen, einen bestimmten Weg in einem bestimmten Tempo zu gehen, was jedoch nicht immer mit Maribels Vorstellungen übereinstimmt. Mo scheint dies persönlich zu nehmen. Es entstehen leichte, aber spürbare Spannungen zwischen Mo und Maribel. Uns fällt auf, dass Mos Haltung und seine Bewegungen unnatürlich und eckig wirken und Maribel offensichtlich Schwierigkeiten hat, seine Körpersprache zu lesen. Derart verunsichert reagiert sie mit leichtem Widerstand. Zunächst wirkt ihr Gesicht etwas angespannt, dann wird auch das Gangbild ungleichmäßig. Das Pony weicht gelegentlich sogar vom Weg ab oder verlangsamt das Tempo, was Mo sichtlich irritiert.

> **Impuls**
> Überlege einmal, inwieweit dieses beobachtbare Verhalten mit bestimmten Bindungsstilen zu tun haben könnte. Achtung: Es gibt hier keine „richtige" Antwort! Überlege nun, inwiefern auch deine eigenen Spannungen im beruflichen oder privaten Umfeld von deinen Bindungsstilen beeinflusst werden.

Interessant ist, wie Mo auf Maribels Widerstand reagiert. Statt die Signale des Ponys als Einladung zu einem Perspektivwechsel zu verstehen, verdoppelt Mo die mechanischen Anstrengungen, um Maribel auf den (von ihm) vorgesehenen Pfad zurückzubringen. Diese Dynamik zwischen Mo und Maribel auf dem Spaziergang ist aufschlussreich: Mo gelingt es nicht, auf Maribel einzugehen und gemeinsam mit ihr eine Strategie zu entwickeln, die für beide passt – stattdessen scheint er eine Art Programm abzuspulen.

Insgesamt beobachten wir viel Unsicherheit in der Interaktion mit einem anderen Lebewesen. Und dass jemand versucht, tief empfundene Unsicherheit mit vermeintlicher Sicherheit auf einer oberflächlicheren Ebene und einem Festhalten am Bewährten zu kompensieren, überrascht dich sicherlich ebenso wenig wie uns…

> **Impuls**
>
> Wie reagierst du selbst darauf, wenn (d)ein Tier (oder ein Mensch) sich nicht (komplett) kooperativ verhält? (Wie) spiegelt dies möglicherweise sogar deinen Bindungsstil wider?

Als wir zurückgekehrt sind, fragen wir Mo, was er beobachtet hat. „Sie wollte nicht so, wie ich wollte." Ja, das sehen wir auch. „Und dann wusste ich nicht mehr, was ich machen soll." Aha. „Was möchte sie denn?" fragen wir. Mo stockt. Er scheint gar nicht darüber nachgedacht zu haben, dass Maribels Wahrnehmung und Verhalten auch wertvolle Perspektiven bieten könnten. „Ich weiß es gar nicht so genau" sagt er, leicht genervt. „Wir könnten es herausfinden", bieten wir an. Mo scheint immer noch irritiert, lässt sich aber darauf ein. Wir vereinbaren einen neuen Termin und einen weiteren Spaziergang. Mo nimmt sich vor, herauszufinden, wie Maribel die Welt sieht und was sie will.

2.5.4 Ressourcen

Auch bei Mo sehen wir eine ganze Menge an Ressourcen.

Mos Neigung zu Planung und Struktur bietet ein hohes Maß an Klarheit und Vorhersehbarkeit für Andere. Dies kann besonders in einem Bildungsumfeld oder in beruflichen Beziehungen, in denen Konsistenz und Zuverlässigkeit gefragt sind, von Vorteil sein. Mos Fähigkeit, eine verlässliche Umgebung zu schaffen, sind sicherlich in der zwischenmenschlichen Interaktion eine echte Stärke.

Die Fähigkeit, Dinge zu strukturieren und zu organisieren, ist ebenfalls eine wichtige Ressource, insbesondere in komplexen oder herausfordernden Situationen. Sie hilft, (mentale) Ordnung in komplexen Systemen zu schaffen und zu erhalten, was wiederum zur Stabilität und Funktionsfähigkeit des Systems beiträgt.

Mos Vertrauen auf bewährte Muster und Methoden zeugt von Umsicht und Vorsicht. Indem er auf Erprobtes vertraut, wird ein stabiles Fundament geschaffen, das es theoretisch erlauben würde, neue, unsichere Strategien auszuprobieren – denn wenn die nicht funktionieren, könnte er bequem wieder zum Bewährten zurückkehren.

> **Impuls**
>
> Wir laden dich an dieser Stelle dazu ein, deine eigenen fest etablierten Muster oder die „Festgefahrenheit" deines Systems nach Ressourcen abzuklopfen. Wozu dienen sie? Inwiefern sind sie funktional für dich und das System? Aber auch: gibt es möglicherweise tiefer liegende Unsicherheiten, die zu diesem Festhalten beitragen?

Maribel selbst stellt eine wesentliche externe Ressource dar. Wenn Mo sich nicht von alten Mustern lösen kann, tut sie es für ihn, indem sie ihre Pony-Ideen einbringt. Die Begegnung mit Maribel eröffnet Mo die Möglichkeit, sich in einem überschaubaren und sicheren Rahmen gewissen Unwägbarkeiten auszusetzen (für ihn eine ungewohnte Erfahrung) und die eigenen Vorstellungen loszulassen. Wenn er möchte, wird Mo diese Erfahrung später auf andere Kontexte (seine Schüler:innen, neue Partner:innen, die physische Umgebung) anwenden können.

Wir sehen also erneut, dass selbst in den starrsten und als störend empfunden Strukturen Ressourcen und somit das Potenzial für positive Veränderung und Entwicklung verborgen liegen können. Dies ist eine wichtige Erkenntnis, insbesondere für Dynamiken in Teams.

Erstmals bemerkt Mo, dass in dem als problematisch empfundenen Festhalten an Dingen, Mustern und Beziehungen und in seinem Wunsch nach Klarheit und Komplexitätsreduktion auch viel Potenzial verborgen liegt. Mo wirkt nun etwas versöhnter mit sich selbst. Und oft ist es so: Erst wenn man eine Art Frieden mit den als belastend empfundenen Strukturen geschlossen hat, indem man das „Gute" in ihnen sieht, öffnet sich Raum für neue Entwicklungen [siehe „Akzeptanz" im Kap. 5 *Leitideen*].

2.5.5 Alternative Wirkmöglichkeiten

Maribel entwickelt mit Mo ein feines Wechselspiel zwischen Festhalten und Loslassen. Während sich Mo bisher an Pläne, Strukturen und bestimmte Erwartungen klammerte, beginnt er nun, in der Interaktion mit Maribel loszulassen. Dabei werden Mos bisherige Muster aber immer berücksichtigt und wertgeschätzt. Obwohl sie initial als problematisch empfunden wurden, zeigen sie in diesem neuen Kontext einen gewissen Nutzen.

Mos Neigung zur Planung und Struktur wird nun in der Interaktion mit Maribel als wertvolle Ressource eingesetzt. Wenn Maribel unsicher ist, z. B. ihrer Fluchttiernatur entsprechend Angst vor unbekannten Gegenständen hat, kann Mos Klarheit und Stabilität zu einer deutlichen Entspannung beitragen. Mo beginnt, diese Planungsfähigkeit bewusst einzusetzen, um Sicherheit und Vertrauen in der Beziehung zum Pony zu schaffen. Es macht ihm Freude, Routen zu planen, die herausfordernd, aber nicht überfordernd für beide sind. Wo sind Gefahren, die man besser umschifft? Wo wird es etwas unwegsam und welche Strategie sorgt für Sicherheit? Wo kann man Pausen einbauen?

Dabei wird Mo trotzdem von Maribel ermutigt, innerhalb dieser Strukturen Raum für Spontanität und unvorhergesehene Momente zu lassen. Eine ungeplante Pause zum Grasen. Ein unvorhergesehener Schreckmoment. Gerade in solchen Situationen merkt Mo, dass er auch mit Unvorhergesehenem umgehen kann – wir haben fast das Gefühl, dass es ihm sogar ein wenig Spaß macht, seine Pläne spontan anzupassen. Das Wechselspiel zwischen Festhalten und Loslassen ermöglicht Mo, ein Gleichgewicht zwischen der Sicherheit des Altbewährten und der Freiheit des Überbordwerfens seiner Pläne zu finden.

Mo lernt außerdem, und hier sind wir auf der Beziehungsebene angekommen, Maribel genau zu beobachten und ihre Instinkte, Bewegungen und Entscheidungen zu respektieren. Er versteht ihre Perspektive nun. Anstatt stur einem festgelegten Weg zu folgen, erlaubt Mo Maribel nun, die Richtung des Spaziergangs mitzubestimmen. Diese Erfahrung des Loslassens der Kontrolle und das Zulassen von Maribels Eigenständigkeit [siehe „Kontrolle und Vertrauen" in diesem Kap. 3] ermöglichen Mo, eine neue Form der Beziehung zu erleben, die auf Vertrauen basiert.

Er erfährt, dass die Beziehung zu Maribel stabiler wird, je mehr Freiraum er ihr lässt. Natürlich hätten wir das auch mit Tausenden von Worten erläutern können – im Umgang mit dem Pony wird es allerdings erlebbar und spürbar. Daher setzt die Erkenntnis weitaus schneller ein, als sie das in gesprächsbasierten Verfahren getan hätte, vermuten wir.

2.5.6 Nudging

Mit diesen Erkenntnissen kann Mo nun die Strukturen und Dynamiken in seinen anderen Lebensbereichen neu betrachten und bewerten.

Im beruflichen Kontext, also in der Schule, bedeutet dies, dass Mo sich erlaubt, den Schüler:innen mehr Raum für Kreativität und Eigeninitiative zu geben, in Anerkennung ihrer Bedürfnisse und im Vertrauen darauf, dass sie fähig sein werden, Verantwortung für den eigenen Lernprozess zu übernehmen. Gleichzeitig ist es wichtig, mit den bewährten Stärken der Stabilität,

Sicherheit und Struktur zur Seite zu stehen, wenn die Schüler:innen „lost" sind, wie sie selbst sagen würden, also nicht mehr weiterwissen. Eigentlich ist es gar nicht so unähnlich zum Umgang mit Maribel, überlegt Mo… Die Balance zwischen klaren Strukturen und Offenheit führt tatsächlich zu einem produktiveren und vor allem entspannteren Lernen, erfahren wir später.

Auch in persönlichen Beziehungen ermutigen wir Mo, die gelernte Flexibilität und das Loslassen von Kontrolle anzuwenden. Mo fühlt sich sicher und stabil in sich selbst, und überlässt die „Entscheidung", zur Partnerin zurückzukehren, die ja, bei genauerer Betrachtung nie nur seine eigene Entscheidung hätte sein können, weil zwei Personen daran beteiligt sind, nun den neu entstehenden Dynamiken zwischen den Beiden. „Ich kann nur Klarheit, Stabilität und Akzeptanz anbieten – ob das letztendlich reicht, werden wir sehen", sagt Mo. Vielleicht wird diese Haltung zukünftig zu tieferen und authentischeren Beziehungen führen, in denen Mo sich weniger auf das Festhalten an bestimmten Erwartungen konzentriert und stattdessen mehr Offenheit für eine Beziehung, die nicht so aussieht, wie er sich das vorgestellt hatte, einlässt. Mos (Ex-)Partnerin jedenfalls schätzt diese Art des Umgangs. Sie fühlt sich nun weniger unter Druck gesetzt, sagt Mo. Das ist doch schon einmal ein guter Anfang.

Wie es in Mos Haus aussieht, wissen wir nicht genau. Vielleicht braucht Mo nun die angesammelten Objekte nicht mehr, weil er bemerkt, dass er auch ohne sie klarkommt. Einmal berichtete er uns tatsächlich, in den Tagen nach unseren Treffen immer das viel Energie fürs „Entrümpeln" zu haben. Vielleicht hat er aber auch einfach akzeptiert, dass sein Haus nun einmal anders aussieht als andere Häuser, und dass dies, solange er noch auf den Boden treten kann, kein größeres Problem darstellt…

Indem er ein paar Mal mit einem Pony spazieren gegangen ist, hat Mo also erkannt, dass seine bisher als belastend empfundenen Muster tatsächlich funktional sein können, wenn sie bewusst und flexibel eingesetzt werden. Dieses neue Verständnis für sich selbst ermöglicht es Mo, sowohl im persönlichen als auch im beruflichen Kontext effektiver, erfüllter und vor allem friedlicher zu agieren.

Durch all diese sanften Anstöße entwickelt Mo ein solides Verständnis dafür, dass Festhalten und Loslassen kein Entweder-Oder darstellen müssen, sondern in einem dynamischen Gleichgewicht existieren und ständig neu verhandelt werden können. Diese Erkenntnis ermöglicht Mo, sich sowohl persönlich als auch in Interaktionen mit anderen flexibler und offener zu verhalten. Dies setzt auch die Basis für eine Anpassung seines Bindungsverhaltens – vielleicht erlernt Mo ja doch noch einen sicheren Bindungsstil, der im sicherlich in allen Bereichen seines Lebens zugutekommen würde.

Impuls

Sicherlich kennst auch du Situationen, in denen du oder jemand anders an Dingen/Beziehungen/Abläufen/Strukturen festgehalten hat, obwohl es nicht sinnvoll erschien... Woran hältst du derzeit fest? Was würdest du gern loslassen? Was hindert dich daran? Inwiefern ist dein Festhalten funktional für dich (und dein System)? Und wie könnte man nun in Verhandlung mit der Notwendigkeit oder dem Wunsch von Veränderung treten?

In aller Kürze

- Mo ist sich unsicher, ob er an bewährten Verhaltensmustern festhalten oder diese aufgeben sollte.
- Durch das starre Festhalten an Bewährtem hat es in der Vergangenheit immer wieder Unverständnis im sozialen Umfeld gegeben.
- In der Interaktion mit unserem Pony zeigt sich, dass Mo verunsichert ist, wenn Unvorhergesehenes passiert oder das Tier andere Vorstellungen hat als er.
- Er entdeckt dadurch, dass sein Festhalten an Bewährtem oder an äußeren Strukturen möglicherweise mit seinen Bindungserfahrungen zu tun hat: Unsichere Bindung wird mit sicheren, festen Abläufen kompensiert.
- In der weiteren Interaktion mit den Tieren erfährt Mo, dass diese äußere Stabilität eine wichtige Qualität ist.
- Er erfährt aber auch, dass das Einlassen auf andere Perspektiven und das spontane Abweichen vom Plan wichtig sein kann und Dynamiken bereichert.
- Mo erlaubt sich nun vermehrt, auf Andere zu vertrauen und die eigenen Vorstellungen (vorübergehend) zurückzustellen.
- So entsteht ein Wechselspiel aus Festhalten am Bewährtem und Loslassen eingefahrener Muster, was eine größere Wirksamkeit erlaubt.

2.6 Traurigkeit und Freude

Yutos Welt ist trist

Vielleicht findet sich Yuto, Anfang 30, in der Monotonie seines Bürojobs gefangen. Umgeben von den kahlen Wänden des Großraumbüros sitzt er Tag für Tag vor seinem Computer (den er hasst), bearbeitet Excel-Tabellen (die er hasst), und verschwendet kaum einen Gedanken an deren Inhalt (der ihm sinnlos erscheint). Der Kaffeeautomat ist der einzige Ort, der so etwas wie soziale Interaktion bieten könnte, doch selbst die Gespräche dort sind flüchtig und leer. „Auch hier?" „Ja." „Ist noch Hafermilch da?" „Nein." „Dann bringe ich morgen welche mit." „Danke." Abends fährt Yuto in seine kleine graue Wohnung in einem kleinen, grauen Vorort. Als er dort frisch eingezogen war, verwechselte er manchmal die Hauseingänge – in seiner Straße sehen alle gleich aus. Lediglich anhand der Balkondekoration (traurige Pflanze bei Nr. 28 in der dritten Etage, halb herunterhängende Lichterkette bei Nr. 30 in der zweiten) kann man die Häuser unterscheiden. Die Wochenenden verbringt er meist spazierend durch Betonlandschaften, weil er mal gehört hat, Spazierengehen tue gut. Er zweifelt so langsam daran. Sicher tut diese graue Luft nicht gut, ebenso wenig wie die triste Architektur und die trübseligen Kreaturen, die ihm begegnet. Einmal hatte er versucht, einem Malkurs beizutreten, in der Hoffnung, Farbe in sein Leben zu bringen, aber die anfängliche Begeisterung verpuffte schnell in der Erkenntnis, dass er sich auch dort fehl am Platz fühlte. Vielleicht muss er sich damit abfinden, ein Leben ohne Höhepunkte zu fristen, und sich dauerhaft auf ein Dasein ohne Freude einstellen.

Oder Yuto, Mitte 40, kämpft immer noch mit den Nachwirkungen des Burnouts vor 8 Monaten nach endlosen Jahren übermäßiger, harter Arbeit in der Küche eines belebten und erfolgreichen Restaurants. Er erinnert sich an die endlosen Nächte, in denen er bis zum Morgengrauen arbeitete, um dann erschöpft zu Hause ins ungemachte Bett zu fallen. Die ständige Kritik der Vorgesetzten hallen in seinem Kopf wider: „Du bist nicht gut – schnell – geschickt – freundlich – kreativ -genug!", ein Vorwurf, der ihn bis ins Mark trifft. Er kannte ihn schon, von seiner Herkunftsfamilie. Dort war er auch nie „genug" gewesen. Zu unsportlich. Zu langsam. Zu blöd. Und egal, wie sehr er sich als Erwachsener anstrengte – er hatte sich nie wertvoll oder angenommen gefühlt. Seine wenigen Versuche, Freude in kleinen Momenten zu finden – wie das Lächeln eines dankbaren Gastes oder der kurze Plausch mit einem Stammkunden – wurden schnell von der Woge der Arbeit und Kritik überschwemmt. Nach dem Burnout war er in verschiedenen Kliniken gelandet. Dort begegnete er demselben destruktiven Narrativ: „Mehr Anstrengung, bitte!" „Sie lassen sich hängen, Herr T.! Sie müssen schon mitarbeiten, wenn sie hier rauswollen." Er wollte ja, aber er konnte einfach nicht. War er sogar zu schwach, zu dumm, zu wertlos für Therapie? Er wurde immer weiter in eine Spirale der Selbstabwertung und Antriebslosigkeit gezogen. Nun duscht er nicht einmal mehr regelmäßig – wozu auch. Den Glauben an Freude, an das Gute in seinem Leben, hat er lange verloren.

Vielleicht ist Yuto aber auch ein älterer Herr, der vor wenigen Jahren seine langjährige Partnerin verloren hat. Früher war sein unerschütterlicher Glaube an Gott ein echter Halt für ihn gewesen, doch der ist von einem Moment auf den andern erloschen. Ein guter Gott hätte nie zugelassen, dass seine geliebte Partnerin so elendig vor sich hinvegetiert und so qualvoll stirbt. Also, denkt Yuto, ist Gott entweder gemein oder es gibt keinen Gott. Beides läuft auf dasselbe hinaus. Seine Wohnung, die früher mal ein fröhlicher und liebevoller Ort war, wirkt nun leer und still. Er verbringt seine Tage damit, alte Fotoalben durchzublättern, in denen die Erinnerungen an bessere Zeiten festgehalten sind. Seine Familie kümmert sich rührend um ihn, doch Yuto fühlt sich oft wie eine Last. Die Kinder nehmen diese Last an – auch sie haben sich mit seinem hilflosen Zustand abgefunden und so verharrt er in einem Zustand der Trauer und Resignation. Noch ein, oder zweimal hatte er versucht, sonntags in der Kirche zu gehen – dies gab dem Gefühl der Leere lediglich einen scharfen, zynischen Beigeschmack. An Feiertagen, wenn die Familie zusammenkommt, lächelt Yuto zwar auf die sozial erwünschte Art, aber seine Augen verraten die tiefe Traurigkeit, die ihn umgibt. Er vermisst die Gespräche und das gemeinsame Lachen mit seiner Partnerin, und obwohl er von Fürsorge umgeben ist, fühlt er sich innerlich isoliert und allein.

Traurigkeit aus systemischer Sicht
Traurigkeit wird meist als eine natürliche, menschliche Emotion beschrieben, die als Reaktion auf spezifische Ereignisse oder Situationen auftritt, wie z. B. Verluste oder Enttäuschungen. Sie ist normalerweise zeitlich begrenzt. Man kann sich von Traurigkeit erholen, ohne dass signifikante Interventionen erforderlich sind. Traurigkeit kann sogar lehrreich sein, indem sie Reflexion und eine Neubewertung der eigenen Situation fördert. Traurigkeit beeinflusst das soziale System einer Person, und wird von diesem beeinflusst.

Anhaltende Gefühle von Traurigkeit, Wertlosigkeit und Desinteresse bezeichnet man als Depression. Sie wird oft als intensiver und länger als „normale" Traurigkeit beschrieben und beeinträchtigt meist die alltägliche Funktionsfähigkeit des betroffenen Menschen, daher erfordert sie oft professionelle Unterstützung. Sie kann zu signifikanten Schwierigkeiten in Arbeits-, Familien- und Sozialleben führen. Aus systemischer Sicht kann Depression in Feedback-Schleifen verstrickt sein, kann also Ursache und Wirkung von Beziehungen und Interaktionen innerhalb eines sozialen Systems sein. So kann beispielsweise die Depression eines Familienmitglieds die Dynamik der ganzen Familie beeinflussen und umgekehrt.

Du bemerkst schon: die Grenzen sind fließend. Wo hört Traurigkeit auf, wo fängt Depression an? Was ist als „normal" zu bewerten? Welche Rolle spielen unterstützende Instanzen? Welche Rolle spielen Diagnosen? Wenn du das Gefühl hast, dass du deine Problematik, egal ob du sie „Traurigkeit" oder „Depression" nennst, nicht selbst bewältigen kannst, oder dass sie überhandnimmt, empfehlen wir, dich unbedingt an Fachleute zu wenden – auch ohne Diagnose.

2.6.1 System

Aus systemischer Perspektive ist Yutos Stimmung in einem komplexen Netz aus persönlichen (biologischen, kognitiven, emotionalen), sozialen und umweltbedingten Faktoren verwurzelt, wobei sich individuelles Empfinden und externe Bedingungen gegenseitig beeinflussen. Anhand von Yutos Fall wollen wir genau diese Feedbackschleifen der Systeme genauer anschauen. Schau gern ins Kapitel „Systeme" im Kap. 4 *Leitfaden* um zu verstehen, wie Feedback-Schleifen funktionieren. In Yutos Systemen zeigen sie sich wie folgt:

Die Sinnesleere in eines monotonen Berufsalltags zeigt, wie die unpassende Arbeitsumgebung, fehlende sinnhafte Beschäftigung und die Tristesse der wahrnehmbaren Umwelt eine Rolle bei der Entwicklung von Traurigkeit und Depressionen spielen. Wie soll eine Umgebung, die keine persönliche Erfüllung, positive Sinnesreize oder erfüllende soziale Interaktion bietet, zu einer positiven Stimmung beitragen? Im Gegenteil: Je mehr wahrgenommene Tristesse im Außen herrscht, desto weniger positive Sinnesreize werden gesetzt, desto trüber wird die Stimmung, desto offener sind auch die Sinneskanäle für die Tristesse im Außen. Und so weiter.

Wir sehen auch wie schwer die Abwertung seitens des sozialen Umfelds wiegt. Die Dynamik des „nie genug" – also ein ständiges Gefühl der Unzulänglichkeit, das durch hohe Erwartungen und harsche Kritik verstärkt wird. Die Interaktionen zwischen persönlicher Disposition – also „Grundausstattung" – und familiären und beruflichen Anforderungen schaffen eine weitere Feedback-Schleife, die zur Vertiefung der dunklen Gefühlslage beiträgt: Je mehr Kritik, desto mehr Selbstabwertung, desto mehr tatsächliche Fehler, desto mehr Kritik.

Die tiefe Traurigkeit über den Verlust der Partnerin, die zunächst ganz natürlich ist, aber hier auch nach Jahren noch fortbesteht, also nicht abgeschlossen wurde, führt bei Yuto zu Hilflosigkeit und Passivität. Aus systemischer Sicht ist dies interessant, da solche Zustände zu stabilen, aber dysfunktionalen Familiendynamiken führen können. In Yutos Fall kümmert sich die Familie rührend um ihn, was einerseits positiv und unterstützend ist, andererseits jedoch dazu beiträgt, dass die bestehende Dynamik – Yuto in der Rolle des Hilflosen und die Familie in der Rolle der Kümmernden – erhalten bleibt, und eine weitere Feedbackschleife darstellt: Je mehr Bedürftigkeit, desto mehr Kümmern, desto mehr Bedürftigkeit.

Wir sehen also auf mehreren Ebenen, wie die Idee von Feedback-Schleifen zur Aufrechterhaltung von Traurigkeit beitragen. Daher ist es unumgänglich, Umweltfaktoren und soziale Interaktionen in die Arbeit miteinzubeziehen.

Es ist nun wichtig zu erkunden, wie die Kontextfaktoren seine Traurigkeit nicht nur verstärken, sondern auch Potenzial bieten, bestehende Muster zu durchbrechen. In unserer Arbeit mit Yuto ist es daher von grundlegender Bedeutung, bestehende Dynamiken, wie die Negativschleife aus hohen Erwartungen, der Unfähigkeit, diese zu erfüllen, und daraus resultierender Selbstabwertung und Antriebslosigkeit, zu erkennen und bewusst nicht zu wiederholen.

Die Interaktion mit Tieren ermöglicht es, neue, positive Feedback-Schleifen zu bilden. Sie frei von den Urteilen und Erwartungen menschlicher Beziehungen und kann Yuto helfen, Vertrauen und ein Gefühl der Selbstwirksamkeit aufzubauen, das in seinen aktuellen sozialen und beruflichen Systemen fehlt.

2.6.2 Anliegen

Yutos Anliegen ist es, „wieder Freude zu empfinden". „Mir macht überhaupt nichts mehr Spaß," erzählte er, „und ich hoffe, dass ich mit den Tieren vielleicht ein bisschen Freude haben kann." Diese Offenheit gegenüber neuen Erfahrungen mit Tieren bildet das Eingangstor zu unserer Arbeit mit ihm.

In der nonverbalen Kommunikation während der Interaktion mit den Tieren offenbart sich für uns neue und interessante Seite von Yuto. Trotz seiner anfänglichen Zweifel und der tiefen Traurigkeit, ist in manchen Momenten doch ein wenig Freude sichtbar – ein Lächeln, ein Aufblitzen in den Augen, ein kurzes Auflachen, wenn einer der Hunde sich im Schnee wälzt oder ein Pony unbemerkt unsere Schnürsenkel entknotet. Nach der ersten Einheit sagt er sogar: „Es war schön heute." Doch gleichzeitig beobachten wir, wie Yuto sich selbst unter Druck setzt, indem er sich Aktivitäten vornimmt, die er für unerreichbar hält. Fast schon, als ob er sich beweisen wolle, dass er scheitert. Erstaunlicherweise gelingen die Unternehmungen dann aber –beispielsweise einen Spaziergang mit einem Hund (und das auch noch auf eisigem Boden!), obwohl er sonst kaum das Haus verlässt. Dennoch feiert er diese Erfolge nicht, sondern bleibt in seinem Muster der Selbstabwertung gefangen. „Andere können das ja auch," oder „Meine Familie würde mich auslachen!" sind typische Sätze.

Hier sehen wir ein Schlüsselmuster: Yuto setzt sich selbst ständig Herausforderungen und meistert diese, aber er erkennt seine eigenen Erfolge nicht an. Diese Beobachtung hilft uns, unser Vorgehen anzupassen. Es geht darum, Yuto dabei zu unterstützen, seine eigene Wertigkeit zu sehen und zu würdigen, und der altbekannten Musterwiederholung aus (Selbst-)Abwertung und angeblichem Scheitern zu entgehen. Die Interaktionen mit Tieren dienen hierbei als ein Spiegel seiner Emotionen. Die Tiere reagieren instinktiv und ehrlich auf Yuto, was ihm helfen kann, Positives zu sehen: Wenn ein Tier ihm vertraut, gern etwas von ihm annimmt, oder sich einfach freut, ihn zu sehen.

2.6.3 Form

In Yutos Fall sehen wir, anhand seiner Erzählungen, die Auswirkungen der bereits fest etablierten, ungesunden Feedback-Schleifen in seinen sozialen Systemen [siehe „Systeme" im Kap. 4 *Leitfaden*]. Je mehr Abwertung er erfährt, desto größer wird seine Traurigkeit. Und – spannend – je tiefer diese Traurigkeit, desto mehr fühlt sich seine Familie gebraucht. Yuto ist sogar wieder bei seinen Eltern eingezogen. „Du kommst ja nicht allein klar", sagten sie ihm. Ironischerweise scheint es jedoch, als würden seine Eltern tatsächlich eher ihn brauchen, sei es für das Schlichten der eigenen ewigen Streitigkeiten, zum Kochen, Putzen oder Einkaufen. Leider haben sich aber weder Yutos Familie noch seine Arbeitgeber:innen bereiterklärt, an der systemischen Aufarbeitung der Muster mitzuwirken. Daher übernehmen wir und die Tiere die Funktion des sozialen Feedbacks, in der Hoffnung, hilfreiche Feedback-Loops entstehen zu lassen.

Ein Schlüsselelement ist die die Interaktion mit unserem Pony Susi. Susi hat einiges an Überlebenswillen und Resilienz bewiesen. Sie wurde in ihrer Vergangenheit vernachlässigt, misshandelt, und diente verschiedenen Besitzer:innen lediglich als Reit- oder Kutschpony. Kurz: sie wurde ausgenutzt, bis sie schließlich aussortiert wurde. Susi trägt immer noch sichtbare Narben: Das Halfter war eingewachsen und Haut und Fell auf dem Nasenrücken zerstört. Die Gleichgültigkeit und Grausamkeit, die sie erfahren hatte, stößt bei Yuto auf Verständnis [siehe „Stellvertreter:innen" im Kap. 7 *Methoden*].

Yutos Interaktion mit Susi ist anfänglich beidseitig von (gesunder!) Zurückhaltung geprägt. Sie beobachten einander vorsichtig, und nähern sich langsam an. Yuto verhält sich behutsam, respektiert Susis Grenzen („Ich weiß ja, wie das ist, wenn jemand zu viel von einem will!") achtet auf ihre Signale. Mit der Zeit entwickelt sich zwischen ihnen über die freie Interaktion [siehe „freie Interaktion" im Kap. 7 *Methoden*] eine Verbindung. Während Susi anfangs noch aufgeregt pustet, wenn er vorsichtig seine Hand nach ihr ausstreckt, kommt sie jetzt angelaufen, sobald sie ihn entdeckt, stellt sich nah zu ihm und lässt sich den Hals kraulen. Ein wichtiger Moment in ihrer Beziehung ist, als Susi beginnt, Yuto auf Pony-Art das „Fell" zu pflegen – sie knabbert vorsichtig an Yutos Oberarm – eine Geste der Pferde untereinander, die Zuneigung und Vertrauen ausdrückt. Für Yuto ist dies ein großes Erfolgserlebnis. Es symbolisiert nicht nur das Vertrauen, das Susi in ihn setzt, sondern auch seine eigene Fähigkeit, eine positive, sinnhafte Beziehung aufzubauen.

Diese Interaktion zwischen Yuto und Susi ist ein schönes Beispiel für eine hilfreiche Feedback-Schleife in der systemischen Arbeit mit Tieren. Im Gegensatz zu den negativen Dynamiken in seinem familiären und beruflichen Umfeld bekommt Yuto von Susi unmittelbare positive Rückmeldungen. Durch diesen liebevollen Reiz eines anderen Lebewesens wird, auch auf biochemischer Ebene, der Ton gesetzt: die Welt erscheint ein Wenig froher, und Yuto öffnet sich für weitere positive Reize. Und so weiter.

2.6.4 Ressourcen

Auch in Yutos Fall sehen wir Ressourcen sowohl im beschriebenen Problemmuster als auch in seiner Interaktion mit Tieren:

Yutos Geschichte zeugt bemerkenswerter Widerstandsfähigkeit. Seine Fähigkeit, trotz der Schwierigkeiten im Leben, wie der Abwertung durch andere und der resultierenden Traurigkeit, weiterzumachen, zeigt enorme Resilienz. Yuto kann richtig viel aushalten; er besitzt die nicht alltägliche Fähigkeit, schwierige Emotionen und Situationen zu ertragen. Yuto selbst ist dies vielleicht (noch) nicht bewusst – er erkennt diese Ressourcen aber stellvertretend bei Susi, und es gelingt ihm zusehends, Parallelen zu sich selbst zu ziehen.

Aber wir sehen noch mehr. Yutos anfängliche Antriebslosigkeit, die als negative Eigenschaft gesehen wurde, kann auch als wichtige Schutzfunktion verstanden werden. Diese „Freeze"-Reaktion [Siehe „Fight, Flight, Freeze, Fawn" im Kap. 6 *Perspektiven*] dient als wichtiger Schutzmechanismus. In Yutos Fall hat die Starre ihn möglicherweise vor weiterer Überarbeitung und emotionaler Erschöpfung bewahrt. Eine solche Reaktion ist überlebenswichtig. Auch hier lassen sich Parallelen zu Susi erkennen – das Pony befand sich ebenfalls in Schockstarre, als es bei uns einzog.

Insbesondere im Umgang mit einem anderen innerlich verletzten Lebewesen zeigt sich eine weitere Ressource: Yutos Empathie. Sein Verständnis für Susis schwierige Vergangenheit und seine sorgsame Annäherung an sie zeigen eine ausgeprägte empathische Fähigkeit, die er nutzen können wird, um tiefe und sinnhafte Beziehungen zu anderen (Menschen?) herzustellen. Es gilt nun, dies für ihn sichtbar und erlebbar zu machen.

Dieses Erlebbarmachen fußt auf Yutos Bereitschaft, sich auf die Interaktion mit Susi einzulassen, also auf Neugier, Offenheit und Mut. Diese Qualitäten ermöglichen ihm letztendlich, aus festgefahrenen Denk- und Verhaltensmustern auszubrechen und neue Wege der Wirksamkeit zu finden.

Diese vielfältigen, nun immer deutlicher sichtbar werdenden Ressourcen bilden das Fundament für Yutos Weg zu einem Umgang mit seiner Traurigkeit und zur Entwicklung eines stärkeren Selbstwertgefühls – denn beides hängt, so haben wir gesehen, in diesem Fall miteinander zusammen.

2.6.5 Alternative Wirkmöglichkeiten

Wie kann Yuto diese Ressourcen also nun anders als vorher, vielleicht bewusster und gezielter, einsetzen? Wir überlegen gemeinsam:

Yutos Tendenz zum Erstarren, die bisher als Antriebslosigkeit gesehen wurde, kann als eine Art Notbremse verstanden werden. Statt sie als rein negatives Zeichen zu deuten, kann diese Reaktion als wichtiger Indikator für potenzielle Überarbeitung und emotionale Überlastung genutzt werden. Yuto könnte üben, diese Signale frühzeitig zu erkennen und entsprechend zu handeln, um eine gesündere Balance in seinem Leben zu finden.

Seine Resilienz, die ihn trotz der Herausforderungen im Leben weitermachen lässt, und das Aushalten von harscher Kritik seitens Familie und beruflichem Umfeld kann bewusst als Stärke konzeptionalisiert werden. Diese Resignifizierung des „Aushaltens" als positive Eigenschaft kann ihm helfen, seine persönlichen und beruflichen Beziehungen differenzierter zu betrachten – der/diejenige, der/die aushält, ist nicht schwach, sondern im Gegenteil sehr stark. Auch dieses Thema haben wir stellvertretend mit Susi als Protagonistin der Geschichte besprochen – und erst als wir die Frage stellten, ob ihm Parallelen zu anderen anwesenden Personen auffallen würden, konnte er den Blick auch auf sich selbst richten.

Eine auch für ihn selbst offensichtlichere Ressource ist das Mitgefühl. Yutos ausgeprägte Empathie eine wertvolle Grundlage für den Aufbau neuer Beziehungen zu anderen Lebewesen. Es müssen nicht unbedingt Menschen sein, denn verständlicherweise hält sich sein Vertrauen in diese Spezies noch sehr in Grenzen. Neu ist allerdings die Idee, dass man auch sich selbst gegenüber empathisch sein darf: indem er lernt, auf seine eigenen Bedürfnisse zu achten und sich selbst zu pflegen (so wie er das mit Susi tut), kommt das Gefühl der eigenen Wertigkeit langsam zurück.

Gleichzeitig ist es wichtig, auch immer wieder externe Ressourcen zu nutzen: Yuto wird weiterhin regelmäßig mit Tieren umgehen. Dies erlaubt ihm, seine emotionalen und sozialen Fähigkeiten sichtbar und erlebbar zu machen. Die Interaktion mit Pony Susi kann weiterhin als sicherer Raum dienen, in dem Yuto positive Erfahrungen sammelt und neue Haltungs- und Verhaltensweisen erkundet.

2.6.6 Nudging

Das Nudging bezieht sich in diesem Fall hauptsächlich darauf, die Dynamiken der Systeme und die eigene Rolle darin zu verstehen und zu reflektieren. Erkenntnisse sind wesentlich für die Entwicklung einer gelasseneren Haltung und eines differenzierteren Selbstbildes.

Durch das Verstehen der Muster und Rollen innerhalb seiner familiären und beruflichen Systeme erlangt Yuto ein höheres Reflexionsniveau, sozusagen eine Vogelperspektive, aus der er herabblicken und sortieren kann. So kann er sich von den alten Feedback-Schleifen distanzieren. So hat er beispielsweise verstanden, dass sein berufliches Umfeld sich nicht auf Erfüllung und Sinnhaftigkeit einzelner, sondern im Gegenteil auf die möglichst gleichförmige, effiziente Abarbeitung etablierter Prozesse stützt – Kreativität und Individualität sind nicht erwünscht, ebenso wenig wird es Lob oder Anerkennung geben. Das System lebt davon, dass Abläufe standardisiert und ohne Hinterfragen erledigt werden. Es liegt also vielleicht gar nicht an Yuto, dass er dort nicht glücklich ist, sondern daran, dass das System nicht auf Freude Einzelner ausgelegt ist, sondern im Gegenteil darauf, die Anspruchshaltung der Mitarbeitenden klein zu halten. Dies wird auch Yuto nicht im Alleingang ändern können – was okay ist.

Diese Akzeptanz der Grenzen seiner Einflussmöglichkeiten ist ein weiterer entscheidender Schritt. Sie führt zu einer gelasseneren Haltung gegenüber den unveränderbaren Strukturen seiner Umgebung. Yuto lernt, sich auf Bereiche zu konzentrieren, in denen er tatsächlich Veränderungen bewirken kann.

Regelmäßige Erfolgserlebnisse, insbesondere in der Interaktion mit Tieren, spielen hier eine wichtige Rolle. Die Rückmeldungen der Ponys stärken sein Selbstbewusstsein und zeigen ihm, dass er durchaus einen guten Eindruck auf andere Lebewesen machen kann und von ihnen geschätzt wird. Die unvoreingenommene und ehrliche Rückmeldung der Tiere ist eine wertvolle Alternative zu den oft kritischen und negativen Rückmeldungen aus seinem menschlichen Umfeld. So lernt Yuto, sich bewusst zu entscheiden, von wem er Feedback annimmt.

All die Ansätze haben die Trauer zwar nicht in Luft aufgelöst, erlauben aber einen bewussteren Umgang mit schwierigen Dynamiken und eine gelassenere Grundhaltung. So ist er nun bereit für mehr Selbstwirksamkeit und Antrieb.

In aller Kürze

- Yuto erlebt eine tiefe Traurigkeit, die durch die Monotonie seines Berufslebens, Kritik und Abwertung und/oder den Verlust persönlicher Beziehungen verstärkt wird.
- Aus systemischer Perspektive sind biologische, kognitive, soziale und umweltbedingte Feedback-Schleifen und der Entstehung und Aufrechterhaltung dieser Traurigkeit beteiligt.
- Die Interaktion mit Tieren, insbesondere mit Pony Susi, wird zu einem Wendepunkt – die Feedback-Schleifen werden nun positiv gestaltet.
- Yuto entdeckt seine Resilienz, Empathie und die Fähigkeit, Herausforderungen zu meistern.

- Reflexion und Verständnis systemischer Muster sind entscheidend. Yuto lernt, die Dynamiken in seinen familiären und beruflichen Systemen zu erkennen und zu reflektieren: es liegt eben nicht alles an ihm!
- Durch ein besseres Verständnis dieser systemischen Zusammenhänge entwickelt Yuto eine gelassenere und bewusstere Haltung und lernt, sich abzugrenzen.
- Yuto lernt, positive Veränderungen durch Selbstfürsorge zu fördern.

2.7 Selbst und Andere

Familie S. braucht Hilfe

Vielleicht ist das, was Familie S. bewegt, nicht so außergewöhnlich. Charlotte S., Mama von vier Kindern, zwei biologischen und zwei Bonus-Kindern, weiß gar nicht, wo sie anfangen soll. Der Kleinste, Claus, spricht mit zwei Jahren kein Wort. Auch die Zweitkleinste, Toni, 4 Jahre alt, ist weitgehend stumm. Die älteren Töchter, Ariane, 16, und Sofia, fast 18, sprechen zwar viel, wirken aber auf Charlotte doch oft verschlossen und frustriert – anscheinend teilen sie nicht das, was sie wirklich bewegt. Sie streiten häufig und intensiv. Eigentlich gibt es immer Krach und kaum Ruhe. Außerdem geht Sofia selten in die Berufsschule, weil sie große Angst vor einer Lehrerin hat, die sie auch dann auffordert, sich vor allen anderen zu äußern, wenn sie gar nicht die Hand gehoben hat. Dann weiß Sofia nicht, was sie sagen soll, und fühlt sich furchtbar blamiert. Ariane versucht ihr Möglichstes, die große Schwester beschützen, lässt aber gleichzeitig keine Gelegenheit aus, sich mit ihr zu messen. Dann gibt es wieder Streit.

Sie selbst, sagt Charlotte, weiß nicht mehr weiter, hat schon alles Mögliche an Therapien und Strategien ausprobiert und sich auch schon gefragt, ob es an ihr liege. Ob sie, obwohl sie ihr Bestes versucht, immer für alle Eventualitäten plant und organisiert, Wechselklamotten für alle dabeihat, Lunchpakete macht, gemeinsame Aktivitäten vorschlägt, die Bude aufräumt, und als sichere Anlaufstelle für alle fungiert, irgendetwas übersieht. Ihr Mann, Norbert, arbeitet viel – er ist Pilot – und schläft nur am Wochenende zu Hause. Die Familie lebt in auf dem Dorf, wo man sich eben kennt und recht locker miteinander umgeht. Norbert findet es befremdlich, dort von allen beobachtet und auf die Kinder angesprochen zu werden. Das geht doch eigentlich niemanden etwas an. Beinahe übergriffig erscheint ihm dieser vertrauliche Dorf-Ton. Diese Leute wissen doch gar nichts über ihn und seine Familie. Er hat auch genug Sorgen: irgendetwas stimmt mit den Kindern nicht – warum sprechen die Kleinen nicht? Warum zanken die Großen so viel? Warum besteht seine kluge älteste Tochter die Ausbildung voraussichtlich nicht? Hat er irgendetwas übersehen? Norbert sagt seiner Frau, sie solle alle Therapie-Optionen für die Kinder in Anspruch zu nehmen, die verfügbar sind. Es ist sicherlich besser, jetzt einzuschreiten als abzuwarten, bis es zu spät ist.

2.7.1 System

Das Familiensystem S. wirkt auf uns, als würde es von großer (Für)sorge zusammengehalten. Innerhalb der Familie herrscht Sicherheit und Vertrauen. Aus Charlottes Schilderungen hören wir auch heraus, dass es „von außen" (wahrscheinlich geht es hier um die Kita, die Schule, den Freundeskreis oder die erweiterte Familie) klare Vorstellungen davon gibt, wie sich Kinder entwickeln sollten, und dass ihr wegen der angeblichen Abweichung von diesen Vorstellungen regelmäßig Interventionen nahegelegt werden. Charlotte wirkt mit sich selbst uneinig, ob sie auf ihr eigenes Bauchgefühl hören soll (dass eigentlich alles okay ist) oder auf die „Expert:innen", denen die Entwicklung der Kinder Sorge bereitet. Über Norbert wissen wir wenig, er scheint, so wirkt es auf uns, etwas abseits des Systems zu stehen, und im Alltag keine große Rolle zu spielen. Trotzdem hat seine Meinung eine hohe Relevanz – immer wieder zitiert Charlotte ihn, auch wenn es um vermeintliche Nebensächlichkeiten geht.

2.7.2 Anliegen

Als Charlotte uns bittet, die Familie zu unterstützen, nehmen wir in dem dringlichen Wunsch, für die Kinder therapeutische Unterstützung zu bekommen, viel Sorge um die Familie wahr. Wir verstehen allerdings noch nicht so genau, wobei oder wie wir unterstützen können, daher schlagen wir vor, dass wir uns die Interaktion aller Beteiligten einmal gemeinsam anschauen. Gerade weil einige Familienmitglieder sich nicht oder nur wenig verbal ausdrücken, möchten wir die Kommunikations- und Interaktionsmuster, die sich im Kontakt mit unseren Tieren darstellen, fokussieren und daraus Anliegen ableiten.

Als Familie S. bei uns ankommt, fällt uns sofort auf, wie sehr alle umeinander bemüht sind: die fast erwachsenen Schwestern passen auf die kleineren Geschwister auf, die kleineren erkunden zwar die Gegend, schauen aber immer wieder nach den größeren und nach ihrer Mama, und Charlotte behält alle im Blick, hat jede Menge nützliche Dinge dabei (Taschentücher, Mützen, trockene Socken) und geht mit allen Kindern herzlich und wertschätzend um. Ariane ist fst noch kindlich fröhlich aufgeregt, macht Freudensprünge, als sie unsere Tiere sieht, Sofia verhält sich eher abwartend, aber durchaus zugewandt und freundlich, und beide Kleinen wirken fröhlich, entspannt und selbstsicher.

Als wir alle Tiere – die Pferde, Hund Nino und die Meerschweinchen – nacheinander begrüßen, gibt es keinerlei Berührungsängste: alle gehen freundlich und achtsam auf unsere Tiere zu und zeigen echtes, fröhliches Interesse. Um einen ersten Eindruck zu bekommen und alle ein bisschen näher kennen zu lernen, unternehmen wir einen gemeinsamen Spaziergang um die Pferdewiesen herum. Sofia und Ariane wechseln sich damit ab, Hund Nino an der Leine zu führen und unterhalten sich über unsere Tiere und unsere Arbeit. Toni läuft voran, quiekt vergnügt und streckt ab und zu ihre kleine Hand nach der ein oder anderen Pferdenase aus. Charlotte erzählt, dass die Kinder eher nach Norbert kommen – was den Intellekt und das musikalische Talent angeht. Und dass sie selbst kaum eine Pause habe. Sie lächelt viel und erzählt frei und offen von ihrer Familie.

Ehrlich gesagt sehen wir (noch) nicht das, was Charlotte uns am Telefon beschrieben hat. Wir haben das Gefühl, das Anliegen nicht ganz verstanden zu haben. Und wie immer in solchen Fällen müssen uns unsere Klient:innen durch Interaktion und Austausch dabei helfen, die Dynamiken klarer zu sehen.

Wir bringen unser Pferd Hella in das Interaktionssystem der Familie mit ein, und beobachten weiterhin, wie sich der Umgang miteinander gestaltet. Hella ist ein Haflingerpony mit viel Lebenserfahrung. Sie ist umsichtig, achtsam, geduldig und einfach nur lieb. In der Herde ist sie eher rangniedrig (ehrlich gesagt haben sogar die Hofkatzen mehr zu sagen als Hella) und bis auf ihren Freund Maxi macht sie sich nicht viel aus Pferdegesellschaft, freut sich aber immer über Begegnungen mit ruhigen, liebevollen Menschen.

Wir beschreiben im Folgenden eine einzelne Interaktion von ca. 30 min, die uns gezeigt hat, wie auch in kurzer Zeit schon Muster, Dynamiken, Ressourcen und alternative Wirkmöglichkeiten sichtbar werden.

2.7.3 Form

Gemeinsam holen wir Hella von der Wiese ab, finden einen ruhigen Ort, stellen sicher, dass alle sich wohlfühlen, und beginnen, sie zu kraulen und zu pflegen. Die großen Schwestern haben schnell verstanden, dass unser Pferdchen, da es selbst keine Finger hat, mit denen es sich kratzen könnte, sehr dankbar auf Menschenhände und deren Berührungen reagiert. Sofia und Ariane kümmern also sich liebevoll um Hellas dicken Winterpelz, und auch Toni hat eine Bürste mit langem Stil gefunden, mit der sie Hellas Bauch erreichen kann – keine Sorge, natürlich passen wir dabei gut auf alle Kinderfüße auf!

Wir übersetzen für die Menschen Hellas Zeichen der Entspannung und des Wohlfühlens [siehe „Sprache" im Kap. 6 *Perspektiven*] und ermutigen sie dazu, selbst auf Zeichen zu achten und so zu beginnen, mit Hella zu kommunizieren. Die Stimmung wandelt sich merklich von freudiger Anspannung zu absoluter Entspannung [siehe auch „Anspannung und Entspannung" in diesem Kap. 3]: niemand spricht, alle sind ganz bei sich und bei Hella – Toni lacht und freut sich nach jedem Bürstenstrich und holt ab und zu ein Lob bei ihrer Mama ab.

Später führen Sofia und Ariane gemeinsam mit Toni Hella in unserer Reithalle umher – wir haben ihnen erklärt, dass Pferde sich in der Herde am sichersten fühlen, und nun erkunden sie gemeinsam den Raum. Uneinigkeit oder Spannungen würde Hella in dieser Situation wahrnehmen und sich der Situation entziehen. Wir haben oft erlebt, dass unsere Pferde sich von einer Herde (also einer Gruppe von Menschen), die sich nicht einig waren, abwenden – zu groß ist das Risiko. Zunächst verwenden die Geschwister noch zwei Führstricke (Sofia links, Ariane und Toni rechts), dann nehmen wir Hella das Halfter ab… Sie ist frei und könnte überall hingehen – zur Tür hinaus, zu uns, weg von allen – stattdessen folgt sie den Menschen, die ruhig und in stillschweigender Einigkeit aufrecht vorangehen, weiterhin auf Schritt und Tritt. Charlotte ist berührt. Es erscheint ihr wie Magie: kein lautes Wort, kein Streit, stattdessen Ruhe, Gelassenheit und Vertrauen.

Tatsächlich beobachten wir uns in diesem Moment am meisten die Beobachtung, nämlich, wie der Blick des Elternteils die Familienrealität konstruiert. Charlottes ursprüngliches Anliegen war es, die Kinder „reparieren" zu lassen. Sie trug eine Defizitbrille, wenn sie sie anschaute, und sah, was noch alles zu einer normalen Entwicklung „fehlte". Dabei haben wir eigentlich den Eindruck, dass ihr diese Brille gar nicht steht. „Was sagt denn deine Intuition, Charlotte?" „Dass eigentlich alles okay ist." „Und woher kommt dann die Idee, dass irgendetwas nicht stimmen könnte?" „Ich bekomme es ständig gesagt – von der Berufsschule, vom Kindergarten, von der Familie meines Mannes, von Freundinnen…" Charlottes Erklärung passt zu dem, was wir sehen: fröhliche, gesunde Kinder und Jugendliche, die wunderbar miteinander und mit anderen Lebewesen interagieren – und dem gegenüber ein Druck von außen, dass man irgendwie anders zu sein habe. Als wir sie in der Interaktion beobachten, haben wir das Gefühl, ihr eigentliches Anliegen ist es, zu lernen (oder vielleicht auch nur zu bestätigen), inwieweit sie ihrer eigenen Intuition auch gegen die Ratschläge anderer trauen und sich von äußeren Erwartungen lösen kann. Es scheint darum zu gehen, das Familiensystem, das ihr stabil und sicher vorkommt, auch genauso sichtbar werden zu lassen. Hätten wir ihr erstes Anliegen vehement abgelehnt, so können wir an diesem mit Freude mitarbeiten [siehe „Sein und Werden" in diesem Kap. 3].

Für Sofia scheint es ebenso um Selbstvergewisserung zu gehen: bin ich gut so, wie ich bin? Wir wissen, dass sie sich in der Berufsschule nicht sicher fühlt (und es auch nicht ist) und große Sorge hat, dass dies an ihr selbst liegen könnte.

Ariane kümmert sich um alle, sucht ständig die Verbindung, auch körperlich: immer ist eine Hand am Pferd, häufig such sie die verbale Bestätigung oder fordert andere zur Interaktion auf. Charlotte wünscht ihr, dass sie ihren Blick von außen nach innen richten kann, und ganz bei sich selbst, in dem Moment sein, ohne das gesamte System kontrollieren zu müssen. Dafür braucht sie, so vermuten wir, das Vertrauen, dass das System auch ohne ihre Interventionen funktioniert – und sie selbst ohne die des Systems.

Toni, die Stille, hat kein unserer Beobachtung nach gar kein Anliegen. Sie kommuniziert sehr erfolgreich mit allen, sowohl mit den Tieren als auch mit uns. Jede:r versteht sie und sie deutet die Signale ebenfalls genau richtig. Auch hier geht es also nicht darum, etwas zu verändern (und sie, wie viele Therapien in der Vergangenheit es versuchten, endlich „zum Sprechen zu bringen"), sondern ihr das Vertrauen, dass sie genau so, wie sie ist, ein wichtiger und voll integrierter Teil des Systems sein kann, zu ermöglichen. Erst auf Basis dieser Selbstakzeptanz [siehe „Akzeptanz" im Kap. 5 *Leitideen*] kann Veränderung entstehen.

Insgesamt geht es also darum, das System selbst und all seine Individuen zu stärken, und ihnen eine Abgrenzung von äußeren Erwartungen zu erlauben. Dazu macht es Sinn, sich auch im weiteren Verlauf immer wieder zu überlegen, durch welche Beobachtungsbrillen gerade geschaut wird, sowohl innerhalb des Systems als auch von außen.

Was sind Grundüberzeugungen der einzelnen/des Systems? Wessen Erwartungen sollen erfüllt werden? Wie sind Hierarchien und Rollen verteilt? Welche „Kultur" prägt das System? [siehe „Form" im Kap. 5 *Leitfaden*].

> **Impuls**
> Durch welche Brille schaust du gerade auf dich selbst und dein umgebendes System?

Im Fall von Familie S. sind wir besonders dankbar, dass wir nichtmenschliche Lebewesen in unsere Arbeit miteinbeziehen können – ohne die nonverbale, beobachtbare Interaktion mit ihnen hätten wir uns auf sprachliche

Narrative verlassen müssen (die ja, aufgrund der Defizitbrille, eher düster eingefärbt waren), und es wäre schwierig geworden, die zugrunde liegenden Dynamiken, die wir hier beobachtet haben, zu erkennen. Gleiches gilt für die Ressourcen des Systems, die wir ebenfalls aus unseren Beobachtungen ableiten.

2.7.4 Ressourcen

Welche Ressourcen siehst du, wenn du dir das System der Familie S., ihre Anliegen und die Form ihres Umgangs miteinander und mit anderen anschaust?

Bei Toni sehen wir große Lebensfreude, die Bereitschaft, auf andere zuzugehen, Offenheit, und auch Resilienz – sie kommuniziert so, wie es für sie selbst passt, ohne dem Druck anderer nachzugeben oder sich einschüchtern zu lassen. Zudem bereichert ihre Art der Kommunikation das System, weil es neue, alternative Zugänge zu Interaktion und Verständigung aufzeigt.

Ariane kümmert und sorgt sich um den Zusammenhalt der Familie. Sie hat einen tollen Rundumblick, kann vieles gleichzeitig wahrnehmen und ist bereit, Verantwortung zu übernehmen. Dies erlaubt anderen im Gegenzug, Verantwortung abzugeben und eine passive Rolle einzunehmen, was eine große Entlastung sein kann.

Sofia erlaubt anderen, im Vordergrund zu stehen, und bietet ihnen viel Raum, indem sie selbst sich leise, sanft und einfühlsam verhält.

Charlotte hat einen sicheren Ort für alle Kinder geschaffen. Das Wohlergehen aller ist ihr wichtig und sie ist bereit, große Anstrengungen dafür in Kauf zu nehmen. Sie freut sich ehrlich über positive Erlebnisse ihrer Familie. Zudem ist sie bereit, kritisch mit sich selbst und ihren eigenen Konstruktionen umzugehen. Dass sie sich die Meinung anderer Personen so zu Herzen nimmt, zeigt, dass sie offen für Feedback, Beratung und Kritik ist.

Auch in dem offenen Umgang mit der Ambivalenz zwischen ihrer eigenen Intuition und dem Feedback von außen sehen wir eine große Ressource: Uneindeutigkeiten aushalten und sogar benennen zu können ist eine wichtige Grundlage dafür, die Komplexität von Situationen anzuerkennen und Schwierigkeiten aushalten zu können – denn wenn eine Sache kompliziert ist, erwarten wir gar nicht erst, ihr mit einfachen Antworten begegnen zu können. Indem Charlotte erkennt, dass ihr eigener Blick von vielen verschiedenen Faktoren beeinflusst wird, erkennt sie auch, wie vielschichtig und volatil ihre Realitätskonstruktionen (in diesem Fall: ihre Einschätzung der Familiendynamiken) ist.

Norberts Ressourcen kennen wir nicht – daher akzeptieren wir, dass wir mit dem System, wie wir es kennen gelernt haben, arbeiten, also ohne Norbert.

2.7.5 Alternative Wirkmöglichkeiten

Als Charlotte die Möglichkeit bekommt, ihre eigenen Konstruktionen und Glaubenssätze bezüglich der Familie mit dem, was sie in der Interaktion der Kinder mit unseren Tieren beobachtet, abzugleichen, fällt ihr auf, dass ihre Beobachtungsbrille im Alltag stark von den Erwartungen anderer, externer Personen beeinflusst ist. Sie schaut also mit dem defizitorientierten Blick anderer auf ihre eigene Familie. Die Fähigkeit, die Perspektive zu wechseln und durch die Brillen anderer zu beobachten, kommt ihr auch jetzt zugute: sie sieht die Achtsam- und Wirksamkeit der Kinder durch unsere Beobachtungslinse bzw. die unserer Tiere.

Für Toni stellt der Umgang mit unseren Tieren die Möglichkeit dar, ihre eigene Art der Kommunikation auszuprobieren. Da sie sich tatsächlich mit allen verständigen kann, erlebt sie Selbstwirksamkeit und wird ermutigt, auch weiterhin in Interaktion zu treten.

Ariane gelingt es, ihren fürsorglichen Blick nicht mehr in alle Richtungen gleichzeitig, sondern temporär nur auf unser liebes Pony zu richten, ihn also zu fokussieren und so ruhiger zu gestalten. In der weiteren systemischen Arbeit wird es darum gehen, diesen Blick auch auf sich selbst anzuwenden und so die eigenen Ressourcen und Fähigkeiten wertschätzen zu können.

Sofia in der kurzen Interaktion mit Hella ein komplettes Angenommensein erlebt und erfahren, dass es für sie – Hella nämlich – keinen Unterschied macht, ob sie sich extrovertiert oder introvertiert verhält. Zuwendung und Aufmerksamkeit bekommt sie von den Tieren bedingungslos. Sofia freut sich besonders, als sie bemerkt, dass Hella in ihrer Gegenwart eine betont entspannte Körperhaltung annimmt und beginnt, zu kauen [siehe „Sprache" im Kap. 6 *Perspektiven*], sich also wohl und sicher fühlt, und dass sie dafür gar nichts tun muss, außer eben, sie selbst zu sein.

Das ganze System ist ein Beispiel dafür, dass die alternativen Wirkmöglichkeiten oft tatsächlich „nur" eines alternativen Blickes, also eines Blickes aus einer anderen Perspektive bedürfen und damit quasi unmittelbar „freigeschaltet" werden. Der Umgang mit den Tieren liefert diese alternative Perspektive auf die eigenen Wirkmöglichkeiten – wenn man sich darauf einlässt.

2.7.6 Nudging

Brillenwechsel. Es wird im weiteren Verlauf der systemischen Arbeit darum gehen, zu reflektieren, mit welchen Brillen die einzelnen Familienmitglieder gerade ausgestattet sind, und wie diese Brillen ihre Realitäten konstruieren und ihre Interaktionen beeinflussen.

Besonders spannend ist dabei, *wessen* Brille gerade angenommen wurde: die der Schule? Der Kita? Des Schwiegervaters?

Während Charlotte diese Art der Selbstbefragung eigenständig leisten kann und wird – wir werden sie in unregelmäßigen Abständen dabei unterstützen –, werden die Anderen ihre „Brillenwechsel" auf eine weitaus weniger theoretische und viel erlebbarere Art durchführen: Indem sie regelmäßig mit unseren Tieren interagieren, bietet ihnen deren Feedback eine sichtbare Alternative zu dem der anderen Kontexte und Systeme.

Während die Schule aus Sofias Zurückhaltung und Sanftheit eine Schwäche konstruiert, wird sie sie im Kontakt mit den Pferden oder auch mit den Kleintieren als Stärke und Basis für gegenseitiges Vertrauen erleben.

Freund:innen und Familie reagieren auf Arianes Überfürsorge teilweise positiv, teils aber auch ablehnend; insgesamt werden also widersprüchliche Feedbacks gesendet. Der Kontakt mit Tieren basiert jedoch auf ganz klaren, sichtbaren Signalen: ruhige, fokussierte Fürsorge wird angenommen, bei übertriebener Kontrolle oder Nähe wird sich abgewendet – tatsächlich dürfen und sollen unsere Tiere jederzeit gehen, wenn es ihnen zu viel wird.

Und während die Großeltern irritiert auf Tonis nonverbale Interaktionsversuche reagieren („Sag doch mal was! Wir verstehen dich nicht! Du bist doch schon vier!"), ist diese Art der Interaktion in unserem System ganz normal – wir alle kommunizieren auf unsere eigene, nonverbale Art (mit den Tieren).

Insgesamt wird das System sich, so glauben wir, durch diese Selbstvergewisserung, die über einen Perspektivwechsel stattfindet, von äußeren, negativen Feedbackstrukturen emanzipieren und sich so seiner eigenen Stärke und Wirksamkeit bewusst werden.

> **In aller Kürze**
> - Charlotte denkt, etwas stimmt mit ihren Kindern nicht.
> - Diese Idee wird maßgeblich durch negatives Feedback von außerhalb der Familie genährt.
> - Sie hat einen defizitorientieren Blick entwickelt.
> - In der Interaktion mit den Tieren zeigen alle Familienmitglieder gesundes und funktionales Verhalten und einen großen Zusammenhalt.

- Die Sichtbarkeit dieser Ressourcen erlauben Charlotte einen anderen, positiveren Blick.
- Die systemische Arbeit fördert diesen ressourcenorientieren Blick aller Beteiligten.
- Eine Herausforderung wird sein, diese Haltung auch in anderen Kontexten beizubehalten.
- Regelmäßiges Hinterfragen der eigenen Brillen und bewusstes Aufsetzen einer ressourcenorientierten Linse kann helfen, sich von den negativen Bewertungen anderer abzugrenzen.

2.8 Sein und Werden

Sam will besser werden

Vielleicht ist Sam ein ambitionierter Manager in einem großen Technologieunternehmen. Er steht ständig unter Druck, um Leistung zu erbringen und seine Karriere voranzutreiben. „Positive Pressure" würde er selbst sagen – „die Jahresprämien haben ja auch etwas für sich!" Trotz seiner Erfolge (tatsächlich bekommt er die Jahresprämien fast immer) fühlt er sich oft unzufrieden und getrieben, noch mehr zu erreichen. All die großartigen beruflichen Errungenschaften kann er kaum noch schätzen, da er immer nach dem nächsten großen Auftrag, dem nächsten großen Projekt, der nächsten Belohnung hinterherjagt.

Vielleicht ist Sam aber auch eine engagierte Umweltaktivistin, die sich mit allem, was sie hat, für den Klimaschutz einsetzt. Sam organisiert Demos, kocht auf Info-Veranstaltungen vegan für 150 Menschen – denn mit Geschmack lassen sich die Leute am ehesten überzeugen – und sammelt Spenden für ihre Organisation. Trotz ihrer harten Arbeit und des Einsatzes für ihre Überzeugungen fühlt sie sich von den Erwartungen ihrer „Bubble" überwältigt, immer mehr zu tun und sich überall einzubringen. „Ihr seid doch sicher solidarisch mit...", „Ihr helft uns bestimmt bei...", oder „Als erfahrene Aktivist:innen brauchen wir euch für..." hört sie ständig. Wenn sie nur effizienter arbeiten würde, und emotional distanzierter wäre, könnte sie sicher mehr tun, um Veränderungen herbeizuführen, denkt sie.

Oder Sam ist einer der wenigen Künstler, die von ihrer Kunst einigermaßen leben können. Er glaubt, die Erwartungen und Urteile anderer nicht besonders ernst zu nehmen. Trotzdem ist er ständig unzufrieden mit seinen Werken, denn er hat das vage Gefühl, sie könnten „irgendwie besser" sein. Tiefer. Aussagekräftiger. Intensiver. Diese ständige latente Unzufriedenheit führt dazu, dass er seine Partnerschaft leidet: „wie kannst du einen so unfertigen, untalentierten Kerl lieben?" hört er sich oft sagen.

Vielleicht kommen dir einige Sams bekannt vor. Vielleicht bist du nicht immer so kritisch mit dir selbst aber sicherlich kennst du das Gefühl, nicht gut genug zu sein, und gerne irgendwie anders werden zu wollen. Und vielleicht hilft es dir, gemeinsam mit uns zu ergründen, wie die Sam sich innerhalb ihrer:s Systems andere Perspektiven aneignen kann, die ihr oder ihm helfen, zufriedener und gelassener mit sich selbst umzugehen.

Sein und Werden
In diesem Kapitel beschäftigen wir uns mit einer grundlegenden menschlichen Tendenz: dem ständigen Streben, anders oder „besser" zu sein als wir aktuell sind. Dieses Phänomen scheint tief in unseren sozialen Strukturen verwurzelt zu sein – und wird paradoxerweise oft durch Einflüsse wie pädagogische, therapeutische oder beraterische Angebote noch verstärkt. Diese Angebote fokussieren nämlich in der Regel auf das „Werden", also auf die Entwicklung und Verbesserung des Individuums, sei es beruflich oder auf persönlicher Ebene.

Diese ständige Betonung des Werdens hat jedoch einen entscheidenden Nachteil. Sie bedeutet, dass der derzeitige Zustand irgendwie nicht „richtig" ist, und hat so einen Beigeschmack von Unzulänglichkeit. Wir sind immer auf dem Weg, niemals am Ziel. Es entsteht eine Kluft zwischen dem, wer wir sind, und dem, wer wir sein möchten oder glauben sein zu müssen. Stress und Druck sind hier vorprogrammiert.

Es lohnt sich jedoch, einen Schritt zurückzutreten und das „Sein" zu betrachten, zu verstehen und zu akzeptieren. Dies bedeutet, den gegenwärtigen Moment und unseren aktuellen Zustand wertzuschätzen, anstatt ständig auf zukünftige Ziele oder Veränderungen zu schielen. Die Akzeptanz des Seins führt zu Druckausgleich und ermöglicht es uns, uns selbst und unsere Umstände mit mehr Gelassenheit und Zufriedenheit zu betrachten [Siehe „Akzeptanz" im Kap. 5 *Leitideen*].

2.8.1 System(e)

Sams Systeme sind ein hochleistungsfokussiertes Arbeitsumfeld, eine Solidaritäts-Gemeinschaft, die stetiges Engagement und erwartet, oder eine Szene, die darauf basiert, die eigene, persönliche Ausdrucksform für andere sichtbar und bewertbar zu machen. Alle haben gemeinsam – das erkennst du unschwer – dass sie auf ihre eigene Art idealistisch (oder ideologisch?), zukunftsfokussiert und auf die Maximierung von irgendetwas ausgerichtet sind. Da wir mit Leitunterscheidungen vertraut sind, denken wir die Gegenteile mit:

Ideologisch < > pragmatisch.
Zukunftsfokussiert < > gegenwärtig.
Maximierung < > Minimierung.
[siehe „Leitunterscheidungen" im Kap. 5 *Leitideen*]

Wir arbeiten mit Sam im Laufe der Zeit tatsächlich abwechselnd mit allen unseren Tieren – immer spontan und ohne festen Plan, um den Fokus weniger auf eine Progression in der Beziehungsgestaltung (auch diese wäre auf ein „Werden" ausgerichtet) als vielmehr auf die gegenwärtige Interaktion zu legen, und um keine größeren, langfristigeren Projekte angehen zu können.

2.8.2 Anliegen

Sams explizites Anliegen ist Selbstoptimierung. Er hatte gehofft, durch die Interaktion mit den Tieren eigene Wirksamkeit(en) zu entdecken, die es ihm erlauben, „besser" (also effizienter, empathischer, kreativer) zu werden – ohne genau benennen zu können, wie das aussehen soll. „Wie kann ich lernen, meine Ressourcen so einzusetzen, dass ich mehr Wirkung entfalte?" hatte er in einer Email an uns geschrieben. Sam strebt allerdings auch danach, die eigenen Leistungen höher zu bewerten. „Ich würde mich auch gern für das feiern können, was ich erreiche," sagt er.

Wir freuen uns schon darauf, diese Erwartungen zu enttäuschen.

Das implizite Anliegen, das sich in der Interaktion mit den Tieren herausbildet, offenbart jedoch eine tiefere Dimension. Während der Begegnungen mit den Tieren zeigen sich Momente, in denen Sam eine spürbare Entspannung und Präsenz im Hier und Jetzt erlebt. Zum Beispiel, als er mit einem unserer Hunde spielt und man erkennen kann, dass in diesem Moment das völlig durchgekaute, vollgesabberte Gummischwein, dem bereits ein Ohr und zwei Füße fehlen, interessanter ist als die Statistik, von der er eben noch sprach [siehe „Spielen" im Kap. 7 *Methoden*]. Oder als er, während er unser Pferd Lena bürstet, plötzlich mitten im Satz verstummt und nicht einmal bemerkt, dass er eigentlich noch etwas über die nächste Ausstellung erzählen wollte. In diesen Momenten wird deutlich, dass neben (oder hinter) Sams Streben nach ständiger Selbstoptimierung auch ein Bedürfnis nach Gewöhnlichkeit und innerer Ruhe steht.

> **Impuls**
> Wenn du in dich hineinhörst: in welchen Bereichen bist du unzufrieden mit dir/deinen Leistungen?

2.8.3 Form

Zu Beginn der Interaktionen ist Sam sichtlich irritiert von unserem Ansatz, keinen festen „Coaching-Plan" vorzugeben. Unsere scheinbare Unstrukturiertheit steht im starken Kontrast zu Sams gewohnter Welt, in der Pläne, Ziele und Effizienz dominieren. Unsere Erklärung, dass der Plan darin besteht, keinen Plan zu haben und den Tieren die Entscheidungen zu überlassen, sorgt zunächst für etwas Reibung. Später gesteht uns Sam, dass er die Arbeit an diesem Punkt schon abbrechen wollte – die Tiere aber so nett wirkten.

Sam findet sich also in einer merkwürdigen Situation wieder: Er hat für ein Coaching bezahlt, das sich weigert, ein Coaching zu sein. Wir wollen dich ja gar nicht besser machen, sagen wir. Sam ringt nach Luft. In den folgenden Interaktionen erlebt Sam dann doch noch, wie befreiend unsere planlose Herangehensweise sein kann. Ein Erlebnis, dass wir in Erinnerung behalten werden, ist ganz banal anmutende Füttern unserer vier Meerschweinchen. Wir erklären gar nicht viel, sondern schicken Sam mit einem Salatkopf los. Unsere Meerschweinchen können sich frei bewegen und Unterschlupf suchen, und das tun sie sofort, als Sam ihr Revier betritt. Stille. Niemand ist zu sehen. Sam wirkt irritiert, tut dann aber genau das Richtige: er setzt sich ganz still auf einen kleinen Baumstamm und wartet. Die erste Meerschweinnase kommt aus einer Höhle zum Vorschein und schnuppert in die Luft. Dann wagt sich eins der Schweine sogar ins Freie, nähert sich. Sam bewegt sich ein wenig – das Schweinchen verschwindet wieder. Sam legt ein paar Salatblätter vor sich auf den Boden und wartet einfach ab. Und tatsächlich: die Meerschweinchen kommen, eine:r nach dem/der anderen, ganz vorsichtig. Sam rührt sich nicht. Letztendlich knabbern fünf kleine Schweinchen zufrieden an ihren Blättern, und Sam sitzt regungslos da und schaut einfach nur hin. In dieser Situation ist Sam völlig im Moment vertieft und bemerkt nicht, wie 30 min wie im Flug vergehen. „Schon vorbei?", fragt er verdutzt, „Wir haben doch gar nichts gemacht!". „Wir haben vielleicht nicht viel gemacht, aber es ist viel passiert – nämlich nichts", antworten wir und lassen Sam verwirrt aber zufrieden zurück.

Die Momente des „Seins", in denen Sam einfach nur mit den Tieren „ist", stehen in starkem Kontrast zu seinem gewohnten „Werden". Gerade weil diese Situationen so ungezwungen und im besten Sinne „gewöhnlich" sind, findet Sam in unseren Interaktionen unerwartete Zufriedenheit und Ruhe. Er beginnt zu vermuten, dass im „Sein", frei von Leistungsdruck und Zielorientierung, auch Potenzial für tiefe Zufriedenheit und Selbstakzeptanz liegen könnte.

Auf der Formebene sehen wir also, dass Sams Narrativ des Wunsches nach „Verbesserung" stark von seinem impliziten Bedürfnis nach „Angekommensein" kontrastiert wird. Dies war ihm bis vor kurzem aber einfach nicht bewusst…

> **Impuls**
> Stell dir vor, du meldest dich für ein Coaching an, um dein „Skillset zu erweitern". Wie könnte man dort deine Erwartungen so richtig enttäuschen? Was würde dich auf die Palme bringen oder aufwühlen? Nun überlege, ob du daraus vielleicht doch etwas „mitnehmen" könntest – hast du gerade vielleicht einer deiner blinden Flecken getroffen?

2.8.4 Ressourcen

Welche Ressourcen sehen wir hier?

Bereits in der Problembeschreibung liegen, wie fast immer, wichtige Ressourcen. Einerseits bringt Sam die Fähigkeit zur Selbstreflexion und das Bewusstsein für die eigenen Herausforderungen mit. Auch sein Engagement, ob im Beruf, im Aktivismus oder in der Kunst, ist eine bedeutende Ressource.

Sams Fähigkeit zur Selbstkritik und das Streben nach Wachstum und Verbesserung sind ebenfalls wichtige Ressourcen – wenn man sie gezielt und fokussiert einsetzt und sie nicht völlig unkontrolliert herumtoben und allem anderen die Show stehlen können.

In der Interaktion mit den Tieren ist Sam bereit, emotionale Verbindungen einzugehen und bringt viel Empathie mit. Dies wird deutlich, als er sich auf alle Tiere, ob groß und imposant, wie Vuddy das Kaltblut, oder klein und zart, wie unsere Meerschweinchen, einlässt. Diese Momente des „Seins" offenbaren Sams Potenzial, sich auf den gegenwärtigen Moment einzulassen und sich von den Zwängen des ständigen Strebens zu lösen.

Auch die Tiere selbst sind eine wichtige externe Ressource in diesem Prozess. Sie begegnen Sam unvoreingenommen und stellen keine Ansprüche an ihn, was eine neue Erfahrung zu sein scheint. Diese ermöglicht es Sam, sich selbst nicht andauernd zu bewerten – denn die Tiere bewerten ihn ja auch nicht. Auch die Frage, ob er gerade gut genug ist, muss in diesem Kontext nicht gestellt werden. Sein Gefühl des „Angekommenseins" in der Interaktion mit den Tieren zeigt Sam, dass er bereits über die Fähigkeit verfügt, im Moment präsent zu sein und sich selbst zu akzeptieren – dies ist tief verschüttet unter einem Berg von Leistungsdruck.

2.8.5 Alternative Wirkmöglichkeiten

In unserem System erfährt Sam, dass das „Sein" genauso wertvoll ist wie das „Werden". Für diese Erkenntnis hätten wir endlose Stunden an gesprächsbasiertem Coaching gebraucht – in der Interaktion mit den Tieren tritt sie aber recht schnell zu Tage. Tiere machen keinen Unterschied zwischen Sein und Werden – sie akzeptieren Sam so, wie er ist, ohne Erwartungen oder Bedingungen. Diese bedingungslose Akzeptanz bietet Sam ein neues Verständnis dafür, wie wichtig es ist, auch sich selbst in seinem gegenwärtigen Zustand zu akzeptieren und wertzuschätzen.

In diesem Prozess erkennt Sam, dass sein Wunsch, „besser" zu werden, auf der stabilen Basis des „Seins" gegründet sein muss. Nur wenn er sich selbst in seinem gegenwärtigen Zustand akzeptiert und wertschätzt, kann er seine Ressourcen und Fähigkeiten effektiv einsetzen. Diese Erkenntnis führt zu einer neuen Herangehensweise, bei der Sam lernt, seine Ziele und Ambitionen so zu kanalisieren, dass sie nicht zu Lasten seiner Selbstakzeptanz gehen.

Durch die Erfahrungen mit den Tieren und die Reflexionen im Coaching-Prozess beginnt Sam zu verstehen, dass wahres Wachstum auf ein stabiles Fundament aus Wohlbefinden braucht. Die neu entstehende Balance zwischen Sein und Werden ermöglicht es Sam, sich selbst und seine Systeme neu zu kalibrieren.

> **Impuls**
> Ähnlich wie Sam kannst du dich selbst fragen, wie du eine Basis aus Selbstakzeptanz schaffen kannst. Es hilft, dich durch die Augen anderer System-Mitglieder zu betrachten... Was würden diese an dir schätzen? Welche Ressourcen und positiven Einwirkungen auf das System würden sie identifizieren?

2.8.6 Nudging

Statt sich auf individuelle Verhaltensänderungen zu konzentrieren, geht es nun darum, Sams Grundhaltung innerhalb seiner Systeme – beruflich, privat und in der Beziehung zu sich selbst – sanft zu beeinflussen.

Sams Alltag ist geprägt von systemischen Wechselwirkungen. Beispielsweise reflektiert er nun, wie seine eigene Haltung im Büro nicht nur sein Wohlbefinden, sondern auch das Klima im Team beeinflusst- und umgekehrt. Er experimentiert damit, bewusst Pausen einzulegen, was nicht nur seine eigene Stressbelastung reduziert, sondern auch eine beruhigende

Wirkung auf seine Kolleg:innen hat. Ebenso gestaltet er den Umgang mit Mitarbeitenden weniger fordernd und wertschätzender – angelehnt Erfahrung mit den Meerschweinchen, als durch sein Nichtstun viel passiert ist. Er ist überrascht davon, wie schnell eine entspanntere positivere Atmosphäre entsteht, die wiederum auch auf ihn selbst abfärbt. Du erinnerst dich an die Feedback-Schleifen... [siehe „Traurigkeit und Freude" in diesem Kap. 3 und „Systeme" im Kap. 4 *Leitfaden]*.

In ihrer Rolle als Umweltaktivistin nimmt sich Sam vor, bewusst darauf zu achten, wie ihre Kommunikation und ihr Engagement andere inspirieren und motivieren können, ohne dabei auf das ständige „Mehr" zu drängen – im Gegenteil: sie sagt anderen nun das, was ihr selbst gefehlt hatte: „Du kannst nicht alle retten, und das wirst du akzeptieren müssen. Trotzdem darf es dir selbst gut gehen." So schafft sie eine Kultur der Anerkennung und Wertschätzung, die das Wohlbefinden der Gemeinschaft fördert – und tatsächlich einen größeren Workload bewältigbar macht. Denn in der Gewissheit zu können, aber nicht zu müssen, ist das Engagement aller deutlich motivierter.

Auch in Sams kreativem Schaffen als Künstler findet ein Umdenken statt. Statt sich von den Erwartungen anderer leiten zu lassen, fokussiert er darauf, wie seine Kunst Ausdruck seines eigenen (unperfekten) Seins sein kann und wie dies wiederum die Wahrnehmung seiner Werke durch das Publikum verändert. Er erkennt (langsam), dass Authentizität eine tiefere Resonanz findet als das ständige Streben nach Perfektion.

Durch die Interaktionen mit den Tieren hat Sam also gelernt, Beziehungen und Dynamiken auf einer Ebene der grundlegenden Akzeptanz und des Verständnisses zu gestalten. Dieses Verhalten überträgt er nun in seine menschlichen, privaten und beruflichen, Beziehungen, wodurch sich – natürlich – die Dynamiken in seinem sozialen Umfeld positiv verändern. Er hat sich also die Mechanismen der Akzeptanz und der positiven Feedbackloops zu Nutze gemacht: siehe „Akzeptanz" im Kap. 5 *Leitideen* und „Systeme" im Kap. 4 *Leitfaden*.

> **Impuls**
>
> Veränderung durch Nichtveränderung:
> Mach' ein Gedankenexperiment. Stell dir vor, du würdest in den von dir benannten Kontexten entspannter mit dir selbst und anderen umgehen, und du wärst völlig zufrieden, so wie es ist. Was würde sich – systemisch – verändern?

In aller Kürze

- Sam steht ständig unter dem Druck, sich zu verbessern und mehr zu erreichen, was zu Unzufriedenheit führt.
- Durch die Interaktion mit Tieren erfährt Sam die Wichtigkeit des „Seins" gegenüber dem ständigen „Werden" und erkennt die Bedeutung von Selbstakzeptanz.
- Insbesondere die Interaktion mit den Meerschweinchen, die so erfolgreich ist, weil Sam selbst fast nichts tut und einfach nur da ist, regt zum Umdenken an.
- Die Erkenntnisse aus der Tierinteraktion und dem Coaching ermöglichen Sam, ein neues Gleichgewicht zwischen Sein und Werden zu finden.
- Sam integriert systemisches „Nudging" in seinen Alltag, um die Wechselwirkungen in seinen verschiedenen Lebensbereichen positiv zu beeinflussen.
- Durch kleine, alltägliche Veränderungen schafft Sam eine Kultur der Anerkennung und Wertschätzung in seinem beruflichen und privaten Umfeld.

Literatur

Ein, N., Li, L., & Vickers, K. (2018). The effect of pet therapy on the physiological and subjective stress response: A meta-analysis. *Stress and Health, 34*(4), 477–489. https://doi.org/10.1002/smi.2812.

González-Ramírez, M. T., Ortiz-Jiménez, X. A., & Landero-Hernández, R. (2013). Cognitive-Behavioral therapy and animal-assisted therapy: Stress management for adults. *Alternative and Complementary Therapies, 19*(5), 270–275. https://doi.org/10.1089/act.2013.19505.

Yao, W., Zhang, X., & Gong, Q. (2021). The effect of exposure to the natural environment on stress reduction: A meta-analysis. *Urban Forestry & Urban Greening, 57*, 126932. https://doi.org/10.1016/j.ufug.2020.126932.

3

Leitfaden – Muster erkennen, Handlungsspielraum vergrößern

3.1 Systeme

Systeme sind allgegenwärtig. Oder zumindest kann die Welt so beobachtet werden. Aus diesem Blickwinkel heraus bilden sie die Grundlage für die Organisation und das Funktionieren der Welt in uns selbst und um uns herum. Vom kleinsten bis zum größten vorstellbaren Organismus kann man so ziemlich alles in systemischen Zusammenhängen betrachten. Ein Verständnis von diesen Systemen zu bekommen, oder, bescheidener ausdrückt: einen vorsichtigen Einblick zu wagen, kann dir dabei helfen, individuelle und kollektive Muster zu durchschauen und somit deinen Handlungsspielraum maßgeblich zu erhöhen. Denn um Phänomene aus allen denkbaren Bereichen des Lebens – Natur, Gesellschaft, Technologie… – verstehen zu können, sind Systeme ein zentrales Konzept. Aber was genau ist das, ein „System"?

Wir bezeichnen Gruppen von miteinander interagierenden Elementen oder Komponenten, die zusammenwirken, als „Systeme". Oft kann man ein System dadurch von seiner Umwelt (und von anderen Systemen) unterscheiden, dass man beschreibt, was es „nicht" ist, oder was „anders als…" ist. Wenn man zum Beispiel einen Bienenstock mit dem Baum, an dem er sich befindet, vergleicht, wird sofort klar, was „anders" ist; was das eine System vom anderen abgrenzt und es so als System erkennbar macht: Bewegung auf der einen Seite – Nicht-Bewegung auf der anderen Seite. Zusammenschluss einzelner, kleiner, fliegender Organismen auf der einen Seite – zusammenhängendes, festes Zellmaterial auf der anderen Seite. Und vieles mehr [siehe auch „Leitunterscheidungen" im Kap. 5 *Leitideen*].

Um ein umfassenderes Verständnis deiner eigenen Systeme aufzubauen, lohnt es sich also immer, zu schauen, durch welche Abgrenzungskriterien sie sich selbst definieren. Was sind sie *nicht*?

> **Impuls**
>
> Wenn du dir deine Systeme anschaust: wie grenzen sie sich von ihrer Umgebung bzw. anderen Systemen ab? Was ist „anders als..."? Woran merkst du, dass du dich gerade in diesem und nicht in einem anderen System befindest?

Die Elemente, also Einzelteile, eines Systems können auf verschiedene Arten miteinander verbunden sein, sei es durch physische Verbindungen, Kommunikation, biochemische Reaktionen, geteilte Räume oder andere Wechselwirkungen.

Ein Beispiel aus der Biologie ist die Zelle. Die Zelle ist ein komplexes System, das aus verschiedenen Organellen besteht, die zusammenarbeiten, um einem größeren, übergeordneten System lebenswichtige Funktionen zu ermöglichen. Jede Organelle hat ihre spezielle Aufgabe, aber sie sind alle miteinander verbunden und tragen zur Gesamtfunktion der Zelle bei. Jede Zelle ist darauf ausgerichtet, zu überleben; anders gesagt: sich selbst zu erhalten. Sie kann selbst Bestandteile erzeugen, die ihre Struktur erhält – und die Struktur wiederum bringt die Bestandteile hervor. Es ist also ein ständiger Prozess der „Selbsterzeugung" „Selbsterhaltung". In der Wissenschaft nennt man dies auch „Autopoiese". Dieses Konzept spielt eine zentrale Rolle in der Systemtheorie und folglich auch in der systemischen Arbeit.

Wenn wir von der Zellebene etwas hinauszoomen, sieht es ähnlich aus: Organismen, die aus Zellen bestehen, können abgestorbene Zellen durch neue ersetzen, und erhalten sich so selbst. Der Organismus „Körper" verfährt täglich millionenfach auf diese Art mit Körperzellen – ständig sterben welche und werden durch neue ersetzt. Das funktioniert natürlich nicht immer auf genau die gleiche Art und auch nicht für immer und ewig. Zunächst geht es schnell und reibungslos – wir wachsen und gedeihen – und später irgendwann werden die Erneuerungsprozesse langsamer, mühsamer, fehlerhafter – wir altern und verfallen.

Der Körper ist ein anschauliches Beispiel dafür, dass ein System etwas anderes ist als sie Summe seiner Einzelelemente. Diese sind, wie unsere Körperzellen, austauschbar – das System hört jedoch nicht auf, zu existieren, wenn einzelne Elemente (solange es nicht zu viele sind) wegbrechen. Allerdings ändert sich das System mit dem Austausch oder der Veränderung einzelner Elemente – auch dies können wir an unseren Körpern beobachten: unser System verändert sich mit der Veränderung unserer Zellen: wir altern! Erst wenn die Struktur des Systems wegen eines gehäuften Ausfalls oder einer sehr starken Veränderung vieler Einzelelemente nicht mehr erhalten werden kann, zerfällt (bzw. stirbt) das System.

Wir könnten nun weiter hinaus zoomen bis wir beim Universum als Ganzes ankommen: überall finden wir Systeme, die aus Einzelteilen bestehen (die wiederum kleinere Systeme sein können), die individuell ersetzbar sind und die Struktur des Ganzen nur in geringem Maße beeinflussen.

3.1.1 Psychische Systeme

Einige Theoretiker:innen und Wissenschaftler:innen übertragen diese Fähigkeit von biologischen Organismen, Autopoiese (Selbstschaffung und Selbsterhaltung) durchzuführen, nun auf psychische Systeme (also auf unser Bewusstsein) und sogar soziale Systeme (also beispielsweise Familien, Wirtschaft, Politik, Kirche, etc.). Auch diese, so die Theorie, erschaffen und erhalten sich selbst, indem sie Einzelelemente erzeugen und daraus wiederum eine Struktur bilden, die diese Einzelelemente erzeugen kann.

Das bedeutet:

1. ein Bewusstsein konstruiert über Sinnesleistungen und Gedächtnis seine eigene Struktur, also die eigene Realität, …
2. … erzeugt mit dieser Vorstellung der Realität neue Einzelelemente (also Eindrücke, Beobachtungen, Sinneswahrnehmungen, Gedanken) und
3. integriert diese dann wiederum in die eigene Struktur.

Unsere individuelle Psyche baut so durch Erfahrungen und deren Verarbeitung Muster, Glaubenssätze und Vorstellungen auf, und ordnet neu ankommende Eindrücke in diese bestehenden Strukturen ein. Denn ohne diese Selektions- und Organisationsprozesse wäre die Welt viel zu komplex für uns. Dieses ständige (Ein-)ordnen wiederum stellt die Kernstruktur unserer Psyche dar.

Ein Beispiel: Sara glaubt fest daran, dass sie von anderen abgelehnt wird. Dieser Glaubenssatz ist ein zentrales Element ihres psychischen Systems und beeinflusst ihre Wahrnehmung. Sie interpretiert zwischenmenschliche Interaktionen oft als Ablehnung, selbst wenn es für eine andere beobachtende Person keine klaren Anzeichen dafür gäbe. Ihr mentaler Prozess organisiert sich selbst automatisch so, dass er auf die Bestätigung des „ich werde abgelehnt"-Glaubenssatzes ausgerichtet ist. Logischerweise reproduziert dieser sich folglich selbst, da Sara Ablehnung bereits erwartet und oft defensiv reagiert, was dann tatsächlich zu Ablehnung und Spannungen in ihren Beziehungen führen kann.

Wenn Sara nun etwas über Konzept der Autopoiese erfährt, ist es ihr vielleicht möglich, ihre eigenen Kontruktionen (aus der theoretischen Distanz heraus) reflektierter zu betrachten und so vorsichtig Veränderungen herbeizuführen.

Inwieweit du mit dieser radikal konstruktivistischen Idee der sich selbst konstruierenden und erhaltenden psychischen Systeme mitgehen kannst und möchtest, überlassen wir dir selbst. Wir finden allerdings, dass es aufschlussreich sein kann, zu überlegen, welche unserer Ideen, Muster und Glaubenssätze sich immer wieder „bestätigen" – oberflächlich betrachtet zumindest. Dann können wir uns selbst fragen, wie wir diese Muster aufgebaut haben und wie wir Wahrnehmungen selektieren, *sodass* sie sich immer wieder bestätigen.

Wenn wir der Idee, unsere psychischen Systeme mit biologischen zu vergleichen, noch ein wenig folgen, bekommen wir auch eine interessante Perspektive auf Veränderungsprozesse: Sind einzelne Elemente (also in diesem Fall Gedanken oder Verhaltensweisen) komplett „anders", so passen sie einfach nicht (mehr) in das System. Sie werden nicht erkannt oder sogar abgestoßen. Die Idee, dass sie nun auf Anhieb von allen Menschen geliebt wird, zum Beispiel, wäre so anders als Saras bisherige Überzeugungen, dass sie wahrscheinlich von ihren bisherigen Denkmustern nicht angenommen werden würde. Verändern sich Einzelelemente, in unserem Fall Saras Gedanken, aber nur so viel, dass das System sie noch erkennt, dürfen sie weiterhin Teil desselben bleiben. Über diese leichten Veränderungen der Einzelelemente verändert sich in der Folge das gesamte System. Der Gedanke „normalerweise werde ich abgelehnt, heute allerdings fand mich jemand ganz okay", würde schon eher in Saras Denksystem passen – und den Weg für weitere kleine Veränderungen ebnen.

> **Impuls**
>
> Beobachte dich selbst: Welche ganz festen Glaubenssätze und Überzeugungen hast du? Denke nun an eine Situation zurück, in der diese Überzeugungen besonders präsent waren: wie haben deine Wahrnehmungen und Eindrücke zu diesen Überzeugungen gepasst? Wenn du die Situation von außen oder oben beobachtet hättest: was hast du nicht gesehen, weil es nicht in dein Muster gepasst hat?

3.1.2 Soziale Systeme

Die größeren sozialen Systeme konstruieren sich in Abgrenzung von ihrer Umwelt ebenso, indem sie Informationen nach ihrer Relevanz (für das jeweilige System) selektieren. Sie erzeugen so ihre Kernthemen und Kernideen selbst, und diese wiederum erschaffen, erhalten und erneuern das System.

Nehmen wir als Beispiel für ein soziales System einen Fanclub eines Eishockeyvereins. Die verbale, aber auch nonverbale Kommunikation (z. B. Kleidung) der Mitglieder bezieht sich zu großen Teilen auf Eishockey, insbesondere auf ihre Begeisterung dafür. Es werden Eindrücke und Wahrnehmungen geteilt, die sich auf dieses Kernthema beziehen. In dieser Kommunikation wird dann wiederum genau die Begeisterung erzeugt (olé!), die das System als solches definiert (denn außerhalb des Systems wird man kaum mit großem Enthusiasmus Adler, Grizzlys oder Haie abfeiern). Auch hier gilt, dass ein als komplett „anders" eingeordnetes Element nicht am System andocken wird – zum Beispiel eine Person, die keinerlei Interesse am Eishockey hat. Man kann also durch ein komplett konträres Verhalten – Nichtbegeisterung oder Desinteresse – keine Veränderung im System „Fanclub" bewirken. Im Gegenteil: Damit wäre man einfach „raus". Veränderungen in der Struktur des Clubs würden eher durch leichte, sanfte „Störungen" [siehe „Störungen" im Kap. 5 *Leitideen*], zum Beispiel die Uneinigkeit über ein bestimmtes Spiel oder die Vereinsfarben, entstehen.

Wieso erzählen wir dir dies überhaupt? Ganz einfach: weil wir in unserer Praxis immer wieder beobachten, dass Menschen versuchen, eine Veränderung ihres jeweiligen Bezugssystems „mit dem Hammer" zu erreichen. Wenn man nur hart genug dagegen vorgeht, wird sich das System schon ändern – so die Idee. Dabei wird allerdings das Bestreben des Systems zur Selbsterhaltung unterschätzt, und je härter gegen die Strukturen vorgegangen wird, desto stabiler hält es dagegen.

Wir halten es daher für eine ziemlich gute Idee, den Hammer erst einmal stecken zu lassen zu überlegen, welche Ideen, Strukturen und Muster (wir könnten auch sagen „Codes" oder „Leitunterscheidungen" – [siehe „Leitunterscheidungen" im Kap. 5 *Leitideen*] so essenziell im System sind (es vielleicht sogar definieren), dass sie höchstwahrscheinlich auch bei aggressivsten Angriffen nicht aufgegeben werden. Bist du Lehrer:in an einer Schule, ist es unwahrscheinlich, dass die Idee von „Leistung" und „Überprüfung" abgeschafft wird, egal wie sehr du dir das wünschst. Arbeitest du in einer Unternehmensberatung, ist es nicht ratsam, davon auszugehen, dass du das Prinzip der Gewinnmaximierung loswirst. Oder auch weniger offensichtlich:

wenn deine Familie über Generationen hinweg wirtschaftliche Erfolge als Maßstab für die Wertigkeit ihrer Mitglieder gesetzt hat, kannst du nicht unbedingt damit rechnen, für deinen Selbstversorger:innengarten inkl. Bauwagen abgefeiert zu werden. Oder umgekehrt.

Veränderungen können in diesen Systemen allerdings schon entstehen: nämlich dann, wenn die Ideen, Prozesse und Muster noch als Teil des Systems erkennbar sind, und die Störungen so fein und sanft, dass es dem System möglich ist, sie aufzunehmen, ohne sich dabei selbst abzuschaffen. Immerhin hat das System auch ein Interesse daran, sich veränderten Bedingungen (also Veränderungen im System selbst, aber auch Veränderungen in der Umwelt) anzupassen, um weiterhin möglichst störungsfrei und reibungslos zu funktionieren…

3.1.3 Systeme und ihre Umwelt

Unsere Systeme reagieren auf wahrgenommene Irritationen aus der Umwelt [siehe „Nudging" im Kap. 4 *Leitfaden*]. Nehmen wir ein Beispiel aus der Biologie: Körper reagieren auf umgebende Temperaturen. Wenn die Umgebungstemperatur sehr hoch ist, und somit die Körpertemperatur eines Menschen (oder auch die eines Pferdes, beispielsweise) steigt, beginnt der Körper zu schwitzen, um sie wieder zu senken. Wenn sie zu niedrig wird, zittern wir, um Wärme zu erzeugen. Das System Körper hat also Informationen (Hitze! Kälte!) aus der Umgebung erspürt und darauf reagiert; es hat sich angepasst.

Man kann auch diese Idee auf abstraktere Systeme übertragen: unsere Psyche ist in der Lage, strukturelle Veränderungen vorzunehmen, indem sie sich mit ihrer Umwelt – darunter andere psychische Systeme – auseinandersetzt. Einfach ausgedrückt: durch den Austausch mit anderen können wir unsere Muster, Glaubenssätze und Gedanken verändern. Wenn dieser Austausch intensiv und häufig stattfindet, und man sehr aufeinander bezogen (oder: aneinandergekoppelt) ist, als Paar, Familie oder langjährige Wegbegleiter:innen, laufen diese Veränderungen in Abstimmung miteinander ab – du kennst sicher das Gefühl, dich mit jemandem gemeinsam entwickelt zu haben, oder aneinander bzw. miteinander gewachsen zu sein.

Der Mechanismus, dass sich dein eigenes, persönliches „Mindset" mit anderen „Mindsets" austauscht und somit entwickelt, geschieht ganz automatisch – du kannst ihn aber für dich nutzen, indem du ihn beobachtest und bewusst in den Austausch hinein gehst: wo und wie „verstören" die Ideen und Gedanken der Anderen deine eigenen Glaubenssätze? Wie trägt dies zu deiner Entwicklung bei?

> **Impuls**
> Erinnere dich an eine soziale Interaktion, die dich noch lange danach beschäftigt hat und über die du noch viel nachgedacht hast. Welches deiner „festen Muster" war in der Situation besonders präsent?
> - Welche Rolle spielte dieses Muster in der Situation? Wie haben die Ideen und Verhaltensweisen der anderen Menschen deine eigenen Überzeugungen beeinflusst oder sogar „verstört"?
> - Hast du Veränderungen in deinem Denken oder Verhalten bemerkt, auch in der späteren Reflexion?
> - Wie hat dieser soziale Austausch dazu beigetragen, dich zu entwickeln oder neue Perspektiven zu gewinnen?

Auch soziale Systeme verändern und entwickeln sich in Abhängigkeit von ihrer Umwelt. Werfen wir also nun einen Blick auf soziale Systeme wie Familien, Unternehmen oder zwischenmenschliche Beziehungen. Diese Systeme sind in einer breiteren Umgebung eingebettet, die von verschiedenen externen Systemen beeinflusst wird, wie zum Beispiel Bildungseinrichtungen, kulturelle Einflüsse oder gesellschaftliche Normen.

Nehmen wir das Beispiel einer Familie, die einfach nur umzieht – in ein anderes Land vielleicht, auf einen anderen Kontinent oder einfach „nur" in ein anders Dorf. Mit diesem Umzug ist die kulturelle Umgebung ist eine andere, als sie es zuvor war. Und als externes System beeinflusst sie die Familie. Die Familie passt sich in ihrer Struktur, also beispielsweise der Ausgestaltung der Rollen oder der Interaktion miteinander, vielleicht der neuen Kultur an – oder eben nicht: vielleicht legt sie nun noch mehr Wert darauf, die eigenen Herkunftskultur und die damit einhergehenden familiären Dynamiken zu bewahren. In jedem Fall verhält sie sich irgendwie zu der Veränderung in der umgebenden Kultur, denn sie kann sich gar nicht nicht dazu verhalten – und somit entstehen auch im System Familie Veränderungen.

In der Geschäftswelt sehen wir ähnliche Anpassungen. Unternehmen operieren in einem komplexen System aus Zuliefer:innen, Kund:innen und Wettbewerber:innen. Sie müssen sich an veränderte Marktbedingungen anpassen, die durch diese und andere externe Faktoren wie technologische Entwicklungen oder gesetzliche Vorschriften beeinflusst werden. Diese Anpassungen können Änderungen in der Produktentwicklung, Marketingstrategien oder Unternehmenskultur umfassen.

Auch in romantischen Beziehungen finden ständig Veränderungen und Anpassungen der Beziehungsgestaltung durch die Interaktion mit ihrer Umwelt statt. Zum Beispiel kann eine Partnerschaft von den kulturellen Erwartungen und sozialen Normen beeinflusst werden, die in der umgebenden Gesellschaft herrschen. Man passt sich an. Man rebelliert dagegen. Man bleibt als Paar in der Latenz. Man erfüllt oder enttäuscht Erwartungen. Die Beziehung wird enger. Die Beziehung zerbricht. Und so weiter.

Der Mechanismus, durch den soziale Systeme sich durch die Interaktion mit ihrer Umwelt verändern, ist allgegenwärtig. Indem du diese Wechselwirkungen bewusst beobachtest, kannst du ein besseres Verständnis dafür entwickeln, wie soziale Systeme sich an ihre Umgebung anpassen und wie du diesen Anpassungsprozess, in dem er dir bewusst ist, aktiv mitgestalten kannst.

> **Impuls**
>
> Kannst du dich an eine essenzielle Veränderung in einem deiner Systeme, deiner Familie, deiner Beziehung in deiner Arbeitsumgebung, erinnern? Welche Dynamiken haben sich wie verändert?
>
> Gab es möglicherweise Veränderungen in der Umgebung, die damit zu tun hatten?

Du bemerkst: Insgesamt ermöglicht uns die „Systeme-Brille", also ein Fokus auf die Konstruktion, Erhaltung, Anpassung und Veränderung von Systemen, die Welt in all ihrer Vielfalt und Komplexität ein klein wenig differenzierter zu reflektieren – und Prozesse, die uns oft unerklärlich und willkürlich erscheinen, erklärbar zu machen.

> **In aller Kürze**
> - Systeme können allgegenwärtig beobachtet werden.
> - Ein System besteht aus Elementen, die miteinander interagieren.
> - Systeme grenzen sich durch Unterscheidungen von ihrer Umwelt ab.
> - Systeme sind in der Lage, Einzelelemente zu (re)konstruieren und sich selbst zu erhalten.
> - Psychische Systeme, wie unser Bewusstsein, konstruieren ihre Realität durch Selektion und Organisation von Eindrücken und Gedanken, was zur Bildung von Mustern und Glaubenssätzen führt.
> - Soziale Systeme, wie Beziehungen, Unternehmen, Politik oder Wissenschaft, konstruieren sich in Abhängigkeit von ihrer Umwelt, indem sie für sie relevante Daten aus der Umgebung filtern.
> - Veränderung entsteht, wenn Einzelelemente sich verändern (von innen)
> - Veränderung entsteht auch durch die Interaktion mit der Umwelt (von außen)
> - Radikale Veränderungen stoßen oft auf Widerstand seitens des Systems, da sie dem Selbsterhaltungsbestreben entgegenstehen.

- Wissen über Systemprozesse und -theorien hilft, eigene Konstruktionen und Muster, sowie die von Systemen zu erkennen.
- So wird es möglich, den Veränderungsprozess aktiv mitzugestalten

3.1.4 Systeme und Tiere

Wenn Systeme analysiert werden, finden nichtmenschliche Lebewesen meistens nicht sonderlich viel Beachtung. Das kann daran liegen, dass es traditionell eher sprachliche Kommunikationen sind, die untersucht werden, wenn man nach Strukturen und Mustern schaut. Unserer Erfahrung nach sind die Interaktionen mit Tieren und anderen Lebewesen allerdings gerade dann relevant, wenn es um Veränderungsprozesse geht: durch die „andere", also nicht-sprachliche, nicht-menschengemachte Herangehensweise kommt eine Veränderung ja bereits automatisch mit ins System. Man interagiert „anders" und erlebt so neue Ressourcen, Dynamiken und Muster.

In unserer Arbeit mit Systemen wie Familien oder Teams stellt sich insbesondere das Beobachten anderer Mitglieder des Systems in der Interaktion mit Tieren als echter „turning point" dar: Hier werden bisher übersehene Ressourcen und Fähigkeiten der Anderen plötzlich sichtbar.

Auch eine gemeinsame Interaktion mit dem Tier bewirkt eine Veränderung, da der Hauptfokus nicht mehr auf den eingeschliffenen Mustern, sondern auf etwas Neuem, einer unbekannten Interaktionsweise, liegt, die Neugier [siehe „systemische Haltung" im Kap. 5 *Leitideen*] also per se da ist...

3.2 Anliegen

Der eigentliche Kern der systemischen Arbeit ist es, das sogenannte „Anliegen" zu „klären". Klingt banal, ist aber tatsächlich komplexer, als man meinen könnte, und kann Stunden (oder Tage, oder Wochen) dauern.

3.2.1 Bauchgefühl vs. Anliegen

Einfach ausgedrückt ist das Anliegen das, was wir als zu bearbeitendes Thema, als Problem, Herausforderung, oder Konflikt (du kannst hier gern noch mehr ähnlich geartete Begriffe hinzudenken) in einen Prozess mitbringen, mit dem Ziel, es in diesem aufzulösen. Du stellst dir jetzt vielleicht vor, dass man ein Anliegen in einem knappen und konkreten Satz ausformuliert und dann loslegen kann. Schön wäre das schon. Aber wenn wir an unsere eigenen Anliegen (also Schwierigkeiten, Probleme, Konflikt usw.) denken, fällt schon auf, dass es in der Praxis gar nicht so einfach ist. Denn oft entsteht eine Vorstellung des Anliegens eher „aus dem Bauch heraus" – es ist gar nicht so klar sichtbar, greifbar oder gar verbalisierbar, wie man es gernhätte. Die Menschen, mit denen wir arbeiten, berichten regelmäßig von einer gewissen Nichtstimmigkeit, wenn sie versuchen, ihr Anliegen in Worte zu fassen, oder für sich selbst klar zu konzipieren. Es ist eben nicht leicht, ein Gefühl zu rationalisieren und stringent wiederzugeben... oder, noch komplizierter: mehrere Gefühle – denn eins kommt ja nur sehr selten allein.

3.2.2 Anliegengeflechte

... und weil das so ist – weil Gefühle und Intuitionen, aber auch Eindrücke, Ideen und überhaupt alles, was uns als Lebewesen ausmacht, nicht isoliert dastehen, sind auch unsere Anliegen naturgemäß komplex und wahrscheinlich eher als Anliegengeflechte zu verstehen. Eins ist mit den anderen verwoben, und es aus dem Geflecht herauszuziehen, um es genauer zu betrachten, ist schon eine Kunst für sich. Wundere dich also nicht, wenn es dir schwerfällt, ein Anliegen zu formulieren – es ist kompliziert!

3.2.3 Fluidität von Anliegen

Um es noch komplizierter zu machen, erinnern wir dich an dieser Stelle daran, dass Anliegen nicht nur schwer greifbar, schwer verbalisierbar (#bauchgefühl) und schwer isolierbar (#anliegengeflechte) sind, sondern auch noch fluide. Du veränderst dich. Deine Systeme verändern sich [siehe „Systeme" im Kap. 4 *Leitfaden*]. Also verändern sich deine Anliegen auch! Vielleicht sogar von einer Stunde auf die andere – je nach Tagesform/Stimmung/Umständen. Das ist völlig normal, sorgt aber manchmal für eine gewisse Frustration: gerade hatten wir doch noch eine total klare Vorstellung davon, was unser eigentliches Kernproblem ist – und jetzt passt das schon nicht mehr.

3.2.4 Systemischer Blick auf Anliegen

Wenn wir sie systemisch betrachten (und das tun wir) sind Anliegen nicht als individuelle Defizite, Fehler oder sogar Störungen zu verstehen. Sie sind eher Herausforderungen, die in systeminterner (oder -externer) Interaktion entstehen – vielleicht kannst du sie dir als Sackgassen oder Verknotungen in einem komplexen System, indem verschiedene Elemente miteinander verbunden sind, vorstellen. Die Aufgabe ist es nun, diese Verknotungen zu erkennen, also zu sehen, wo sie sich befinden und welche Strukturen betroffen sind. Diese Art von Blick auf das, was man oft vage als „Problem" beschreibt, hat den Vorteil, dass wir nicht die Gesamtlast auf der Indexperson abladen („dein Problem/ deine Störung/ deine Krankheit…"), sondern die Entwicklung von Konflikten/Herausforderungen aus Systemen heraus erklärbar – oder zumindest verstehbar – macht. Gleichzeitig verleiht dieser Blick aber der Indexperson die Wirksamkeit, bereits durch das Erkennen und Formulieren des Anliegens problematische System-Muster zu erkennen und damit bearbeitbar zu machen.

3.2.5 Anliegen klären durch Interaktion mit „Anderen"

In unseren Workshops bitten wir die Teilnehmenden, ihre Anliegen zu formulieren. „Ich kann mich nicht abgrenzen." „Ich bin unsicher in meiner Führungsrolle." „Ich bin nicht gut darin, Entscheidungen zu treffen.", sind einige der typischen Formulierungen, oft ergänzt durch „… ach, weiß auch nicht, so ganz genau ausdrücken kann ich es nicht", oder „was ich gerade gesagt habe, trifft es irgendwie nicht zu 100 %." Zu einem späteren Zeitpunkt laden wir die Teilnehmenden zu einer Interaktion mit unseren Tieren ein, die wir so gestalten, dass wir das ausgesprochene Anliegen beobachten können – z. B. ein Pferd bürsten oder führen, oder mit unserem Hund spazieren gehen. In dieser Interaktion bekommen wir einen Blick auf das Anliegen, der weit über die Erzählung der Indexperson hinausgeht – wir sehen es quasi „live" und ungefiltert. Oft zeigt sich dann ein unerzählter, unausgesprochener Aspekt des Anliegens [siehe Kap. 3 *Fallbeispiele*], oder das Anliegen wandelt sich, wie im Falle einer Teilnehmerin, die nach der Interaktion mit unserem Pferd sagte: „Eigentlich habe ich gar nicht per se ein Problem mit Abgrenzung, wie ich vorher dachte. Ich möchte mich manchmal einfach nicht abgrenzen. Das ist mir gerade klar geworden. Ich habe eher ein Problem damit, dass Andere Abgrenzung von mir erwarten, und ich als schwach dargestellt werde, wenn ich es nicht tue. Das sehe ich jetzt viel klarer." Tatsächlich berichteten bisher alle Teilnehmende eine „klarere Sicht" auf ihr Anliegen nach der Interaktion mit unseren (oder anderen) Tieren.

Vielleicht kommt die Klarheit daher, dass in der Interaktion mit Tieren das „Bauchgefühl", das mit dem Anliegen einhergeht, und das wir zu

Anfang dieses Kapitels thematisiert haben, im Vordergrund steht, und es nicht in Worte umgewandelt werden muss, sondern unmittelbar erfahren werden kann. Paradoxerweise wird also gerade dadurch, dass nicht sprachlich vorsortiert werden muss, ein Muster deutlicher erkennbar.

3.3 Form

Anliegen bzw. Probleme oder Konflikte werden oft inhaltlich betrachtet – das ist ganz normal, denn der Inhalt ist schließlich, *um was es geht:* Wir streiten mit unseren Nachbarn um die Hecke zwischen den Grundstücken. Wir regen uns darüber auf, dass unser Partnerchen für 6000 € Kram bei Amazon bestellt hat. Wir finden es nur so halb lustig, dass unsere 4-jährige Tochter mit orangefarbigem Edding einen 80 cm großen Dino an die weiße Wand gemalt hat. Dies alles sind Inhalte, die uns beschäftigen. Also suchen wir auch auf der Inhaltsebene nach Lösungen: Neuvermessung der Grundstücke. Eine Diskussion mit Partnerchen darüber, dass der Kleiderschrank doch schon zum Bersten voll sei. Terpentin.

Wir schauen uns also, wenn es schwierig wird, meist spezifische Aktionen an, und die Reaktionen darauf, und bringen diese miteinander in Verbindung. Mein Nachbar rastet aus, *weil* unsere Hecke auf sein Grundstück wächst. Wir sind fast pleite, *weil* mein Partnerchen so viel Geld ausgibt. Der Tag ist stressig, *weil* wir diesen Edding-Dino von der Wand schrubben müssen. Diese Betrachtungsweise ist relativ simpel und alltäglich, allerdings fehlt ein entscheidender Zwischenschritt: Aktion und Reaktion beziehen sich ja nicht nur aufeinander, sondern beiden liegen Strukturen, (Denk-)muster oder Glaubenssätze zugrunde.

Vielleicht gibt es Annahmen über sich selbst oder die Welt, die zur Wut des Nachbarn führen (die Hecke ist nur der Katalysator) – es könnte so etwas wie „nie werden meine Grenzen respektiert!" sein. Vielleicht sorgen Muster aus meiner Herkunftsfamilie dafür, dass ich Angst habe, zu die Kontrolle zu verlieren. Vielleicht ist es gar nicht der Dino, der den Tag stressig macht, sondern eine Anspannung, die wir in unserer Kernfamilie fühlen, und die wir uns nicht so recht erklären können.

Wir könnten uns also fragen: von welchen Strukturen werden Aktion und Reaktion jeweils getragen? Strukturen können hierbei sowohl die Glaubenssätze einer Person als auch eingeschliffene Dynamiken in einer bestimmten Konstellation von Personen sein [vgl. „Systeme" im Kap. 5 *Leitideen*].

Wenn man es aus dieser Perspektive betrachtet, sind die Inhalte oft austauschbar. Die Hecke könnte genauso gut eine Geräuschkulisse sein. Der Amazon-Shopping-Spree könnte durch anderes nicht von mir kontrollierbares Verhalten meines Partnerchens ersetzt werden. Der Edding-Dino an der Wand könnte ebenso gut die Vorstellung sein, man könne als Vierjährige im November barfuß aus dem Haus gehen. Allerdings bleiben in diesen Alternativszenarien die Formen, also die zugrunde liegenden Annahmen über die Welt, oder Strukturen im Umgang miteinander, gleich. Worum geht es also „eigentlich" jeweils? Szenario eins dreht sich vielleicht um Grenzen, Selbstbestimmung oder auch Macht. Szenario zwei um Kontrolle und Kontrollverlust. Szenario drei möglicherweise um bestimmte Vorstellungen von Harmonie und um Erwartungserwartungen.

Und damit kommen wir einer nachhaltigen Veränderung näher – wenn wir nicht nur zweidimensional auf Aktion und Reaktion schauen, sondern – dreidimensional – auch auf die Kontexte, die beide ja maßgeblich bedingen.

Eine Veranschaulichung: Nehmen wir an, wir fühlen uns überhaupt nicht wohl in unserem Haus. Anstatt ständig neue Bilder aufzuhängen oder die Möbel auszutauschen, also die Inhalte zu bearbeiten, könnten wir uns fragen, ob es an der Struktur liegt: Vielleicht hat es gar nicht genug Fenster und wir sitzen ständig im Dunkeln. Vielleicht ist das Dach undicht und es tropft uns auf den Kopf. Vielleicht steht es an einem Ort, an dem wir nicht leben wollen … Du verstehst die Idee!

Wenn wir lernen, die Form unserer Denk- und Interaktionsmuster zu analysieren, werden wir ein tieferes Verständnis für uns selbst, unsere Systeme, und unsere Handlungsräume bekommen, und so eine größere Wirksamkeit und langfristige Veränderungen erreichen können.

Es lohnt sich, auf die nachfolgenden formalen Strukturen zu schauen.

3.3.1 Set of Believes – Glaubenssätze

Dies bezieht sich auf unsere Annahmen über die Welt. Es sind Grundannahmen, die fest verwurzelt sind und unsere Sicht auf die Dinge sowie unser Handeln maßgeblich prägen, z. B.: „Man kann sich auf niemanden außer sich selbst verlassen", oder aber, gegensätzlich dazu: „Irgendjemand wird mich schon auffangen, wenn ich ein ernstes Problem habe." Diese Grundannahmen tragen wir ständig mit uns herum, und sie beeinflussen grundlegend, wie wir Situationen und Interaktionen deuten.

> **Impuls**
> Du könntest dich in einer Konfliktsituation, oder jeder anderen Situation, die dich berührt, einmal fragen: worum geht es „eigentlich". Welche Annahmen über mich oder die Welt habe ich, die zu meiner Betroffenheit führen? Welche Dynamiken haben sich eingeschliffen, sodass dieses Problem entstehen kann?

3.3.2 Kultur

In der systemischen Arbeit bezieht sich „Kultur" auf gemeinsame Normen, Werte, Verhaltensweisen und Rituale in sozialen Systemen. Diese beeinflussen, wie Menschen miteinander interagieren. Kultur kann auf verschiedenen Ebenen analysiert werden, z. B., wie sie auf Konflikte wirkt oder auf individuelle Entscheidungen. Die kulturelle Dynamik eines Systems zu verstehen, ist wichtig, um tief verwurzelte Muster zu identifizieren, die in der konkreten Konfliktsituation selbst nicht unbedingt ersichtlich sind. Gerade wenn große Uneinigkeit bezüglich der Vorstellungen zweier Individuen – wir denken hier an Paare – herrscht, ist es lohnend, sich die jeweils prägende Kultur dieser Personen genauer anzuschauen und einen gegenseitigen Blick darauf zu ermöglichen. Oft führt dies zu einem erhöhten Verständnis für die „Gegenseite".

> **Impuls**
> Denke an eine Konfliktsituation, beispielsweise in deiner Beziehung oder am Arbeitsplatz. Wie hat die Kultur, in der du sozialisiert wurdest, deine Position in diesem Konflikt beeinflusst? Stell dir nun vor, du seist in einer ganz anderen Kultur mit ganz anderen Werten sozialisiert worden. Inwiefern wäre deine Haltung in dieser Konfliktsituation anders?

3.3.3 Rollenverteilung

„Rollenverteilung" meint die Zuweisung von Aufgaben, Verantwortlichkeiten und Positionen innerhalb eines sozialen Systems. Dies kann sich auf Familien, Organisationen oder andere Gruppen beziehen. Die Rollenverteilung beeinflusst die Interaktion zwischen Individuen, und vor allem die Erwartungen an sich selbst und Andere, maßgeblich. Veränderungen in der Rollenverteilung, oder das Ausfallen einer Rolle (jemand wird krank, tritt aus dem System aus oder entscheidet, die Rolle künftig nicht mehr zu „spielen"), kann tiefgreifende Veränderung der Interaktionen und Dynamiken bewirken.

> **Impuls**
> Welche Rollen nimmst du in deinen unterschiedlichen Systemen ein? Und: betrachte ein System genauer. Das kann deine Familie, dein berufliches Umfeld oder jedes andere soziale System sein. Wie sind dort die Aufgaben und Verantwortungen verteilt?

3.3.4 Hierarchien

Hierarchien haben mit der Rollenverteilung zu tun, gehen aber darüber hinaus: Sie definieren die Art und Weise, wie Macht, Autorität und Entscheidungsfindung in einem sozialen System organisiert sind. Hierarchien schleichen sich auch in die Systeme ein, in denen man sie auf den ersten Blick nicht vermuten würde, in Familien beispielsweise, oder in Freundeskreise. Das Verständnis der Hierarchien innerhalb eines Systems ermöglicht es uns, Haltungen, Handlungen und Entscheidungen einzelner besser nachvollziehen zu können. Extrem ausgedrückt, könnte man sich fragen: Wer übt Macht aus? Über wen wird verfügt? Oft sind Hierarchien nicht direkt offensichtlich, und sie manifestieren sich nicht in jeder beliebigen Situation deutlich – eher sind sie subtil spürbar. Gerade deswegen lohnt es sich, analytisch heranzugehen und zu überlegen, wie (wann, wo) Autorität und Macht im System verteilt ist.

> **Impuls**
> Auch in diesem Kontext laden wir dich zu einer Systemanalyse ein. Versuche, nachzuvollziehen, wie bisher in einem bestimmten System Entscheidungen getroffen wurden. Wer hat entschieden, und auf welcher Grundlage?

3.3.5 Kommunikationsmuster & Interaktions-Codes

Die Art und Weise, wie Kommunikation in spezifischen Konstellationen normalerweise abläuft. Wie sprechen Menschen miteinander, wie interagieren sie nonverbal? Manchmal haben sich sogar Rituale in der Interaktion bestimmter Personen etabliert (Tom sagt seinem Ehemann beispielsweise immer, wenn dieser von der Arbeit kommt, dass er ihn liebt). Spannend ist auch, darauf zu schauen, was geschieht, wenn sich diese Muster verändern (wie wirkt es sich auf die Beziehung aus, wenn der Ehemann zuerst etwas sagt oder Tom ausnahmsweise die verbale Äußerung durch eine Umarmung ersetzt?).

Interaktions-Codes sind Teil davon: es sind die ungeschriebenen Regeln und Konventionen, die den Umgang miteinander und die Kommunikation in sozialen Systemen prägen. Diese impliziten „Vorschriften" bestimmen, wie Menschen miteinander in Kontakt treten und aufeinander reagieren. Durch die Analyse und das Verständnis der Codes können tieferliegende Muster und Dynamiken innerhalb des Systems aufgedeckt werden. Die bewusste Auseinandersetzung mit den Interaktions-Codes ermöglicht es Missverständnisse zu minimieren und eine effektivere Zusammenarbeit und Beziehungsgestaltung zu erreichen. In einer Familie gibt es möglicherweise eine unausgesprochene Interaktions-Regel, die besagt, dass bestimmte Themen vermieden werden sollten, um Konflikte zu vermeiden. Dies könnte dazu führen, dass existentielle Konflikte oder Emotionen unterdrückt werden, was langfristig zu Spannungen und Unzufriedenheiten führt. Sobald man diesen Code erkennt, kann man einen Umgang damit finden und ihn eventuell sogar anpassen oder auflösen.

> **Impuls**
>
> Es klingt einfacher, als es in der Beobachtung tatsächlich ist: welche Kommunikationsmuster (oder, einfacher: -rituale) nimmst du in deinen Systemen wahr? Beobachte zunächst die der Anderen, dann, und das ist die König:innendisziplin, deine eigenen…
>
> Fallen dir auf Anhieb bestimmte Codes (also Regeln) in deinem beruflichen oder familiären Umfeld ein? Worüber wird gern gesprochen? Was sind Tabu-Themen?

3.3.6 Feedback-Loops

Feedback Loops sind wiederkehrende Muster der Rückkopplung von Kommunikation und Interaktion innerhalb eines Systems. Wie wirkt die Kommunikation zurück auf das System, aus dem sie kommt? Die Rückkopplungs-Schleifen können entweder positiv (verstärkend) oder negativ (ausgleichend) sein.

Ein positiver Feedback-Loop ist eine Situation, in der eine Handlung oder eine Information die Ursprungsdynamik verstärkt, was zu einer weiteren Eskalation oder Verstärkung dieser führt. Zum Beispiel kann ein Konflikt zwischen zwei Personen durch gegenseitiges Schuldzuweisen und aggressive Reaktionen verstärkt werden.

Ein negativer Feedback-Loop hingegen ist eine Situation, in der eine Handlung oder Information dazu führt, dass das System versucht, durch konträre Handlungen das Gleichgewicht wiederherzustellen oder Abweichungen zu korrigieren. Dies kann zur Stabilisierung eines Systems beitragen. Ein Beispiel hierfür ist, dass ursprünglich hitzige Konflikte durch eine ruhige, offene Kommunikation und das Bemühen um Verständnis und Kompromisse gelöst werden können.

> **Impuls**
> Du erinnerst dich bestimmt an eine Eskalationsspirale, aus der du (und dein:e Gegenüber) nicht aussteigen konnten. Welche Kommunikationselemente haben zur jeweils nächsten Eskalationsstufe geführt? Wie habt ihr euch gegenseitig „hochgeschaukelt." Versuche dabei nicht, die Inhalte zu benennen („Sie hat meine Mutter beleidigt und dann habe ich...") sondern die Form des jeweiligen Kommunikationselements zu benennen, z. B. Abwertung, Hohn, Ignorieren, Verzeihen, Lachen, Drohung...

3.3.7 Kontextabhängigkeit

Kontextabhängigkeit bedeutet, dass Verhaltensweisen und Interaktionen stark von der spezifischen Situation und Umgebung beeinflusst werden können. Ein bestimmtes Verhalten oder eine bestimmte Dynamik kann in einem Kontext auftreten und in einem anderen Kontext völlig anders sein. Karl zum Beispiel reagiert im beruflichen Umfeld völlig gelassen auf kleine Zwischenfälle oder Störungen wie eine heruntergefallene Kaffeetasse, flippt in ähnlichen Situationen zu Hause aber komplett aus. Es ist also sinnvoll, zu schauen, welche Kontexte mit welchen Interaktionsmustern korrelieren, um daraus weitere Einsichten abzuleiten. Hat Karl gelernt, in der Öffentlichkeit die Fassung zu wahren? Glaubt er, sich im Beruf aufzuregen sei ein Zeichen von Schwäche? Fühlt er sich zu Hause sicher genug, um unangenehme Gefühle zeigen zu dürfen? Oder nimmt er im Gegensatz Störungen zu Hause als Angriff auf seine Persönlichkeit war? Wir wissen es natürlich nicht, haben aber durch den Blick auf die Kontexte erste Ansätze, um weiter neugierig zu forschen.

> **Impuls**
> Kennst du das auch? Ähnliche Situationen treten in unterschiedlichen Kontexten auf – und du beobachtest (bei dir selbst oder anderen) einen völlig anderen Umgang damit? Welche tieferen Glaubenssätze, Ideen oder Dynamiken liegen zugrunde?

Um der Form deines Anliegens „auf die Schliche" zu kommen, kannst du aus einer systemischen Haltung heraus [siehe „Haltung" im Kap. 5 *Leitideen*] offene Fragen an das System stellen:

Welche Glaubenssätze liegen zugrunde? Wie würde ein außenstehender Beobachter die prägende Kultur beschreiben? Wenn alle beteiligten Personen weiterhin ihre zugewiesene Rolle spielen – was steht im Skript für (Person XY)? Gibt es in diesem System eine Regierung? Wer sitzt im Parlament? Welche unsichtbaren Regeln gelten für die Kommunikation? Wo und unter welchen Umständen ist es völlig anders als jetzt gerade?

3.4 Ressourcen

Regelmäßig begegnen uns Menschen, die nicht das Gefühl haben, irgendetwas besonders gut zu können. Auf der Arbeit, in der Familie, aber auch in Coachings und Therapien bekommen sie Aufgaben, die sie erfüllen sollen – was sie aber manchmal nicht schaffen, und natürlich werten sie sich dann noch mehr ab, und bekommen, auch von sich selbst, den Vorwurf gemacht, sie würden nicht hart genug mitarbeiten.

Du kannst dir vorstellen, dass es für diese Menschen eine völlig neue und unerwartete Erfahrung ist, bei uns ressourcenfokussiert zu arbeiten. Das ist nicht verwunderlich: Wir stellen immer wieder fest, dass viele Systeme automatisch defizitorientiert beobachten und es ihnen schwerfällt, den Blick auf Ressourcen zu lenken: In der Schule werden „Fehler angestrichen". In Beziehungen wird gern ein Fokus auf „Müll nicht runtergebracht" anstatt auf „tolle Umarmung verabreicht" gelegt. In Unternehmen werden „Ziele verfehlt" oder „nicht eingehalten". In Arztpraxen werden Diagnosen, Krankheiten und „Behinderungen" besprochen. Und so weiter.

Die systemische Arbeit hat einen anderen Anspruch. Sie richtet den Blick auf Ressourcen, also Möglichkeiten und Fähigkeiten. Durch dieses Sichtbarmachen werden neue Handlungsräume erschlossen und Wirksamkeit erfahren. Es ist uns überhaupt nicht wichtig, welche „Diagnose" gegeben oder welches „Defizit" beobachtet wurde – letztendlich sind beides ja nur Worte, die einen Zustand beschreiben, der irgendwie entstanden ist (und im Entstehungsprozess sicherlich schon Ressourcen beinhaltete). Stattdessen schauen wir, wie die vorhandenen Skills so eingesetzt werden können, dass es für die Zielvorstellung der Person(en) förderlich ist.

Wir sollten uns also fragen: welche Fähigkeiten, Fertigkeiten, Kenntnisse, Skills, Wissensbestände, Tools, Möglichkeiten, Materialien … liegen vor?

Wir haben hier nur einige Arten von Ressourcen genannt – du kannst die Liste beliebig erweitern.

> **Impuls**
> Welche Arten von Ressourcen kennst du bzw. welche sind für dich relevant?

3.4.1 Interne Ressourcen

Wenn wir die Menschen, mit denen wir arbeiten, auf ihre Ressourcen ansprechen, werden meist solche genannt, die man sich ausschließlich selbst zuschreiben kann – und die man sich bestenfalls auch noch selbst erarbeitet hat. Resilienz. Teamfähigkeit. Kreativität. Fleiß. Dies sind die sogenannten internen Ressourcen, also diejenigen, die im Individuum selbst angesiedelt sind und über die er/sie frei verfügen kann. Im Kontext der systemischen Arbeit bezieht sich der Begriff „interne Ressourcen" also auf die persönlichen Fähigkeiten, Eigenschaften und Stärken einer Person, die ihr dabei helfen, Herausforderungen zu bewältigen, Widerstandsfähigkeit aufzubauen und positive Veränderungen herbeizuführen. Diese internen Ressourcen umfassen zum Beispiel emotionale und kognitive Kompetenzen, sowie Verhaltenskompetenzen.

- *Emotionale Ressourcen*: die Fähigkeit einer Person, Emotionen wahrzunehmen, zu benennen und zu regulieren, Empathie zu zeigen, positive Gefühle zu kultivieren und mit negativen Emotionen konstruktiv umzugehen.
- *Kognitive Ressourcen*: geistige/mentale Fähigkeiten wie Problemlösungsfähigkeiten, Flexibilität im Denken, die Adaptivität von Denkmustern, eine realistische Selbsteinschätzung und die Fähigkeit, Perspektiven zu wechseln.
- *Verhaltensressourcen*: Fähigkeiten, die das Verhalten beschreiben, beispielsweise die Kompetenz, wirksame Bewältigungsstrategien zu entwickeln, wohltuende Verhaltensweisen zu pflegen, Beziehungen proaktiv aufzubauen und aufrechtzuerhalten sowie gesundheitserhaltende Routinen zu kultivieren.

Diese Bereiche beeinflussen sich gegenseitig und überlappen in Teilen sogar, allerdings kann eine Einteilung wie die oben aufgeführte dabei helfen, die eigenen Ressourcen klar sichtbar zu machen.

Nicht nur Individuen, sondern auch größere (oder kleinere) Systeme verfügen über interne, also ganz eigene Ressourcen: beispielsweise ist die Nähe und Zuwendung, die innerhalb einer Liebesbeziehung entsteht und kultiviert wird, eine emotionale Ressource. Kognitive Ressourcen findet man ebenso in systeminternen Diskursen – im Austausch mit anderen Elementen des Systems werden mentale Kapazitäten und Strukturen geschaffen und genutzt. Verhaltensressourcen sind in kollektiven Aktivitäten sichtbar, die das System als Ganzes ausführt. Das Wolfsrudel geht gemeinsam auf die Jagd, um ein vielzitiertes Beispiel zu bemühen.

Indem die systemische Arbeit die internen Ressourcen einer Person oder eines Systems hervorhebt und stärkt, zielt sie darauf ab, das Selbstvertrauen, die Selbstwirksamkeit und die Widerstandsfähigkeit zu fördern, um positive Veränderungen und Wachstum zu ermöglichen.

Wichtig ist aber auch, Ressourcen miteinzubeziehen, die außerhalb des Individuums oder des jeweiligen Systems liegen.

3.4.2 Externe Ressourcen

Der Begriff „externe Ressourcen" umfasst die unterstützenden Elemente oder Einflüsse aus der Umgebung eines Menschen (besser gesagt: Lebewesens) oder eines Systems. Externe Ressourcen können, genau wie interne Ressourcen, kategorisiert werden, wobei sie sich ebenso wenig trennscharf darstellen und miteinander zusammenhängen:

- *Soziale Unterstützung*: Dies beinhaltet die Unterstützung, die eine Person von Familienmitgliedern, Freunden, Kollegen oder anderen sozialen Kontakten erhält. Soziale Unterstützung kann emotionalen Beistand, praktische Hilfe und zwischenmenschliche Verbindungen umfassen.
- *Professionelle Unterstützung*: Dies bezieht sich auf die Unterstützung und Anleitung, die eine Person von professionellen Helfenden wie Therapeut:innen, Berater:innen, Coaches oder anderen Expert:innen erhält. Diese Unterstützung kann therapeutische Interventionen, Beratungsdienste, Trainingsprogramme oder andere professionelle Dienstleistungen umfassen und findet meist zielgerichtet und in einem klar strukturierten Rahmen statt – anders als andere soziale Unterstützung.
- *Infrastruktur*: Hierzu zählen materielle Ressourcen wie Wohnraum, finanzielle Mittel, Zugang zu Bildung, Gesundheitsversorgung und anderen grundlegenden Bedürfnissen, die eine Person benötigt, um ein stabiles und gesundes Leben zu führen.

Wenn wir in der systemischen Arbeit die externen Ressourcen einer Person oder eines Systems identifizieren, zielen wir darauf ab, diese auch nutzbar zu machen, also die Unterstützung, das Vertrauen in diese Unterstützung, und damit die Stabilität des Interaktionssystems insgesamt zu erhöhen. Die Anerkennung und Nutzung externer Ressourcen kann dazu beitragen, die gefühlte Last, die ein Individuum zu tragen glaubt (bzw. tatsächlich trägt) zu verringern – die anderen sind „ja auch noch da".

Interne und externe Ressourcen stehen in einer gegenseitigen Anhängigkeit – wenn wir viele interne Ressourcen haben, fällt es uns leichter, externe anzuzapfen, und wenn wir über ein hohes Maß an externen Ressourcen verfügen, kann ich meine inneren leichter ausbauen – und genau dies nutzen wir in der Interaktion mit Tieren oder, noch weiter gefasst, mit der Natur bzw. der uns umgebenden Welt:

Viele Interaktion mit der Natur, seien es Aktivitäten im Freien oder der physische Kontakt mit natürlichen Umgebungen, hat eine Reihe von nachgewiesenen positiven Effekten auf die psychische und körperliche Gesundheit. Zum Beispiel werden – auf mentaler Ebene – Stress und Angst zu reduziert und das subjektive Wohlbefinden verbessert. Dies wird häufig auf die beruhigende Wirkung der Natur und das Gefühl der Verbundenheit mit der umgebenden Welt, welches zu Achtsamkeit und Entspannung beiträgt, zurückgeführt. Die körperlichen Effekte von Bewegung im Freien brauchen wir hier kaum detaillierter auszuführen – wir alle kennen sie.

Wir brauchen also vielleicht gar nicht all unser Einkommen für Entspannungstrainings, Meditationen, Life-Coachings, Therapie, Rudermaschinen, Mitgliedschaften in Fitnessstudios und Personal Trainer auszugeben, wenn wir diese Ressourcen völlig kostenlos „da draußen" finden. Vielleicht lohnt es sich, eine Stunde (zunächst) ohne Ablenkungen in der Natur zu verbringen und zu beobachten, was passiert?!

> **Impuls**
> Verbringe eine Stunde ohne Ablenkungen in der Natur und schau, was passiert.

Tiere bieten ebenfalls Ressourcen, die vielfältige positive Auswirkungen generieren. Auf einer biochemischen, messbaren Ebene fördert die Interaktion mit Tieren wie Hunden, Pferden oder Katzen die Freisetzung von Hormonen wie Oxytocin und Endorphinen stimulieren, die mit glücklichen emotionalen Zuständen und Stressabbau in Verbindung gebracht werden. Aber auch abstraktere Wirkweisen dürfen wir nicht unterschätzen: wir (hier sprechen wir persönlich, als die Schreibenden dieses Buches) *lernen* tatsächlich von unseren Tieren: wir schauen uns Verhaltensweisen ab.

Indem wir Zeit mit unseren Tieren verbringen, können wir gar nicht umhin, zu beobachten, wie diese mit bestimmten Situationen umgehen, auch wenn wir dies nicht bewusst tun. In jedem Fall nehmen wir ihre Stimmung, Haltung und ihr Verhalten wahr, und gleichen es (explizit oder auch intuitiv) mit unseren eigenen Stimmungen, Haltungen oder Verhaltensweisen ab. Insbesondere die Beobachtung von Flucht (Pferde) oder Rückzug (Meerschweinchen) hat uns hier schon des Öfteren eine zuvor unbeachtete Handlungsalternative aufgezeigt: „Moment mal! Man könnte sich dir Situation auch einfach entziehen! Warum eigentlich nicht?!" Wir lernen also am Modell, wenn wir Zeit mit Wesen verbringen, die so ganz anders aufgestellt sind, als wir selbst, und erweitern so unsere Perspektive enorm.

Gleichzeitig erfahren wir von Tieren eine Art von Unterstützung, die nicht an menschliche Bedingungen geknüpft sind: diese soziale Ressource ist also nahezu unerschöpflich – wenn wir sie nicht durch eigenes Fehlverhalten dem Tier gegenüber kaputt machen.

Die gezielte Integration von Naturerlebnissen und Interaktionen mit Tieren in systemische Ansätze und Beobachtungen birgt somit das Potenzial, interne und externe Ressourcen um neue Dimensionen zu erweitern, und so eine vielschichtige Entwicklung in Gang zu setzen.

Vielleicht hast du jetzt eine vage Vorstellung davon, wie komplex dein Netz an Ressourcen ist, aber vielleicht ist dir noch nicht ganz klar, wie du diese Ressourcen sichtbar machst?!

So paradox es zunächst klingt: Ressourcen entdecken wir bereits im Problem selbst. Oder, konkreter, wenn wir im SAFRAN- Prinzip denken: bereits im System, im Anliegen und in der Form. Dass man Ressourcen im System, um das es bei dem Anliegen geht, findet, erscheint dir wahrscheinlich noch logisch. Aber im Anliegen? Also im Problem oder Konflikt an sich? Das erscheint dir vielleicht erst einmal komisch. Aber dann erinnerst du dich an das Kapitel „Systeme (3.1)" in diesem Buchteil. Systeme sind darauf ausgelegt, sich selbst zu erhalten… also können wir vielleicht davon ausgehen, dass auch unsere Probleme zunächst als Selbsterhaltungsmechanismus (eines Systems) zu verstehen sind. Man könnte doch mal schauen, ob sie, also die „Probleme" oder einzelne Aspekte daraus, eine Funktion erfüllen. Nehmen wir beispielsweise die Sorge oder sogar Angst um geliebte Menschen. Sicherlich ist es problematisch, dass wir sofort in Stress verfallen, sobald es unserem Kind/Partner:in/Opa schlecht geht. Aber ist es nicht auch Ausdruck großer Liebe und Verantwortungsbereitschaft? Oder betrachten wir das „Handtuchwerfen" im Job: klar- nach jeweils höchstens zwei Monaten zu kündigen ist nicht sonderlich funktional in der Berufswelt – es zeugt aber auch von der Fähigkeit, loszulassen, und sich nicht an Dingen festzubeißen, die nicht funktional sind.

> **Impuls**
>
> Schau zunächst dein Anliegen, also das Problem genauer an. Welche internen Ressourcen verstecken sich hier? Scanne nun das System, in dem das Anliegen platziert ist, auf externe Ressourcen ab. Wenn du ganz abstrakt denken möchtest, kannst du auch typische, das Problem betreffende Interaktionsformen anschauen und auch hier nach Ressourcen forschen.

Wir würden wetten, dass du nun mit einem ganzen Strauß von Ressourcen ausgestattet bist, von denen du vorher noch gar nichts wusstest. Um sie so zielführend zu aktivieren, dass sie sich nicht in alten Problemmustern verheddern, kannst du dir vornehmen, ihnen alternative Wirkmöglichkeiten anzubieten [siehe „Alternativen" in diesem Kap. 4].

3.5 Alternativen

In unserer systemischen Arbeit wird die grundlegende Überlegung „es könnte auch anders sein (nur nicht beliebig)" als Ausgangspunkt für (positive) Veränderungen betrachtet. Die Anerkennung von Kontingenz von Strukturen, also der Annahme, dass es auch anders sein könnte, weist auf eine Veränderbarkeit hin. Dies ermöglicht uns eine offene Haltung gegenüber alternativen Haltungs- und Handlungsweisen. Wir gehen nämlich davon aus, dass unsere Denk-, Handlungs-, und Interaktionsstrukturen auf eine gewisse Art und Weise konstruiert wurden [siehe „(De-)konstruktion" im Kap. 5 *Leitideen*] und sich an jeder Stelle anders hätten entwickeln können, wenn Einflussfaktoren oder Entscheidungen anders gewesen wären. Diese Sichtweise setzt eine Mannigfaltigkeit von Möglichkeiten (aber keine Beliebigkeit) voraus, was bedeutet, dass keine Realität, keine Idee, keine Lösung als die einzig richtige betrachtet wird. Indem unterschiedliche Wege und Perspektiven in Betracht gezogen werden – und alle sind irgendwie richtig, obwohl es auch anders sein könnte – wird Raum für Veränderung und Neuausrichtung geschaffen, ohne dass der Druck besteht, die eine perfekte Lösung finden zu müssen.

> **Impuls**
>
> Probiere es einmal aus – vielleicht hilft auch dir die Hintergrundidee „es könnte auch anders sein" dabei, die Dinge nicht so ernst zu nehmen und stattdessen neugierig und spielerisch mit möglichen Haltungs- und Handlungsalternativen umzugehen.

3.5.1 Veränderung durch Flexibilität

Wenn wir im systemischen Kontext Flexibilität betonen, möchten wir nicht nur die auf der Handlungsebene, sondern vor allem auch auf der *Haltungs*ebene Anpassungsfähigkeit ermöglichen. Anstatt in starren Glaubenssätzen, die Veränderungen oft blockieren, zu verharren, ermöglicht die Anerkennung der Vielfältigkeit der Lösungsansätze, auch wenn sie zunächst schwerfällt, eine dynamische Anpassung an neue Gegebenheiten. Es gibt deine einfachen Antworten und es gibt keine richtigen Lösungen. Diese grundlegende Ambiguitätstoleranz – oder, wenn dir das Wort zu sperrig ist: Flexibilität und Offenheit für Widersprüche– trägt grundlegend zu positiven Veränderungen bei, da sie es dem Individuum und/oder dem System ermöglicht, sich selbst neu zu definieren, auf vielfältige Art und Weise zu (re)agieren und unterschiedliche, vielleicht sogar konträre, Sichtweisen in die eigene Haltung zu integrieren. Letztendlich schafft die Offenheit gegenüber der Optionsvielfalt im systemischen Kontext einen Raum, in dem Veränderung die Systemdynamik positiv beeinflussen kann. Ein Beispiel: Vielleicht glaubst du fest daran, dass sich durch harte Arbeit alles erreichen lässt. Das ist eindeutig und definitiv nicht ambivalent. Wenn du nun durch einen unglücklichen Zufall arbeitslos wirst und weiterhin an diesem Glaubenssatz festhältst, wirst du a) an dir selbst zweifeln – denn anscheinend hast du nicht dein Bestes gegeben, sonst wäre das nicht passiert und b) dich bis zur Erschöpfung abarbeiten, um wieder eine Anstellung zu finden. Wenn du allerdings in Betracht ziehst, dass es „auch anders sein" könnte, man also manchmal trotz harter Arbeit einfach Pech haben kann (und diese Ambivalenz aushältst), wirst du gnädiger mit dir selbst umgehen und gelassener an die Jobsuche herangehen.

> **Impuls**
>
> Wenn du dir das nächste Mal ganz sicher bist, dass ein bestimmtes Handeln oder eine bestimmte Haltung völlig alternativlos ist – „ich muss…"/„da gibt es keine andere Möglichkeit als…"/„Das ist doch ganz bestimmt…" – halte einen

3 Leitfaden – Muster erkennen, Handlungsspielraum vergrößern

> Moment inne und werde dir bewusst, dass es immer auch eine andere Herangehensweise/Sichtweise oder Handlungsoption gibt. Wenn du so ganz anders wärst, als du es bist – was würdest du tun? Du musst diese anderen Optionen nicht gut finden, es reicht zunächst, dir bewusst zu werden, dass es sie gibt.

Lass uns ganz ehrlich sein: Oft tun wir so, als ob wir uns große Veränderungen wünschen, verharren aber letztendlich im Status Quo, den wir, so glauben wir zumindest, aus irgendeinem Grund nicht ändern können. Stattdessen bejammern wir ihn. Wir beschweren uns darüber, dass unsere Vorgesetzen unsere Potenziale nicht sehen und wir deswegen nicht beruflich aufsteigen, dass die Grundschule unseren Kindern viel zu viel abverlangt und wir deswegen unsere Nachmittage mit Streit und Tränen füllen, dass unsere alternden Eltern so bedürftig sind und wir deswegen nicht dazu kommen, uns um unsere eigene Beziehung zu kümmern, usw. usw.

In der Inszenierung dieses Jammerns offenbart sich unserer Ansicht nach eine subtile, aber wirksame Strategie der Selbstverteidigung gegenüber dem Unbekannten, dem Wandel. Denn das Unbekannte ist per Definition unsicher, ungeheuer im Sinne von „uns nicht geheuer" und somit potenziell gefährlich. Wir bleiben also instinktiv lieber in einer vertrauen (wenn auch unbefriedigenden) Situation, als uns zu weit ins Neuland zu begeben und – krass ausgedrückt – unseren Kragen zu riskieren. Wenn wir den besseren Job bekommen würden, müssten wir ständig unsere Kompetenz unter Beweis stellen. Wenn es keine Hausaufgaben gäbe, müssten wir uns überlegen, ob die Tränen vielleicht andere Ursachen haben. Und wenn unsere Eltern nicht so bedürftig wären, hätten wir mehr Zeit, zu bemerken, dass da auch einige Baustellen in unserer eigenen Beziehung sind. Hat unser Jammern nicht vielleicht eine selbstwerterhaltende Funktion? Vielleicht konstruieren wir angebliche Unüberwindbarkeiten, Widrigkeiten und Unveränderbarkeiten, um nicht mit neuen Herausforderungen umgehen ggf. daran zu scheitern zu müssen.

Das Jammern entfaltet also seine schützende Wirkung, indem es eine rein hypothetische Bereitschaft zur Annahme einer Herausforderung zeigt – wenn es nur nicht unmöglich wäre. Indem wir einen Rechtfertigungs-Monolog eintauchen („… ich könnte/ würde… wenn bloß nicht die Umstände…"), errichten wir einen narrativen Schutzwall, der uns vor dem unsicheren Terrain der Veränderung abschirmt. Die Schein-Feststellung, dass eine angestrebte Transformation ohnehin außer Reichweite liegt, fungiert als vorbeugende Erklärung, um erst gar nicht den Versuch zu unternehmen und somit möglichem Scheitern zu entgehen. Das Jammern wird somit zu einer

Art Selbsttäuschung, die den Erhalt eines praktischen, unbefriedigenden Status quo ermöglicht, während in der Theorie vielfältige Erfolge möglich wären. Wenn nur nicht…

> **Impuls**
>
> Beobachte dich selbst oder eine andere Person beim Jammern. Was wird beklagt? Welche angeblichen Hindernisse bei der Umsetzung eigener Vorhaben werden konstruiert? Wie wird der Status Quo rechtfertigt? Welche Funktion hat das Jammern?

Wie so oft steckt aber genau in dieser von uns gerade problematisierten Fähigkeit, sich selbst Realitäten zurechtzukonstruieren, auch großes Potenzial – wenn man sie anders anwendet:

Jede Handlung, jeder Gedanke, jede Haltung birgt immer auch das Potenzial zur Neuausrichtung. Schon kleine Anpassungen können erstaunliche Wirkungen entfalten. Dies erfordert allerdings, dass wir die Verantwortung die potenziellen Auswirkungen unserer Handlungen – oder, konkreter: unserer neuartigen Handlungen und Denkweisen – übernehmen. Es erfordert tatsächlich Mut, sich von vertrauten Mustern zu lösen, schafft aber Raum für eine flexible, vielschichtige Existenz.

Zwar neigen wir, wie oben beschreiben, verständlicherweise dazu, in Vertrautem Sicherheit zu suchen. Dies ist zwar nachvollziehbar, denn das Vertraute ist bequem und sicher, es birgt jedoch die auch Gefahr der Stagnation und somit der Unzufriedenheit. Das Bekannte bildet zwar eine Komfortzone, ist aber nicht unbedingt der förderlichste Ort für dein persönliches Wachstum. Vielleicht wünschst du dir beispielsweise eine berufliche Veränderung und träumst von neuen Herausforderungen. Doch sollst du wirklich deine derzeitige Position aufgeben? Immerhin bietet sie dir Sicherheit, auch wenn sie nicht mehr sonderlich erfüllend ist. Du kannst also in der alten Position bleiben (und vieles spricht dafür) oder du erklärst dich bereit, dich auf Neues einzulassen. Die Idee, dass es „immer auch anders sein" könnte hilft dir vielleicht dabei, diesen Schritt zu wagen – oder sie hilft dir dabei, deine jetzige Position so zu gestalten, dass sie dich mehr erfüllt.

3.5.2 Stabile Basis

Dies alles bedeutet allerdings nicht, gegenwärtige Realitäten nicht zu akzeptieren. Im Gegenteil: die Akzeptanz der gegenwärtigen Realität ist

Grundlage zur Exploration von Alternativen. Alternative Handlungs- und Haltungsmöglichkeiten zu erkunden, sollte also nicht dazu führen, dass du resigniert oder unzufrieden auf deine derzeitige Realität schaust, sondern vielmehr, dass du sie mit einem offenen und wertschätzenden Blick betrachtest und dir im Klaren darüber bist, dass sie fluide, also wandelbar, ist. Die Fähigkeit, die aktuelle Realität anzunehmen, schafft eine Grundlage, auf der du konstruktiv agieren und Veränderungen herbeiführen kannst [siehe „Akzeptanz" im Kap. 5 *Leitideen*].

Du kannst es dir vorstellen wie die Betrachtung einer Landkarte, wenn du eine neue Route planst. Die Details der gegenwärtigen Realität (also der Karte) mit all ihren Potenzialen und unterschiedlichen Wegen zu sehen, eröffnet Möglichkeiten zur gezielten Fortbewegung. Vielleicht stört dich z. B. einiges an der Beziehung zu deinem aktuellen Partnerchen oder an deine Familie – aber ausgehend von der Akzeptanz dessen, was gerade zwischen euch passiert, und der Wertschätzung gengenüber den positiven Elementen, kannst du gezielt einzelne Interaktionen verändern und vielleicht sogar verbessern, ohne gleich das ganze Konstrukt einreißen zu müssen.

Die Akzeptanz der gegenwärtigen Realität schafft eine also eine stabile Plattform, von der aus du mutig und eigenverantwortlich alternative Wege erkunden kannst. Im Wechselspiel zwischen Akzeptanz und der Freude an der Veränderung liegt das Potenzial, eine Realität zu schaffen, die auf Basis der aktuellen Umstände alternative Räume eröffnet.

Wenn du nach unserem Prinzip systemisch arbeitest, hast du bereits dein S-System, dein A-Anliegen, die F-Form der (Inter)aktion, deine R-Ressourcen betrachtet und analysiert. Dies alles stellt bereits die Akzeptanz und Wertschätzung des derzeitigen Zustands dar. Du darfst dich also nun trauen, dir zu überlegen, wie du Handlungsalternativen gestaltest, sodass sie dein Anliegen vorantreiben und in deinen Systemen wirken können.

Nicht mehr desselben!
Egal, was du tust und wie du mit deinem Anliegen umgehst, solltest du eines bedenken: Hauptsache, es ist nicht einfach mehr desselben. Dies bedeutet: wenn du schon hundert oder tausend Mal auf eine bestimmte Art versucht hast, dein Problem zu lösen, und es einfach nicht funktioniert, nutzt es nichts, dieselbe Strategie weiterhin anzuwenden. Auch nicht, wenn du sie mehr oder stärker benutzt. Die Wiederholung der gleichen Handlungen und Denkmuster, in der Erwartung unterschiedlicher Ergebnisse, wird nicht umsonst oft als Definition von Wahnsinn zitiert. Stelle dir also eher die Frage Wie könnten Stärken und Ressourcen anders eingesetzt werden, um aus dieser „Mehr-desselben-Falle" auszubrechen? Ein effektiver Ansatz

besteht darin, sich Feedback einzuholen. Beobachte, welche Haltungen und Handlungen welche Reaktionen hervorrufen. Diese Art der Rückkopplung ermöglicht einen Einblick in die Auswirkungen unserer Handlungen [siehe „Systeme" in diesem Kap. 4].

> **Impuls**
>
> Auch bei dieser Übung beobachtest du dich selbst. Oder jemand anderen, wie du möchtest. Nimm dir ein Problem vor, dass schon lange nicht zufriedenstellend gelöst wurde. Erstelle eine Liste mit Maßnahmen, die bisher angewendet wurden, um das Problem zu beheben. Welche der aufgelisteten Elemente fallen in die Kategorie „mehr desselben" – es muss nicht genau der gleiche Inhalt sein, wir betrachten hier eher die Form-Ebene. Z. B. fällt sowohl „Freund:innen um Rat fragen" als auch „Eltern um Rat ragen" in die Kategorie „Beratung von emotional relevanten Personen".
> Erweiterung: Welche Art von Umgang wäre auf der Formebene komplett anders als das bisher Ausprobierte?

Das Entkommen aus der „Mehr-desselben-Falle" ist also ein Zusammenspiel von Feedback, Selbstreflexion, der Bereitschaft, sich von anderen Perspektiven inspirieren zu lassen und ein Ausprobieren des radikal Anderen. Es ist ein dynamischer Prozess, der es uns ermöglicht, unsere Stärken und Ressourcen auf kreative Weise neu zu konfigurieren und so den Weg zu neuen Wirksamkeiten zu ebnen.

3.5.3 Alternativen erkunden – im Umgang mit Tieren

Auf der Suche nach neuen Perspektiven und alternativen Haltungs- und Handlungsmöglichkeiten innerhalb unserer systemischen Denkweise lernen wir aus der Interaktion mit allen möglichen Lebewesen, und sogar aus dem Umgang mit Fiktion, Kunst oder Objekten. Besonders profitieren wir allerdings aus der Interaktion mit unseren Tieren. Ihre Art, mit Herausforderungen umzugehen, ist oft radikal anders als unsere eigenen, und genau deswegen so bereichernd für uns.

Unsere Tiere sind Meister:innen der Anpassung an ihre Umgebung und Herausforderungen – sie lösen Probleme teils spontan und instinktbasiert, teils aber auch wohlüberlegt und geplant. Durch Beobachtung unserer Tiere gewinnen wir Einblicke in ganz verschiedene Strategien und Herangehensweisen: Als ein großer Traktor auf unser Pferd Vuddy zurollte (in Wirklichkeit war er etwa einhundert Meter entfernt), ergriff dieser spontan die

Flucht und positionierte sich so weit weg wie möglich. Inspiriert von Vuddy erklären wir heute unseren Klient:innen, dass Flucht eine durchaus sinnvolle Handlungsoption sein kann – wieso sollte man in einer als bedrohlich empfundenen Situation verharren?! Tilda wiederum verdanken wir einen neuen Blick auf Abgrenzung und Selbstfürsorge – wenn die jüngeren Hunde sie zu sehr in Anspruch nehmen, zeigt sie ihre Zähne und knurrt mürrisch. Mit Erfolg: man lässt sie in Ruhe – allerdings ist niemand sauer oder erschrocken. Die anderen Hunde akzeptieren einfach ihr Bedürfnis nach Ruhe. Zähne zeigen, so haben wir erfahren, kann also auch eine wichtige Funktion haben, und letztendlich nimmt es einem niemand übel. Im Gegenteil: das soziale Umfeld ist oft dankbar für die Klarheit und Aufrichtigkeit.

> **Impuls**
>
> Nimm dir Zeit, Tiere zu beobachten, sei es dein:e eigene:r Haustierfreund:in oder Tiere in der Natur. Frage dich, wie sie jeweils mit Herausforderungen umgehen, und überlege, was du dir für dein eigenes Leben abgucken könntest.

Etwas komplexer, aber sehr aufschlussreich, wird es, wenn wir uns selbst durch die Augen der Tiere, mit denen wir interagieren betrachten: vielleicht werden wir gerade als Führungsperson wahrgenommen und müssen uns mit dieser Rolle auseinandersetzen. Vielleicht als Spielkamerad:in, als Versorger:in, als Freund:in oder als sicherer Hafen. Wenn wir uns selbst durch die Beobachtungslinse der Tiere reflektieren, werden wir mit Rollen konfrontiert, die uns vielleicht noch nicht bewusst sind, die aber zu Ausgestaltung einladen – und neue Handlungsoptionen beinhalten. Was würde ich als Leitpferd tun? Was als Spielkamerad:in?

> **Impuls**
>
> Beobachte dich nun selbst aus der Sicht deines Tieres. Welche Rolle erfüllst du gerade (oder sollst du erfüllen)? Wie kann diese Rolle deinen Handlungsraum inspirieren und erweitern?

Diese tierische Perspektive bietet eine Erweiterung unserer Sichtweise und stärkt unsere Fähigkeit, flexibel auf unterschiedliche Situationen zu reagieren. Durch den bewussten Umgang mit Tieren gewinnen wir Einblicke, wie verschiedene Handlungsweisen zu verschiedenen Ergebnissen führen können. Tiere dienen uns als lebendige Beispiele in einem breiten Spektrum erfolgreicher Anpassungsstrategien.

> **In aller Kürze**
> - „Es könnte auch anders sein (nur nicht beliebig)" ist eine unserer systemischen Grundannahmen.
> - Feste Glaubenssätze und Muster sind oft hinderlich bei der Anpassung an veränderte Gegebenheiten.
> - Mentale Flexibilität und das Mitdenken von Handlungsalternativen eröffnet den Raum für mehr persönliche und systemische Wirksamkeit.
> - Dabei ist es wichtig, auf der Basis von Akzeptanz der derzeitigen Situation nach Alternativen zu suchen, um vorhandene Ressourcen anders einzusetzen.
> - „Mehr desselben" ist oft nicht hilfreich bei der Lösung von Problemen – was wäre ein radikal anderer Ansatz?
> - Tiere gehen manchmal ganz anderes mit Herausforderungen um als wir. Aus der Beobachtung ihres Verhaltens können wir neue Handlungsoptionen für uns selbst ableiten.
> - Wenn wir uns aus der Perspektive unserer Tiere beobachten, ergeben sich noch mehr neue mögliche Rollen, Haltungen und Handlungen.

3.6 Nudging – sanfte Störungen

3.6.1 Störungen – nicht gern gesehen

Störungen findet eigentlich niemand gut. Schon allein das Wort löst Unbehagen hervor – wahrscheinlich fühlst du dich genau wie wir direkt ein wenig gestresst, wenn du daran denkst: Störungen im Betriebsablauf der öffentlichen Verkehrsmittel oder im Straßenverkehr bringen uns an den Rand unserer Anpassungskompetenz und führen zu ungeahnten Emotionsausbrüchen. Wenn du auch schon die ein oder andere Debatte im Bundestag verfolgt hast, konntest du sicher beobachten, wie sehr Zwischenrufe und andere Störungen sowohl die sprechende Person als auch das Publikum aus dem Konzept bringt. Und sicher hast auch du schon jemanden dafür angeraunzt, wenn er/sie dich bei irgendetwas „gestört" hat.

Besonders relevant scheinen Störungen übrigens ausgerechnet in dem Kontext, der uns alle sehr prägt oder geprägt hat, zu sein: Schule. Im Internet findest du ein Potpourri an Ratgebern zum Thema „Umgang mit Unterrichtsstörungen". Offensichtlich sprechen diese eine große, vielleicht sogar die größte, Sorge (angehender) Lehrpersonen an. Störungen werden also als etwas konzipiert, dass es um jeden Preis zu verhindern, vermeiden und zu bekämpfen gilt, als eine Bedrohung, die wir eindämmen und der wir vorbeugen müssen. Wir lernen also sehr früh, dass Störungen schlecht sind und Sanktionen nach sich ziehen…

Auch wenn wir keine Schüler:innen mehr sind und nicht an einer Schule arbeiten, kennen wir in unseren beruflichen Kontexten die Furcht vor Störungen wahrscheinlich nur zu gut: vielleicht haben wir Angst, bei Präsentationen unterbrochen zu werden und nicht reagieren zu können, oder Sorge vor Zwischenrufen oder harscher Kritik. Vielleicht haben wir aber auch Angst vor Störungen des sozialen Gefüges, oder Störungen in unseren gut eingefahrenen Arbeitsabläufen. Das „was mache ich bloß wenn xy passiert" -Gedankenspiel kennst du bestimmt genau so gut wie wir.

Wir versuchen, Störungen zu vermeiden, um den Kontrollverlust zu vermeiden. Denn wenn wir die Kontrolle verlieren, also die nächsten Schritte nicht vorhersehen können, müssen wir spontan reagieren. Es erfordert ein Abweichen von den eingeschliffenen Handlungsweisen und eine Neuausrichtung unserer Haltung. Es kann zum Scheitern führen! Es ist fordert uns heraus! Es ist anstrengend!

Wir denken, es ist angebracht, unsere Konzeption von Störungen ein wenig zu dekonstruieren [siehe „Dekonstruktion" im Kap. 5 *Leitideen*], immerhin bergen Störungen (und unsere Reaktionen darauf) ein enormes Potenzial, und genau dieses möchten wir gemeinsam mit dir erkunden. Wir würden sogar so weit gehen zu behaupten, dass es gerade die Störungen sind, die eine Weiterentwicklung ermöglichen. Also sollten wir sie würdigen!

3.6.2 Störungen überall!

Impuls
Welche Beispiele für Störungen fallen dir spontan ein?

Auch hier können wir vom ganz Kleinen zum ganz Großen gehen und überall Störungen finden: Störungen in Chromosomen führen zu bestimmten Entwicklungen in Körpern, die unter Umständen anders sind, als das, was wir als „normal", also störungsfrei ansehen. Viruserkrankungen stören unsere Körperzellen, werden dadurch als „systemfremd" erkannt – Alarm – und, wenn alles gut läuft, entsprechend bekämpft. Auch andere Erkrankungen stören unser biologisches System und erfordern eine Reaktion. Dies können körperliche Erkrankungen sein, psychische „Störungen" (hier hat es das Wort sogar in die Diagnose hineingeschafft) oder auch Mischformen – denn es ist fraglich, ob beides klar voneinander abzugrenzen ist, dies jedoch wäre ein Thema für ein anderes Buch.

Dies alles sind Beispiele für Störungen, die sich auf ein Individuum, bzw. ein biologisches und/oder psychisches System beziehen. Es gibt aber natürlich auch über die bereits genannten hinaus jede Menge weitere Beispiele für Störungen, die größere Systeme betreffen. Wir brauchen uns hier nur das Gesamtsystem Erde anzuschauen, um zu verstehen, welche gravierenden Auswirkungen eine Störung des Gleichgewichts, in diesem Fall des Klimasystems des Planeten, haben kann. Wenn wir etwas kleiner denken, fallen uns sicher auch Dynamiken in unserem Umfeld ein, die anfällig für Störungen sind: ein Familiensystem. Paarbeziehungen. Freundschaften. You name it.

> **Impuls**
> Welche Beispiele für Störungen in deinen sozialen oder beruflichen Systemen fallen dir ein?

3.6.3 Störungen als Chance

Alle Störungen haben gemeinsam, dass sie in das Gleichgewicht des Systems [siehe „Systeme" in diesem Kap. 4] vom etablierten System-Code ab, erfordern meist eine Reaktion bzw. einen Umgang – und sind somit naturgemäß unbeliebt.

Stell dir vor, an deinem Arbeitsplatz gibt es plötzlich nach der Einstellung einer neuen Führungskraft eine Umstrukturierung, die die Teamzusammensetzung verändert. Mitarbeiter:innen, die seit Jahren in einem festen Team arbeiten, werden plötzlich in andere Teams integriert und müssen mit neuen Kolleg:innen zusammenarbeiten. Diese Veränderung wir wahrscheinlich als Störung erster Güte wahrgenommen werden und für einiges an Unmut sorgen. Die Mitarbeiter:innen müssen sich an die neuen Teamdynamiken anpassen, Beziehungen neu aufbauen und sich möglicherweise mit unterschiedlichen Arbeitsstilen auseinandersetzen. Dies alles sind Herausforderungen.

Es handelt sich hier um einen Bruch im Gleichgewicht des Systems – du erinnerst dich: Systeme versuchen, möglichst unverändert und unter wenig Umstrukturierungsaufwand so weiter zu laufen, wie sie es bisher tun. Und wenn das Gleichgewicht bedroht ist, ist das gesamte System bedroht: es könnte jederzeit „umkippen"!

In unserem Beispiel könnten Teams beispielsweise zwischenmenschlich so unpassend sein, dass sie unproduktiv werden. Wenn du es aus dieser Perspektive betrachtest, ist verständlich, aus welcher Motivation heraus Systeme manchmal so gereizt auf Störungen reagieren und sich nach Kräften bemühen, diese auszulagern. In unserem Fall könnte man auf die neue Führungskraft schimpfen und sich das alte System herbeisehnen.

Ein Aus-dem-Gleichgewicht-bringen kann aber auch Antrieb für Veränderungen sein: das System muss Strategien entwickeln, um wieder in ein Gleichgewicht zu kommen. Dies erfordert Flexibilität, Kreativität und Innovation – Qualitäten, die wir eigentlich als positiv empfinden.

Vielleicht erlaubt die Umstrukturierung den Mitarbeitenden, voneinander zu lernen, neue Perspektiven zu integrieren und sich gemeinsam zu entwickeln. Möglicherweise werden nun Ressourcen sichtbar, die lange verborgen geblieben sind, weil Menschen nun andere Arbeitsfelder für sich entdecken. Vielleicht werden alte Hierarchien aufgelöst, die ungesund waren.

Störungen stiften Unruhe und ein gewisses Maß an Chaos – sie stoßen um, rühren auf und schütteln durch, – und sind somit als Vorboten einer Neuordnung zu verstehen. Denn wo Chaos ist, ist naturgemäß viel Raum und Energie für Gestaltung, Kreativität und Innovation.

> **Impuls**
> Welche deiner Systeme empfindest du derzeit als chaotisch? Inwieweit ist dies als Neuordungsprozess zu verstehen? Wie wurde gestört?

3.6.4 Reaktion auf Störungen

Spannend ist, zu beobachten, wie Systeme auf Störungen reagieren und welche Prozesse in Gang gesetzt werden:

- Option A) Ignorieren (Im Sinne von: nicht verarbeiten)
- Option B) Extrahieren (Im Sinne von: rauswerfen)
- Option C) Integrieren (Im Sinne von: Umgang damit finden)

Ignorieren/Nicht-Verarbeiten Ein System kann Störungen ignorieren und einfach so weitermachen wie bisher bzw. so tun, als sein nichts gewesen. Oft geschieht dies gar nicht bewusst, sondern die Störung wird gar nicht erkannt oder nicht als solche interpretiert. Es handelt sich also nicht um ein entschiedenes und planvolles Ignorieren eines Problems bzw. einer Störung im Sinne einer Intervention, sondern vielmehr einer Art der Nichtbeachtung, die nicht Teil des Umgangs mit der Situation ist, sondern die „einfach so geschieht". Der Störung wird keine Aufmerksamkeit gewidmet und es kann durchaus sein, dass sie von allein wieder verschwindet: die eingefahrene Dynamik des Systems ist so mächtig, dass die Störung darin einfach verpufft. Letztendlich wurde sie in diesem Fall nicht einmal wahrgenommen oder als Herausforderung identifiziert. Es kann aber auch sein, dass die Störung(en) so mächtig ist oder sind, dass ein Ignorieren letztendlich dazu führt, dass das System sich totläuft – der berüchtigte Sand im Getriebe – oder dass sie sich gerade durch das Ignorieren so sehr verschärfen, um endlich Beachtung zu finden, dass das System schließlich doch einen Umgang damit finden muss. Vielleicht kennst du diese Art des Umgangs auch aus deiner eigenen Lebenserfahrung. Insbesondere in sozialen Beziehungen beobachten wir manchmal, dass „der Elefant im Raum" übersehen oder nicht bearbeitet wird, weil er schlicht nicht gesehen oder als systembetreffend identifiziert wird – bis er so groß ist, dass eine Verarbeitung nicht mehr möglich ist.

> **Impuls**
> Fallen dir Beispiele aus deinen eigenen Systemen ein, in denen eine Störung nicht erkannt bzw. nicht beachtet wurde? Wie hat sich die Situation entwickelt?

Extrahieren Das System kann versuchen, störende Elemente auszulagern, um die Auswirkungen zu begrenzen. Dies könnte bedeuten, dass das System die Störung räumlich oder funktional abtrennt, um den Rest des Systems zu schützen. Elemente, die mit der Störung in Verbindung gebracht werden, werden möglicherweise mit ausgelagert – sicherlich kennst du diese Art von Prozessen aus deinem beruflichen Kontext (Entlassungen, Verantwortungsverlagerungen in andere Abteilungen) oder aus deiner Familie (Ausschluss von Personen, Problemzuschreibungen bzw. -projektionen auf externe Personen).

> **Impuls**
> Auch hier: Welche Beispiele aus deinen eigenen Systemen fallen dir ein, in denen eine Störung ausgelagert wurde? Wie hat sich die Situation entwickelt?

Integrieren Das System kann sich auch bemühen, die Störung zu integrieren, indem es sich anpasst oder verändert, um mit der Herausforderung umzugehen. Prozesse und Codes werden so angepasst, dass die Herausforderung gewürdigt und als Teil der neuen Systemlogik mitgedacht wird. Diese Anpassungen können dazu beitragen, dass das System widerstandsfähiger wird und/oder neue Möglichkeiten für Wachstum und Entwicklung eröffnet. Diese Erfahrung hast du sicherlich auch schon in deinem Privatleben (neue, veränderte Art der Interaktion miteinander nach Erkrankungen oder Beziehungskrisen) oder deinem Job (Neuverteilung von Aufgaben innerhalb der Firma als Reaktion auf Unzufriedenheiten o. Ä.) gemacht. Hier kann auch ein bewusstes Ausblenden der Störung – Achtung, nicht zu verwechseln mit dem unbewussten Ignorieren aus A) – Mittel der Wahl sein. Das System erhält sich in diesem Fall selbst, in dem es der problematischen Struktur keine Aufmerksamkeit schenkt.

> **Impuls**
> Und nochmal: Fallen dir Beispiele aus deinen eigenen Systemen ein, in denen eine Störung integriert wurde und neue Strukturen oder Dynamiken entstanden sind? Wie hat sich die Situation entwickelt?

3.6.5 Störungen als „Nudging" verstehen

„Nudging" bedeutet: „Anschubsen". Wir möchten dich also dazu einladen, Störungen als sanftes Anschubsen des Systems zu verstehen, als kleines Chaos, dass zu Veränderungen inspiriert. Und wir möchten dich gleichzeitig dazu einladen, selbst ein wenig in deinen Systemen herumzurühren, sie sanft zu stören und somit Veränderungen zu „nudgen". Das Prinzip des „Anschubsens" impliziert, dass kleine, subtile Veränderungen einen erheblichen Einfluss auf das Verhalten und die Entscheidungen von Menschen oder Systemen haben können. So können Störungen als sanfte „Nudges" erheblichen Einfluss auf Systeme haben.

Stell dir vor, du steckst tief in einer Aufgabe, konzentriert und fokussiert, vielleicht hast du sogar einen Tunnelblick… und plötzlich geschieht etwas Unerwartetes – sei es eine Störung in Form einer unerwarteten E-Mail, eines Telefonanrufs oder einer unterbrochenen Internetverbindung. In diesem Moment wirst du aus deinem Tunnel herausgezogen, und bekommst neuen Input. Vielleicht verändert dies deine Perspektive auf die Dinge, wenn du zur eigentlichen Aufgabe zurückkehrst. Also könntest du diese Störung als einen sanften Anschubser betrachten, der deine gewohnten Denkmuster unterbricht und somit ergänzt. Ähnlich verhält es sich mit größeren systemischen Zusammenhängen. Nudging sorgt immer für irgendeine Art des (Um-)Denkens und Handelns.

Hier liegt die Schönheit der Störungen als „Nudges". Sie durchbrechen die Monotonie, bringen Unordnung in festgefahrene Strukturen und schaffen Raum für neue Ideen. Sie erzeugen ein schönes Chaos, das den Blick auf bisher übersehene Möglichkeiten öffnet.

Wenn wir Störungen bewusst als „Nudging" zu betrachten, eröffnet sich die Perspektive, dass diese vermeintlichen Unannehmlichkeiten nicht nur Hindernisse sind, sondern auch Chancen. Störungen können als Katalysatoren für Veränderungen wirken, wenn wir lernen, sie als Inspiration zu sehen und nicht nur als Störfaktoren. Daher ermutigen wir dich nicht nur dazu, Störungen in deinem Umfeld zu akzeptieren, sondern sie bewusst als sanfte „Nudges" zu nutzen.

> **Impuls**
>
> Überlege, wie du selbst in deinen Systemen ein wenig „Unruhe stiften" kannst, um neue Ideen, frische Perspektiven und innovative Lösungen zu fördern. Wie könntest du festgefahrene Strukturen, die du als problematisch empfindest, sanft stören?

Tiere sind übrigens richtig gut darin, unsere menschlichen Systeme zu nudgen, also sanft und auf wunderbare Art und Weise zu stören. Ob domestiziert oder in freier Wildbahn: Tiere neigen dazu, etablierte Ordnungen und Routinen zu unterbrechen, einfach, weil sie unsere System-Logiken nicht bedienen. Ihr Verhalten, aber auch ihre Anwesenheit allein bietet uns überraschende und unerwartete Muster-Unterbrechungen und somit Perspektivwechsel, die potenziell großen Einfluss auf menschliche Systeme haben.

Insbesondere in urbanen Umgebungen werden Tiere als störend empfunden, wenn sie beispielsweise nachts den Müll durchwühlen, in Schwärmen auf Plätzen herumlungern oder -flattern, oder eigenartige Geräusche verursachen (du hast bestimmt schon einmal in der Nacht deinen Katzenkampf mitanhören dürfen). Doch gerade diese scheinbaren Störungen können als subtile Anstöße wirken. Unsere Aufmerksamkeit wird dirigiert, wir unterbrechen für einen Moment unsere eigenen Denkmuster, geraden ins Beobachten, vielleicht sogar ins Reflektieren, oder ins Mitgefühl, oder finden ein neues Gesprächsthema. Das Verhalten von Tieren eignet sich hervorragend als Blaupause für „was wäre wenn"- Gedankenspiele. Was wäre, wenn auch ich so ungeniert herausschreien würde, was ich gerade fühle? Was wäre, wenn ich hungern müsste, oder Angst vor Verfolgung hätte? Was wäre, wenn ich fliegen könnte?

Tiere können auch unsere sozialen Strukturen und Systeme beeinflussen. Wir arbeiten, wie bereits eingehend beschrieben, mit Tieren im Kontext der systemischen Therapie und des systemischen Coachings. Über die einer Gruppe mit unseren Tieren gelingt es, neue Blickwinkel zu bekommen, neue Rollen auszuprobieren und auf neue Arten miteinander in die Kommunikation bzw. Interaktion einzutreten. Etablierte Routinen und festgefahrene Muster werden in der Interaktion mit Tieren auf die bestmögliche Art und Weise „gestört" und somit dekonstruiert [siehe „Dekonstruktion" im Kap. 5 *Leitideen*]. Wir denken hier beispielsweise an eine Gruppe von Kolleg:innen, deren gefühlte soziale Hierarchie sich im Umgang mit unseren Ponys auflöste, indem andere Personen als die Üblichen intuitiv die Führung übernahmen. Oder an eine Familie, in der die Ressourcen des mittleren Kindes bisher übersehen worden waren, im Umgang mit unserem Hund aber sichtbar wurden und von der gesamten Familie wertgeschätzt werden konnten.

Tiere sorgen darüber hinaus oft dafür, dass sich anbahnende oder latente Störungen bzw. Veränderungen im System sichtbar und erlebbar gemacht werden, katalysieren also somit das Nudging. In ihrer Fähigkeit, menschliche Gemütszustände intuitiv wahrzunehmen zu spiegeln (und ggf. emotionalen Support zu bieten), zeigen Haustiere schnell an, wenn „etwas nicht stimmt". Durch diese frühe Reaktion auf subtile Veränderungen – ihre ganz eigene Form der Intervention – beeinflussen sie die weitere Entwicklung derselben maßgeblich mit. Eine Person, die sich bei ersten Anzeichen von Traurigkeit von ihrem Tier verstanden und getröstet fühlt, wird anders damit umgehen als jemand, der/die sich damit allein fühlt. Diese Art von „Nudging" passiert oft, ohne dass wir ihm besonders viel Beachtung schenken – hat aber wahrscheinlich viele positive Entwicklungen bewirkt – oder schlimme verhindert!

In aller Kürze
- Störungen sind nicht nur Hindernisse, sondern bieten Chancen für Wachstum und Innovation.
- Von biologischen Prozessen bis zu globalen Systemen können wir überall Beispiele für Störungen finden.
- Systeme können mit Ignorieren (nicht wahrnehmen), Extrahieren (auslagern) oder Integrieren (annehmen und den Umgang anpassen) auf Störungen reagieren.
- Störungen schaffen Chaos/Unordnung, dadurch aber auch Raum für Kreativität, Innovation und Neuordnung in Systemen.
- Wir verstehen Störungen daher als Nudging, also als sanfte Anstöße für Systeme, die einen Perspektivwechsel erfordern und fördern.
- Tiere können als Nudging-Agenten dienen, indem sie menschliche Systeme sanft stören und positive Veränderungen anstoßen.

4

Leitideen für einen gelungenen Veränderungsprozess

4.1 Akzeptanz

"I have learned this from my clients as well as within my own experience – that we cannot change, we cannot move away from what we are, until we thoroughly *accept* what we are. Then change seems to come about almost unnoticed."

[Das habe ich von meinen Klient:innen und aus meiner eigenen Erfahrung heraus gelernt – dass wir uns nicht verändern können, dass uns wir nicht von dem, was wir sind, wegbewegen können, solange wir nicht komplett akzeptieren was wir sind. Dann scheint die Veränderung beinahe unmerklich zu geschehen (Übers. D. Verf.)] (Rogers, 1961, S. 30).

Was der Psychologe Carl Rogers – für Nerds: Entwickler der sogenannten Personenzentrierten Psychotherapie – bereits 1956 vor einer Gruppe Studierender in Illinois aussprach, ist für uns auch mehrere Jahrzehnte später noch eine der wichtigsten Grundannahmen – nicht nur in unserer Arbeit, sondern auch in unserer eigenen Entwicklung: Veränderung ist nur auf der Basis der Akzeptanz des Ist-Zustandes möglich.

4.1.1 Selbst-Akzeptanz

Zugegeben, es ist schwierig, sich selbst mit allen Facetten, Problemen, Komplexitäten, Ambivalenzen und inneren Konflikten so zu akzeptieren, wie man eben ist. Wahrscheinlich kennst auch du das Gefühl, dass dir regelmäßig Anteile von dir selbst begegnen, die du schon auf den ersten Blick unsympathisch findest und auch nach genauerem Hinsehen nicht ausstehen kannst.

Es folgt Selbstkritik, Selbstabwertung und der Wunsch, dass es anders sein sollte. Verständlich. Nur ist es eben schwierig, auf Basis dieser negativen Gefühle positive Veränderungen herbeizuführen. Die Stimmung ist ja bereits da. Und sie ist schlecht. In diesem unfreundlichen Klima gedeihen positive Gedanken, positive Veränderungen und Wachstumschancen naturgemäß nicht so gut, weil sie ständig von der vorherrschenden Kritik und Abwertung sabotiert werden.

Wenn es uns allerdings gelingt, durch die Brille(n) der Selbstakzeptanz, des Selbstrespekts und der Selbstwertschätzung auf unsere eigenen Anliegen zu schauen, wird ein wohlwollendes, angenehmes Klima geschaffen, in dem Veränderung, Wachstum und Wirksamwerden möglich ist.

Unseren Klient:innen raten wir daher, wohlwollend bzw. gnädig mit sich selbst umzugehen, oder so mit sich selbst umzugehen, wie sie es mit einer Freundin oder einem Freund tun würden. In diesem Zusammenhang ist es hilfreich, nach bereits im Problemmuster vorhandenen Ressourcen [siehe „Ressourcen" im Kap. 4 *Leitfaden*] zu schauen, um zu verstehen, dass man sich die Schwierigkeiten oder Konflikte, in denen man steckt, nicht einfach so herangezüchtet hat, sondern dass sie oft aus einem sinnvollen, hilfreichen Grundgedanken oder -bedürfnis heraus entstanden sind [siehe Kap. 3 *Fallbeispiele*].

Zu sehen und zu verstehen, dass genau die Dinge, die wir gern verändern würden, irgendwann einmal als sinnvolle Dynamiken begonnen haben, kann dabei helfen, sie als wichtigen Teil unserer Entwicklung zu akzeptieren – und erst dann, in dieser wohlwollenden Haltung, mit den Veränderungsprozessen zu beginnen.

> **Impuls**
> Übe diesen gnädigen, wohlwollenden Umgang mit dir selbst. Wenn du etwas, beispielsweise einen Gedanken oder ein Verhaltensmuster, an dir selbst bemerkst, das du als problematisch empfindest, überlege dir, was „es" dir eigentlich Gutes tun möchte, bzw. wozu es dient oder diente.

In Beziehungen ist die Selbstakzeptanz Basis für eine authentische Interaktion. Wenn du den Menschen bzw. Lebewesen um dich herum die Möglichkeit gibst, mit dir, genauso wie du eben bist, ohne Verstellen oder Fassade, zu interagieren, gibst du ihnen auch die Möglichkeit, zu entscheiden, wie sie selbst dir gegenübertreten oder mit dir umgehen möchten. Zudem erlaubt es auch deinem Gegenüber, authentisch und wertschätzend sich selbst gegenüber zu sein – denn du hast mit deiner Selbstakzeptanz den Ton gesetzt.

4.1.2 Akzeptanz Anderer

Einen ziemlich signifikanten Anteil der Anliegen, die in unserer Arbeit an uns herangetragen werden, könnte man so oder so ähnlich paraphrasieren: „Repariert bitte mein Kind/ meinen Partner/ meine Partnerin/ meine Kolleg:innen…". Das können wir nicht. Und wir möchten es auch nicht. Es ist schlichtweg nicht möglich, andere zu Veränderungen zu nötigen. Wenn wir andere verändern wollen, anstatt sie erst einmal so, wie sie sind, anschauen und zu verstehen zu wollen, berauben wir uns selbst auch einer großen Lern- und Wachstumschance. Denn wahrscheinlich bieten sich gerade in der Betrachtung einer Perspektive, die wir eigentlich ablehnen, die also so gar nicht unserer eigenen entspricht, genau die Chancen, die wir brauchen, um unseren Blick einmal komplett anders auszurichten.

Es gilt also, die unmittelbare Bewertung, zu der wir alle neigen, erst einmal bewusst zurückzuhalten und die Perspektive des/der Anderen so stehen zu lassen, den/die Andere:n so „sein zu lassen" wie er/sie eben ist. Dieses Verstehenwollen anstatt zu bewerten ist tief in unserer systemischen Haltung verwurzelt [siehe „systemische Haltung" in diesem Kap. 5] und öffnet die Tür für ein klares Bild des echten, authentischen Gegenübers.

Im Gegenzug bekommt unser Gegenüber, wenn wir vorurteilsfrei und voller Akzeptanz in die Interaktion eintreten, ein Gefühl des Angenommenseins, auf dessen Basis es sich frei und ohne Angst so zeigen kann, wie es eben ist. Hier finden wir wieder genau das freundliche und förderliche Klima vor, dass uns auch bei unserem eigenen Wachstum auf Basis von Selbstakzeptanz behilflich ist – in diesem Fall bietet es, wo es von uns geschaffen wird, anderen die Möglichkeit zu Veränderung und Wachstum. Denn wer sich wohlfühlt, sicher fühlt und wertgeschätzt fühlt wird eher bereit sein, auch schwierige oder kritische Themen anzugehen und offen für Impulse zu sein.

Indem wir Andere zunächst einmal akzeptieren, fördern wir also positive Beziehungsdynamiken, die ein Wirksamwerden aller Beteiligten erleichtern.

Es versteht sich von selbst, dass wir auch unseren Tieren mit Akzeptanz begegnen, und sie genau so sein dürfen, wie sie sind. Vielmehr liegt es dann an uns, einen Umgang mit diesem Sein zu finden, der für alle sicher, gesund und bereichernd ist. Durch diese Grundhaltung haben wir schon sehr viel gelernt – anstatt die Eigenheiten der Tiere wegzutrainieren, haben wir uns mit ihren Erfahrungen, Persönlichkeiten und Verhaltensweien auseinandergesetzt und teils kreative Lösungen für Interaktionen gefunden.

> **Impuls**
>
> Versuche, in der nächsten kritischen Interaktion mit einem Gegenüber (auch mit deinem Tier!) deine unmittelbare Bewertung durch komplette Akzeptanz der Haltung oder Meinung (das bedeutet nicht, dass du die Haltung oder Meinung teilst!) zu ersetzen und versuche, dein Gegenüber umfassend zu verstehen. Woher kommt ihre/seine Haltung? Wann und in welchen Kontexten war sie vielleicht für ihn/sie nützlich? Wozu dient sie heute? Was sind die Auswirkungen? Womit hadert er/sie vielleicht selbst?

4.1.3 Akzeptanz der Umstände

Die Akzeptanz der Umstände entsteht aus dem Verständnis heraus, dass nicht alles, was geschieht, von uns selbst kontrollierbar ist. Tatsächlich ist sogar nur ein sehr, sehr kleiner Bruchteil von dem, was geschieht, von uns selbst kontrollierbar. Haben wir diese Idee einmal verinnerlicht, wird der Druck, den wir uns oft selbst machen, wenn wir unbedingt das von uns nicht Beeinflussbare beeinflussen wollen, deutlich verringert. Die Idee „es müsste doch anders sein" wird durch „es könnte auch anders sein – ist es aber nun einmal nicht" ersetzt. Dadurch werden Ressourcen frei, die wir in Dynamiken, die tatsächlich in unserem Einflussbereich liegen, frei. Wir können das, worauf wir einwirken können, mit mehr Energie bearbeiten, wenn wir uns nicht mit dem, worauf wir nicht einwirken können, aufhalten.

Tatsächlich besitzen wir selbst eine kleine, handgeschriebene Karte, auf der nur das Wort „isso" steht. Bei Bedarf, also immer, wenn wir in Versuchung geraten, das Unabänderliche ändern zu wollen, ziehen wir diese Karte hervor und legen sie vor uns hin.

> **Impuls**
>
> Wir laden auch dich dazu ein, eine kleine (gedachte oder tatsächliche) „isso"-Karte zu besitzen, die du hervorziehen kannst, wenn du sie brauchst, um dich zu erinnern, dass du gerade nichts ändern kannst.

4.1.4 Tiere und Akzeptanz

Für Tiere ist Akzeptanz übrigens etwas komplett Natürliches – so wirkt es zumindest auf uns, mit hundertprozentiger Sicherheit können wir es aber nicht sagen, weil wir ihre Gedanken nicht lesen können. Sie scheinen zumindest wenig mit sich zu hadern, und stattdessen das Funktionalste und Lebenspraktischste aus ihren Ressourcen herauszuholen.

Wenn wir eine Pferdeherde oder ein Rudel Hunde dabei beobachten, wie sie ihren Tag gestalten, fällt uns auf, dass sie meist mit all ihren Sinnen genau in dem Moment zu sein scheinen, in dem sie sich gerade befinden. Sie grübeln wenig und beschäftigen sich viel mit dem, was gerade ansteht: Grasen, Sonnen, Fellpflege, Jagen, Dösen, Bewachen. Und vielleicht können wir, wenn wir wieder einmal hadern oder lamentieren, ein bisschen mehr denken wie ein Vierbeiner.

4.2 Ambivalenz

Ambivalenz ist uns allen vertraut – ein Hin- und Hergerissensein, ein „Nicht-So-Recht-Wissen", eine Spannung zwischen „einerseits" und „andererseits", ein Gefühl, die Richtung nicht zu kennen oder keine klaren Antworten finden zu können, ein zermürbendes Grübeln über Optionen… Wir geben zu: es ist nicht leicht auszuhalten. Denn wir sehnen uns nach Klarheit und einfachen Entscheidungen. Spoiler: Leider ist die Welt selten so einfach. Aber genau hier, wo es unangenehm wird, in den Spannungsfeldern der Ambivalenz, entsteht das Potenzial für Lebendigkeit, Wachstum und Kreativität.

Du erinnerst dich sicher die systemische Haltung der Neugier [siehe „Systemische Haltung" in diesem Kap. 5] – ein Ansatz, der uns dazu ermutigt, ergebnisoffen, wertfrei und interessiert und die Dinge heranzugehen. Die systemische Neugier führt uns zwangsläufig zu Begegnungen mit Paradoxien und Ambivalenzen, weil wir erkunden und nicht sofort bewerten, und anstatt diese als störend oder hinderlich abzutun, können wir ihr Potenzial zur Veränderung und als Quelle produktiver Spannung schätzen lernen.

Intuitiv neigen wir manchmal dazu, einfache, schnelle Antworten und Lösungen zu suchen. Doch genau hier setzen wir uns für eine theoretische, möglicherweise kontraintuitive Herangehensweise ein. Durch das bewusste Aufsetzen neuer Beobachtungsbrillen – in diesem Fall einiger theoretischer Überlegungen – erweitern wir unseren Handlungsraum. Diese bewusste

Anerkennung von Ambivalenzen ermöglicht es uns, ganz neue, unbekannte und vor allem spannende Wege einzuschlagen.

4.2.1 Rollen-Ambivalenz

Du erinnerst dich: Jede:r von uns gehört unterschiedlichen Systemen an und hat somit unterschiedliche Rollen inne [siehe „Systeme" im Kap. 4 *Leitfaden*]. Jedes System hat eigene Codes und eigene „Systembrillen", die unsere Wahrnehmung der Welt beeinflussen. Aus dem System heraus erfasst man nie „alles", sondern hauptsächlich das, was gerade relevant ist. Unterschiedliche Systeme sorgen also für unterschiedliche Perspektiven auf die Welt, sie konstruieren Realitäten, die sich von den Konstruktionen anderer Systeme unterscheiden [siehe „(De-)konstruktion" in diesem Kap. 5].

Ambivalenz wird in diesem Kontext als Ergebnis der verschiedenen Konstruktionen betrachtet, die durch die spezifischen Brillen oder Codes der Systeme entstehen. Vielleicht siehst du im Kontext deiner Arbeit Prozesse durch die Effizienz-Brille, während du im Familienkontext die Wohlbefinden-Brille trägst. Diese beiden Brillen legen den Fokus auf unterschiedliche Dinge. Wenn wir als Individuen also verschiedenen Systemen angehören und unterschiedliche Rollen innehaben, tragen auch wir verschiedene Systembrillen. Jede dieser Brillen sorgt für unterschiedliche Filter, Wahrnehmungen und Konstruktionen. Dass diese nicht deckungsgleich sind, ist völlig klar – Ambivalenzen sind also vorprogrammiert.

> **Impuls**
> Welchen unterschiedlichen Systemen gehörst du an bzw. welche unterschiedlichen Rollen füllst du im Alltag aus? Wie kannst du die jeweiligen „System-Brillen" beschreiben? Nach welchen Kriterien filtern sie? An welchen Stellen sind diese Brillen widersprüchlich? Wo und wie entstehen Ambivalenzen?

Das Spannende daran ist jedoch, dass Ambivalenzen, die durch diese unterschiedlichen Konstruktionen entstehen, wieder von den Systemen aufgenommen und in ihre stetigen Erneuerungsprozesse einbezogen werden. Hier liegt also großes Potenzial für Veränderung. So wird beispielsweise deine Arbeits-Perspektive von den Spannungen, in der Nichtpassung mit der Familien-Perspektive entstehen, profitieren können. Die Auseinandersetzung mit diesen Spannungen eröffnet Raum für neue Ideen und Handlungsalternativen, sowohl für Systeme als auch für Individuen [siehe „Alternativen" im

Kap. 4 *Leitfaden*]. So werden Ambivalenzen zu einem integralen Bestandteil des fortlaufenden Prozesses der Selbstdefinition und -erneuerung.

4.2.2 Ambivalenz in Kommunikationen

Wir alle haben es schon erlebt: Diese Situationen, in denen das Gesagte, oder das Geschriebene, nicht ganz mit dem übereinzustimmen scheint, was zwischen den Zeilen steht. Vielleicht schreibt dir jemand per WhatsApp, dass er oder sie dich gern wiedersehen würde, aber du weißt schon, dass dieses Treffen nie stattfinden wird. Woher weißt du das eigentlich? War es die Körpersprache beim letzten Treffen? Oder die Auslassung von Emojis in den letzten paar Nachrichten? Die explizite Aussage, man habe gerade wenig Zeit? Vielleicht hast du auch schonmal eine freundliche Nachricht von deiner Chefin erhalten, die auf den ersten Blick positiv erscheint, aber irgendwie eine unterschwellige Unsicherheit hinterlässt. Steckt da nicht doch irgendwo Kritik drin? Aber wo genau? Und was will sie dir eigentlich sagen?

In Kommunikation(en) kann auf verschiedenen Ebenen Ambivalenz entstehen
Sprache ist vielschichtig. Mündliche und schriftliche Kommunikation bedient schon in den Worten und Sätzen an sich mehrere Ebenen. Zum einen ist da die Sachebene, also der Inhalt an sich. Was ist die Information? Es geht aber auch um die Beziehung zwischen den Sprechenden. Wie wird diese Beziehung hier dargestellt? Weiterhin könnte es auch einen (impliziten) Aufruf zum Handeln geben. Was möchte Person X von Person Y? Und man sagt immer auch etwas über sich selbst aus. Wie sieht sich die/der Sprecher:in selbst?

> **Ein Beispiel**
> „Ich bitte Sie, mir das Konzept zur Prozessoptimierung unverzüglich vorzulegen."
>   Inhalt: Es geht um ein auszuarbeitendes Konzept.
>   Beziehung: Vorgesetze:r – Mitarbeitende:r, eine Person ist der anderen weisungsbefugt.
>   Appell: Konzept her!
>   Selbstbild: Sprecher:in/Schreiber:in ist in einer Autoritätsposition.

In unserem Beispiel stimmen die verschiedenen Ebenen miteinander überein – der Inhalt und das, was „außen rum" geschieht, sind problemlos miteinander vereinbar. Wenn diese verschiedenen Ebenen sich allerdings widersprechen, entstehen Irritationen und Ambivalenzen.

Wäre die Aussage: „Ich bitte Sie, mir das Konzept zur Prozessoptimierung, wenn es Ihnen nichts ausmacht, demnächst irgendwann vorzulegen", würde dies wahrscheinlich für Unklarheiten sorgen, weil die Beziehungsebene der Appellebene und der Ebene des Selbstbildes widerspricht (schaue dazu gerne auch einmal in die Theorien von Paul Watzlawick).

> **Impuls**
> Prüfe Aussagen, die dich irritiert zurücklassen, anhand der oben erwähnten Ebenen auf Widersprüchlichkeiten bzw. Ambivalenzen. Gibt es inhaltliche Unterschiede auf den verschiedenen Ebenen?

Zusätzlich gibt es unterschiedliche Kommunikationskanäle. Wir kommunizieren nicht nur mit Worten, sondern auch durch unsere Körpersprache und andere nonverbale Signale. Manchmal sagt der Tonfall oder die Mimik mehr als das, was wörtlich ausgedrückt wird. Verbale und nonverbale Elemente können sich dabei widersprechen. Logisch: Wenn du gesagt bekommst, du seist ein:e wertvoller Mitarbeitende:r, die sprechende Person dabei aber die Augen verdreht oder süffisant lächelt, bekommt das Ganze eine merkwürdige Konnotation.

> **Impuls**
> Prüfe Kommunikationen, die dich irritiert zurücklassen, darauf, ob die „Messages" auf verbaler und nonverbaler Ebene übereinstimmen oder voneinander abweichen.

Unsere Erwartungen spielen in diesem Zusammenhang auch eine Rolle. Es gibt Momente, in denen das, was gesagt wird, oder die Art und Weise, wie etwas gesagt wird, unseren Erwartungen und Normen widerspricht. Dies gilt insbesondere für Konventionen und Rituale – wir haben uns an eine bestimmte Art der Kommunikation gewöhnt, und plötzlich wird diese Gewohnheit unterbrochen. Dies führt schnell zu Verwirrung. Vielleicht bist du es gewöhnt, in deiner Herkunftsfamilie nicht zu Wort zu kommen, weil deine Eltern und Geschwister viel Raum einnehmen. Wenn nun plötzlich alle Augen erwartungsvoll auf dich gerichtet sind oder du gar aufgefordert wirst, etwas preiszugeben, verstehst du wahrscheinlich gar nicht, was da gerade los ist…

> **Impuls**
> Erinnerst du dich an Situationen, in denen du von einzelnen Kommunikationsakten überrascht wurdest? Welche Erwartungen hattest du im Vorfeld? Wie wurden diese ausgehebelt?

Der offensichtliche Inhalt einer Nachricht steht manchmal im Konflikt mit der Beziehung zwischen den Kommunikationspartner:innen. Wenn in einer Liebesbeziehung plötzlich ein geschäftsmäßiger Ton herrscht, oder umgekehrt in einem professionellen Umfeld liebevoll miteinander gesprochen wird, werden ganze Beziehungs-Dynamiken infrage gestellt.

> **Impuls**
> Wie wird in deinen sozialen Beziehungen hauptsächlich kommuniziert? Welche Kommunikationsakte erscheinen dir der Beziehungsebene angemessen? Welche nicht?

Die Auseinandersetzung mit diesen Facetten der Kommunikation ermöglicht nicht nur das Erkennen von Ambivalenzen, sondern eröffnet auch die Chance, aus diesen Ambivalenzen zu lernen und eine klarere Verständigung zu fördern. Wir plädieren hier nicht dafür, die Ambivalenzen zu vermeiden – im Gegenteil: wir glauben, dass ein umfassendes Verständnis von Ambivalenzen in deiner Kommunikationswelt maßgeblich zur Analyse und somit Entwicklung deiner sozialen Gefüge beitragen kann. Also, wenn du dich das nächste Mal in einer Kommunikation befindest, in der etwas „zwischen den Zeilen" liegt, hast du nun die Werkzeuge, dies genauer zu betrachten, tiefer zu verstehen und deine eigenen Rückschlüsse daraus zu ziehen. Der Umgang mit Ambivalenzen ermöglicht so eine tiefere Verständigung und trägt dazu bei, Beziehungen auf eine nuancierte und reife Ebene zu heben.

4.2.3 Dilemmata

Ein Schlüsselkonzept, das u. a. der Kybernetiker Gregory Bateson in diesem Kontext einbringt, ist die Idee der paradoxen oder widersprüchlichen

Kommunikation (sogenannte „double bind"- Kommunikation[1]), die zu Dilemma-Situationen führen. Dabei geht es um zwei komplett gegenläufige Erwartungen oder Apelle, die über verschiedene Kanäle von einer Person an eine andere Person gestellt werden. Erwartung X und Erwartung Y werden artikuliert. X widerspricht Y. Beide können nicht gleichzeitig stattfinden oder ignoriert werden (so scheint es zumindest). „Komm her und umarme mich", könnte beispielsweise jemand zu dir sagen – und dabei die Arme verschränken und sich von dir abwenden. Leicht vorstellbar, dass dies zu Verwirrung und Anspannungen führt, da du vermeintlich immer das falsche tun wirst: Folgst du dem verbalen Aufruf, begehst du möglicherweise einen Übergriff, da die Haltung sagt: ich möchte nicht berührt werden. Folgst du den nonverbalen Hinweisen, musst du allerdings die verbale Äußerung ignorieren... Was tun?

Es handelt sich hier um ein klassisches Entweder-Oder-Szenario, in dem du zwischen Option A und Option B wählen musst. Die genauere Betrachtung zeigt nun aber, dass auch andere Optionen zur Verfügung stehen: „sowohl als auch" oder „keins von beidem" sind ebenfalls Möglichkeiten – sofern man bereit ist, sich über den etablierten Kommunikationsrahmen hinwegzusetzen. In unserem Beispiel könnte die Entscheidung „umarmen oder nicht umarmen" also in „beides, nacheinander" oder „gar nicht für die Entscheidung zur Verfügung stehen", umgewandelt werden. Konkret hieße das, zu zwei verschiedenen Zeitpunkten beiden Aufrufen zu folgen und dies klar zu verbalisieren, oder sich der Kommunikation komplett zu entziehen und dies ebenso klar zu verdeutlichen. Hilfreich dabei ist, das Dilemma zu benennen und somit an die appellierende Person zurückzugeben. Dieses Verbalisieren führt zu mehr Klarheit und Transparenz – und zu einer Rückgabe der Verantwortung an die artikulierende Person. „Ich habe gerade zwei gegensätzliche Anweisungen von dir verstanden. Ich werde sie nacheinander (oder: gar nicht) befolgen", könnte eine mögliche Verbalisierung darstellen. Durch diese sogenannte Meta-Kommunikation steigt man aus der doublebind-Situation aus und überlässt das Dilemma der auffordernden Partei.

In dieser Hinsicht ist die Ambivalenz sogar in vermeintlichen Dilemma-Situationen Ausgangspunkt für kreative Lösungen und die Suche nach neuen Perspektiven. Der bewusste Umgang mit Ambivalenz führt somit nicht nur zu einer verbesserten Kommunikation, sondern auch zu einer gesteigerten Reflexionsfähigkeit von Individuen und Systemen.

---

[1] Wenn du magst, kannst du einmal hier nachschauen: (Bateson et al., 1956).

> **Impuls**
> Hast du selbst auch schon solche double-bind Kommunikationen, die zu Dilemma-Situationen führten, erlebt? Wie hätte eine kreative Lösung im Sinne der Benennung bzw. der „sowohl als auch" oder „keins von beidem" Ansätze aussehen können?

4.2.4 Ambivalenzen als Chancen

In komplexen Umgebungen sehen sich Menschen oft widersprüchlichen Informationen, Dynamiken und Strukturen gegenüber und konstruieren sich darauf basierend ihre eigene Realität. Vor diesem Hintergrund ist die Ambivalenz ein natürlicher Bestandteil der individuellen Konstruktion von Realität. Wir können Ambivalenzen also aktiv in unsere Denkprozesse integrieren. In diesem Sinne ist Ambivalenz nicht nur ein Phänomen, mit dem wir umgehen müssen, sondern auch eine Ressource, die unsere Fähigkeit zur (Selbst-)Reflexion und zur Anpassung an komplexe Umgebungen stärkt.

Angesichts dieser Erkenntnisse würden wir dich gern ermutigen, deine Ambivalenz(en) nicht als Hindernis, sondern als kreative Herausforderung zu sehen. Auch wenn oft nach klaren Antworten gerufen wird: so einfach ist es nicht. Daher erweitert ein konstruktiver Umgang mit Ambivalenzen unsere Denkmuster und fördert eine lebendige, vielschichtige Welt. Wenn du dir der Vielschichtigkeit unserer Realität bewusstwirst und sie mit Offenheit betrachtest, können Ambivalenzen nicht nur verstanden, sondern auch als Bausteine für (d)eine reichhaltigere, nuancierte Welt genutzt werden.

4.2.5 Interaktion mit Tieren und Ambivalenz

Auch wenn wir hier für einen offenen, neugierigen Umgang mit Ambivalenz und für deren Akzeptanz im Alltag plädieren, wissen wir, dass dies wirklich anstrengend ist. Eine Pause von all den „einerseits... andererseits – Überlegungen" kann wohltuend sein. Du bemerkst: sogar der Ambivalenz gegenüber kann man ambivalent sein. Aber ... Moment!

Wir hatten eine Pause davon versprochen: Hier kommen unsere Tiere ins Spiel, die in ihrer Kommunikation häufig recht klar sind. Du erinnerst dich an die vielen Ebenen sprachlicher Kommunikation? Diese fallen hier weg!

Die Kommunikation mit Tieren findet unmittelbar statt. Tiere verfügen artspezifisch über ein klares Vokabular, um ihre Bedürfnisse und Emotionen auf unmissverständliche Weise auszudrücken. Ein anschauliches Beispiel ist die Körpersprache von Hunden. Ihre Körpersprache und Mimik und sind direkte Ausdrucksformen ihrer Gefühle, Befindlichkeiten oder Vorhaben. Freude, Zustimmung, Angst, Trauer, Angriff usw. werden unmittelbar über den Körper kommuniziert. Diese nonverbalen Signale dienen dazu, klare Botschaften innerhalb der Gruppe zu kommunizieren und Missverständnisse zu vermeiden. Ambivalente Kommunikation wäre hier hinderlich oder gar gefährlich.

Zudem sind viele Tiere in der Lage, die emotionale „Kernaussage" der menschlichen Kommunikation zu spiegeln. Pferde reagieren beispielsweise sehr sensibel auch auf die feinen Nuancen der menschlichen Gefühlswelt. Wenn ein Mensch beispielsweise Ängste oder Unsicherheiten mit sich umherträgt, wird ein Pferd diese emotionalen Zustände aufgreifen und darauf reagieren – egal wie sehr der Mensch sich bemüht, diese zu verstecken oder zu überspielen. Pferde als Herdentiere sind nämlich darauf angewiesen, die Stimmungen und Gefühle der Gruppenmitglieder zu erkennen, um auf potenzielle Veränderungen (=Gefahren oder Chancen) angemessen reagieren zu können. In der Interaktion mit Pferden erleben wir also eine unmittelbare Rückmeldung über unsere eigenen emotionalen Zustände. Pferde spiegeln nicht die äußeren Erscheinungen oder Kommunikationsinhalte, sondern nehmen unsere grundlegenden Befindlichkeiten wahr. Diese pferdische Art der Interaktion umgeht die Verschleierungsversuche und Ambivalenzen, die oft in menschlichen Interaktionen auftreten.

Die Interaktion mit Tieren basiert somit auf Authentizität und Einfachheit, und bietet uns die Gelegenheit, losgelöst von menschlichen Ambivalenzen und unserer damit verbundenen ständigen internen Analyseprozesse in klare, unmittelbare Kommunikationen einzutreten und das eigene emotionale Grundgerüst freizulegen.

Wir sehen viel Potenzial für Bereicherung und Entwicklung in einem reflektierten Umgang mit Ambivalenzen – wir sehen aber auch das Bedürfnis nach Einfachheit und Klarheit. Die Kunst ist wohl, beides „auf dem Schirm zu haben" und je nach Kontext und Gegenüber den Umgang entsprechend anpassen zu können.

4.3 Beobachtung

Wozu brauchen wir überhaupt ein Kapitel über Beobachtung? Natürlich beobachten wir alle, wir können gar nicht nicht beobachten – es ist eine ganz natürliche Angewohnheit. Alle Lebewesen, die mit Sinnesorganen ausge-

4 Leitideen für einen gelungenen Veränderungsprozess

stattet sind, tun es ständig. Sie erhöhen damit ihre Überlebens- und Entwicklungschancen. Ohne unser Umfeld abzuscannen und auf Gefahren zu prüfen, ohne potenzielle Partner:innen zur Fortpflanzung zu identifizieren, ohne die Wirkung von Giftpflanzen auf Artgenossen erlebt zu haben, ohne unterscheiden zu können, welche Lebewesen uns freundlich und welche feindlich gegenüberstehen, ohne all das und vieles mehr hätten wir als Spezies nicht besonders lange durchgehalten. Zu beobachten und Rückschlüsse daraus zu ziehen, Muster zu erkennen und so die eigenen Fähigkeiten zu erweitern ist also evolutionär sehr sinnvoll.

Gerade weil die Beobachtung ein so existentieller Bestandteil unseres (Zusammen-)Lebens ist, dabei aber so gern als selbstverständlich hingenommen und, ironischerweise, keines tiefen Blickes gewürdigt wird, möchten wir gern einen Blick auf die Feinheiten und Details werfen, um sie genauer so verstehen und schlussendlich auch zielgerichteter und wirksamer einzusetzen.

Also:

4.3.1 Wer beobachtet?

Kurze Antwort. Wir alle. Längere Antwort: Wir, individuell, als Personen bzw. Lebewesen und wir, kollektiv, als System – und beides hat miteinander zu tun. Beginnen wir mit der kollektiven Beobachtung. Systeme grenzen sich durch Unterscheidungen von anderen Systemen ab (wir sind x und nicht y), und Beobachtungen dienen dazu, diese Abgrenzungen sichtbar zu machen. Das System „Schulklasse 9b" beobachtet beispielsweise die eigene Sprache (cool), den eigenen Style (cool), den eigenen Umgang miteinander (solidarisch) in Abgrenzung zu den Lehrenden und deren Sprache (uncool), deren Style (uncool) und deren Umgang mit den Schüler:innen (unsolidarisch). So kann die Klasse 9b klar von anderen Menschen, die sich an der Schule bewegen, unterschieden werden. Die Beobachtung hat die Unterschiede deutlich herausgestellt und erlaubt der 9b, sich als geschlossenes System wahrzunehmen.

Es sind jedoch auf einer grundlegenden Wahrnehmungsebene die Individuen, die Beobachtungen vornehmen. Nun wird es etwas komplizierter: Jede:r von uns ist Teil mehrerer sozialer Systeme, sei es die Familie, die Arbeit, eine bestimmte Gemeinschaft oder die Gesellschaft als Ganzes. In diesen verschiedenen sozialen Kontexten nehmen wir dann unterschiedliche Beobachtungen vor, die aber wiederum von den jeweiligen Systemen geprägt sind. Unsere Beobachtungen geschehen aber nicht isoliert, sondern sie finden in Interaktion mit anderen Mitgliedern eines sozialen Systems statt. Wir beobachten nicht nur die Welt um uns herum, sondern auch, wie andere Mitglieder des Systems diese Welt wahrnehmen. Dies prägt wiederum unsere eigenen Beobachtungen und somit unsere eigene Interpretation und Konstruktion der Realität. Unser Blick wird also von unserem umgebenden System gewissermaßen ausgerichtet bzw. gelenkt.

> **Impuls**
> Reflektiere über die verschiedenen sozialen Systeme, denen du angehörst, sei es Familie, Arbeit, oder eine andere Gemeinschaft. Überlege, inwieweit und wie deine Beobachtung möglicherweise von dem jeweiligen System beeinflusst wird. Beobachtest du als Eltern? Als Lernende:r? Als Lehrende:r? Als …? Wie richtet dieses System deinen Blick aus?

4.3.2 Was beobachten wir?

Wir beobachten, ganz allgemein gesagt, die Dynamiken sozialer Systeme. Und diese Dynamiken entstehen, indem kommuniziert wird, sei es verbal, schriftlich, mimisch oder durch physischen Kontakt. Eine Diskussion ist ebenso Kommunikation wie es der Austausch von Blicken, eine Umarmung oder eine Ohrfeige sein kann. Das Konzept der „Beobachtung" in sozialen Systemen bezieht sich also unmittelbar auf unsere Kommunikation, denn ohne diese Kommunikation gäbe es nichts, was beobachtet werden könnte. Indem wir miteinander kommunizieren, stellen wir Strukturen her, die wir dann beobachten können.

Ein einfaches Beispiel verdeutlicht diesen Prozess: Stell' dir vor, du grüßt jemanden, jedoch grüßt diese Person nicht zurück. Du wiederum bemerkst dies und stellst einen Unterschied zwischen deiner Handlung und der deines Gegenübers fest. Du hattest erwartet, dass die andere Person auf deine Geste reagiert, und als dies nicht geschieht, beobachtest du eine Diskrepanz. Die von dir wahrgenommene Disharmonie ist das Ergebnis deiner Beobachtung der wechselseitigen Kommunikation.

> **Impuls**
> Nimm dir bewusst Zeit, eine Kommunikationssituation zu beobachten. Dies kann beispielsweise eine alltägliche Konversation sein. Achte darauf, welche Elemente dieser Situation du tatsächlich beobachtest: die Gestik, die Mimik, die Sprache, die Reaktionen der Beteiligten…? Notiere deine Beobachtungen

(mental) und überlege, wie diese deine Interpretation der Situation beeinflussen könnten.

4.3.3 Wie beobachten wir?

Vielleicht hast du in der Übung oben schon bemerkt, dass es unmöglich ist, alles, was um uns herum geschieht, gleichzeitig zu beobachten, und selbst wenn wir selektieren, was wir beobachten, ist es unmöglich, all das, was wir ausgewählt haben, mit derselben Aufmerksamkeit zu beobachten. Wir müssen also, um uns überhaupt in der Komplexität der uns umgebenden Interaktionen zurecht zu finden, permanent selektieren und filtern, was beobachtenswert ist und mit welcher Intensität und welcher Beobachtungslinse (wir nennen diese gern „Brille") wir beobachten. Habe ich mich beispielsweise dafür „entschieden" (meist findet diese Entscheidung unbewusst statt) die Interaktion in einer Pferdeherde zu beobachten, und nicht die umgebende Landschaft, die Bauweise des Zauns, das Wetter oder irgendeine andere Struktur, so habe ich wahrscheinlich bereits eine Art „Fragestellung" dazu im Kopf, ich habe also bereits eine Beobachtungs-Brille aufgesetzt. Diese könnte sich auf Kooperationen der Tiere untereinander beziehen, oder auf die Größenverhältnisse, die Fellfarben, mögliche Konflikte, die Rollenverteilung und – und – und. Es wäre schlicht und einfach überwältigend, alle Details gleichzeitig im Blick zu haben, denn das wäre, so, als würde man alle möglichen Brillen übereinander tragen – und das wäre eine große Überforderung!

Die Art und Weise, wie unsere Brille oder Beobachtungslinse eingestellt ist, hängt von den Codes, also den ungeschriebenen Mustern und Regeln ab, die in einem bestimmten sozialen System vorherrschen. Diese Codes dienen als Orientierungshilfe und beeinflussen, wie wir die Welt wahrnehmen. Wir sehen die Welt buchstäblich durch die Brille, die unser jeweiliges System kreiert und uns aufgesetzt hat.

Stellen wir uns also vor, wir sind Teil einer Firma, die gewinnorientiert arbeitet. Es geht also im System um Wirtschaft, und um Gewinne bzw. Verluste. Diese Leitunterscheidung „Geld haben" bzw. „kein Geld haben" definiert, also gestaltet, die Beobachtungslinse oder Brille. Mit dieser „Geld-Brille" schauen wir als Individuen dann wiederum eine bestimmte Interaktion an, beispielsweise eine Kommunikation zwischen Klient:in und Repräsentant:in der Firma. In dieser Interaktion beobachten wir dann nur dass, was für unsere Brille und somit auch für unser System relevant ist.

> **Impuls**
>
> Brillenwechsel! Du kannst diese Übung mit tatsächlichen Brillen durchführen – wir haben zu diesem Zweck einen soliden Fundus an extravaganten Party-Brillen mit verschiedenfarbigen Gläsern angelegt – und jeder Brille eine bestimmte System-Linse zuordnen: du hast also eine Geld-Brille, eine romantische oder rosarote Brille, eine Lern-Brille, eine Macht-Brille usw. Wenn dir das zu ausgeflippt ist, kannst du dir die Brillen natürlich auch einfach vorstellen. Schau dir nun eine bestimmte Situation/Interaktion/Kommunikation durch verschiedene Brillen an. Was fällt dir auf?

4.3.4 Womit beobachten wir?

Diese Frage schließt unmittelbar an das „Wie" an. Selbstverständlich erfolgt Beobachtung zunächst unter Einsatz unserer Sinne: wir sehen, hören, riechen, schmecken, tasten… Allerdings wird das, was es auf dem Weg von der unbewussten Sinneswahrnehmung in unser Bewusstsein schafft, vorgefiltert von unseren Erfahrungen und Erwartungen. Und diese wiederum, du ahnst es, werden zu einem signifikanten Anteil von unseren sozialen Kontexten, also unseren Systemen bestimmt.

> **Impuls**
>
> Nimm dir bewusst Zeit für eine Beobachtungssession. Bemerke, wie du deine Sinne einsetzt, um die Welt wahrzunehmen. Versuche nun, so paradox es klingt, etwas ganz anderes wahrzunehmen als, das, was du gerade beobachtest. Was passiert nun?

4.3.5 Wozu führen Beobachtungen?

Es ist ganz einfach und gleichzeitig sehr bedeutsam: unser ständiges Beobachten führt dazu, dass unsere Realitäten nicht objektiv sind, sondern ganz subjektiv von uns selbst erschaffen werden. Sie werden nicht erschaffen in dem Sinne, dass wir uns bewusst eine Welt ausdenken und ausgestalten, sondern dass wir (teilweise) unbewusst, durch den Fokus, den wir mittels der von unserem System zur Verfügung gestellten Brillen setzen, dem, was wir wahrnehmen, einen Sinn verleihen und unser Erleben so erschließbar und (uns selbst) erzählbar machen.

Unsere Beobachtungen beeinflussen also, wie wir die Welt verstehen und wie wir in ihr handeln. Sie führen dazu, dass wir Bedeutung schaffen und Entscheidungen treffen. Und wenn wir uns nun daran erinnern, dass unsere Beobachtungslinsen von unseren Systemen vorgeprägt sind, wird uns bewusst, dass auch unsere eigenen Realitäten, unsere Entscheidungen und Handlungen nicht willkürlich sind, sondern ebenso maßgeblich von unseren Systemen beeinflusst werden.

> **Impuls**
>
> Schau dir bewusst deine eigenen Beobachtungen an und überlege, wie sie deine Sicht auf die Welt beeinflussen. Nimm dir bewusst Zeit, diese Beobachtungen zu hinterfragen und zu überprüfen. Überlege, wie die aufgesetzte Linse bzw. Brille deine Interpretationen und Entscheidungen beeinflusst hat. Wahrscheinlich wird dir von dieser Beobachtungsbeobachtung ein bisschen „schwindelig", trotzdem lohnt sie sich, denn sie erlaubt dir, einen Einblick in die Konstruktionsmechanismen deiner eigenen Realitäten zu bekommen.

4.3.6 Warum beobachten wir?

Diese Frage geht tief in die Grundmechanismen menschlichen Verhaltens und sozialer Dynamik hinein. Beobachten ist somit ein fundamentaler Prozess, der sowohl unsere individuelle Entwicklung als auch das Funktionieren sozialer Systeme mitbestimmt.

Das Beobachten ist also nicht nur eine angeborene Fähigkeit, sondern auch ein Werkzeug zur Entwicklung unserer eigenen Kompetenzen. Es ermöglicht uns, uns selbst und die Welt um uns herum besser zu verstehen, unsere Realität zu gestalten und unsere Wirksamkeit zu entfalten.

> **Impuls**
>
> Kannst du dich an eine Situation erinnern, in der du aus dem, was du beobachtet hast, etwas gelernt hast? Gab es vielleicht sogar einen „aha-Moment", indem du das Gefühl hattest, ein Muster, eine Struktur oder eine Dynamik nun „verstanden" zu haben und dieses Verständnis für dich nutzen zu können? Hast du deine eigenen Haltungen oder Handlungen in der Folge angepasst?

4.3.7 Beobachtung der Beobachtung

In diesem Kapitel haben wir gemeinsam beobachtet. Und zwar nichts Geringeres als die Beobachtung selbst. Es handelte sich also um eine Beobachtungsbeobachtung oder um eine Beobachtung 2. Ordnung. Indem wir unsere eigenen Beobachtungen untersuchen, sind wir in der Lage, uns selbst zu reflektieren, bewusst andere Perspektiven als die ohnehin schon bekannten einzunehmen, alternative Deutungen zuzulassen oder sogar selbst zu generieren, und uns so zu entwickeln.

Du bist beispielsweise Teil einer Familie, eines Freundeskreises, eines Teams oder einer Organisation. Deine Beobachtungen innerhalb dieser Systeme helfen nicht nur dabei, die äußere Welt zu verstehen, sondern auch, wie das System selbst funktioniert. Du beobachtest, wie Entscheidungen getroffen werden, wie Kommunikation abläuft und wie die einzelnen Personen oder Lebewesen miteinander interagieren. Dies ermöglicht dir, gemeinsam mit deinem jeweiligen System, dich selbst (und somit das System) zu entwickeln und zu verändern.

- Beobachtung ist evolutionär verankert. Es erhöht unsere Überlebens- und Entwicklungschancen durch das Erkennen von Mustern und Gefahren in unserer Umgebung.
- Wir alle beobachten, individuell als Personen und kollektiv als Teil von Systemen, wobei diese Beobachtungen unsere Wahrnehmung der Welt und die Abgrenzung zu anderen Systemen formen.
- Durch Beobachtung erfassen wir die Dynamiken sozialer Systeme, die durch Kommunikation entstehen, und gestalten dadurch unsere sozialen Strukturen und Interaktionen.
- Unsere Beobachtungsfähigkeit ist selektiv und wird durch kulturelle, soziale und persönliche „Brillen" gelenkt, die bestimmen, was wir wahrnehmen und wie wir es interpretieren.
- Beobachtungen erschaffen unsere subjektive Realität, beeinflussen unsere Entscheidungen und Handlungen und ermöglichen es uns, aus unseren Erfahrungen zu lernen und uns weiterzuentwickeln.

4.4 Hermeneutische (Un-)gerechtigkeit

Stell dir folgendes vor: jemand hat eine tiefgreifende, persönliche Erfahrung gemacht – aber der Person fehlen die Worte, um die Erfahrung zu beschreiben und sie so mit anderen zu teilen. Diese Erfahrung könnte beispielsweise eine emotionale Herausforderung, ein traumatisches Ereignis oder eine besondere Erkenntnis sein. Egal was es ist: ohne die passenden Begrifflichkeiten und Konzepte bleibt die Erfahrung in der Person eingeschlossen.

Wenn jemand Schwierigkeiten hat, die eigenen Erfahrung angemessen auszudrücken, und das soziale Umfeld somit nicht in der Lage ist, die Bedeutung und Tragweite des Erlebten zu verstehen, sprechen wir von „hermeneutischer Ungerechtigkeit". Dies beschreibt das Unvermögen, eigene Erfahrung zu verstehen, einzuordnen und zu teilen, weil Vokabular und Konzepte dafür fehlen. Es ist leicht vorstellbar, dass ein Nichtteilenkönnen der eigenen Erlebnisse, Gedanken und Erfahrungen zu sozialer Ausgegrenztheit führen und das individuelle Wohlbefinden nachhaltig beeinträchtigen.

Das alles klingt nun recht abstrakt. Wenn wir aber auch „im Kleinen" schauen, also in unseren täglichen Interaktionen, bemerken wir, dass Worte und Konzepte oft ungleich verteilt sind: jemand kennt einen Begriff – jemand anders nicht. Jemand ist mit einem Konzept oder einer Theorie vertraut – jemand anders kann sich gar nichts darunter vorstellen. Die hermeneutische Ungerechtigkeit zu verstehen kann und also dabei helfen, einigen Konflikten, Missverständnissen und Spannungen in unseren Interaktionen und Systemen auf die Spur zu kommen.

4.4.1 Zum Begriff an sich

„Hermeneutische Ungerechtigkeit" bedeutet, dass die Fähigkeit einer Person, ihre eignen Erfahrungen auszudrücken und von anderen angemessen verstanden zu werden, nicht vorhanden, eingeschränkt, oder unterdrückt ist. Der Begriff wurde von der Philosophin Miranda Fricker geprägt, die feststellte, dass hermeneutische Ungerechtigkeit auftritt, wenn es bestimmten Individuen oder Gruppen innerhalb einer Gesellschaft an den nötigen Begrifflichkeiten oder interpretativen Ressourcen fehlt, um bestimmte Erfahrungen zu verstehen, verarbeiten und mit anderen zu kommunizieren.

Für Miranda Fricker ist hermeneutische Ungerechtigkeit einer von zwei Hauptaspekten der epistemischen Ungerechtigkeit, also einer Ungerechtigkeit in der Generierung, Verteilung und Wertschätzung von Erkenntnis und Wissen(schaft). Der zweite Aspekt die testimoniale Ungerechtigkeit, also eine Ungerechtigkeit in der Zeugnisfähigkeit bzw. Glaubwürdigkeit von Personen. Wir beziehen uns hier allerdings ausschließlich auf die hermeneutische Ungerechtigkeit, um die Komplexität etwas zu reduzieren und weil diese hermeneutische Ebene die relevanteste für uns ist.

Also, hier der Kern: Die Ungerechtigkeit des Verständnisses basiert primär auf sprachlichen Lücken, die es erschweren, bestimmte Erfahrungen zu beschreiben. Einfach gesagt: wenn die Wörter für das, was man erlebt hat, fehlen, kann man es selbst nicht erklären.

Weiterhin stehen nicht allen Mitgliedern einer Gesellschaft (oder eines Systems) die gleichen interpretativen Ressourcen, also die gleichen kognitiven und intellektuellen Werkzeuge, die es erlauben, Erlebnisse zu verstehen und einzuordnen, zur Verfügung. Tatsächlich gibt es immer wieder ganze Gruppen von Menschen, denen diese interpretativen Mittel fehlen – weil sie keinen Zugang dazu haben. Einfach gesagt: wenn ich etwas Bestimmtes nicht weiß und/oder keine Möglichkeit habe, es mir herzuleiten, kann ich meine eigenen Erfahrungen auch nicht vor diesem bestimmten Hintergrund deuten.

Hermeneutische Ungerechtigkeit betrifft oft marginalisierte Gruppen, wie zum Beispiel Frauen, ethnische Minderheiten, LGBTQ+-Personen und Menschen mit körperlichen und psychischen Besonderheiten. Diese Gruppen erfahren nicht nur hermeneutische Ungerechtigkeit, sondern sind auch häufig anderen sozialen und ökonomischen Ungerechtigkeiten ausgesetzt. Einfach gesagt: wenn ich schon aufgrund meiner Gruppenzugehörigkeit diskriminiert werde, bin ich möglicherweise auch in Bereichen, die meinen Ausdruck und mein Verstandenwerden betreffen, benachteiligt.

Ein deutliches Beispiel, das auch Fricker anführt (Fricker, 2017), ist die Erfahrung von Frauen, die sexualisierte Übergriffe erlebt haben. Wenn diese Frauen nicht (umfassend) über Sexualität, Gewalt, sowie Konsens, das Recht auf Selbstbestimmung, das juristische Framework usw. informiert sind, können sie weder benennen, was ihnen passiert ist (weil sie das Wort dafür nicht kennen) noch, dass es ein Unrecht war (weil sie nicht mit dem Konzept vertraut sind). Mehr noch: wenn das Umfeld die Übergriffe ganz anders benennt, z. B. als „Flirten" oder „normal", werden die Fehldeutungen verstärkt und den Frauen die Deutungshoheit über die Erlebnisse komplett entzogen.

Es muss auch berücksichtigt werden, dass Ungerechtigkeiten oft miteinander verflochten sind und sich gegenseitig verstärken. Wo soziale und ökonomische Ressourcen fehlen, ist oft auch der Zugang zu Bildungsprozessen, die das nötige Vokabular und Interpretations-Möglichkeiten bereitstellen, erschwert. Umgekehrt erschwert ein Mangel von Anerkennung und Teilhabe aufgrund hermeneutischer Ungerechtigkeit Zugang zu Ressourcen und Chancen auf anderen Ebenen.

> **Impuls**
> Fallen dir eigene Beispiele zu hermeneutischer Ungerechtigkeit ein? Schau' dir dein Umfeld als Beobachter:in an – welche Missverständnisse oder Konflikte liegen darin begründet, dass eine Seite (oder beide) mit bestimmten Worten oder bestimmten Konzepten nicht vertraut sind?

4.4.2 Relevanz und Auswirkungen

Hermeneutische Ungerechtigkeit ist von erheblicher Bedeutung in unserer Gesellschaft, da sie nicht nur individuelle Erfahrungen beeinflusst, sondern auch weitreichende Auswirkungen auf die Art und Weise hat, wie Individuen und ganze Gruppen von Menschen wahrgenommen und gehört (oder überhört) werden. Die Unfähigkeit, eigene Erfahrungen angemessen auszudrücken, beeinträchtigt die Teilhabe am sozialen Leben sehr.

Die Art und Weise, wie Menschen ihre Erlebnisse interpretieren und kommunizieren, beeinflusst ihre soziale Identität und ihre Beziehungen zu anderen maßgeblich. Hermeneutische Ungerechtigkeit wirkt sich daher nicht nur auf das individuelle Wohlbefinden aus, sondern prägt auch die Dynamik gesellschaftlicher Strukturen. Uns als Gesellschaft fehlen dadurch einfach wichtige Informationen und Perspektiven. Die Tragweite dieses Problems wird besonders deutlich, wenn wir konkrete Beispiele in verschiedenen Kontexten betrachten.

Beispiele
Hermeneutische Ungerechtigkeit ist im Berufskontext ein erhebliches Problem, sowohl für die individuelle Entwicklung als auch für die Vielfalt und die Perspektiven von Organisationen. Nehmen wir an, eine Person (aus einer marginalisierten Gruppe) hat aufgrund ihrer spezifischen Lebenserfahrungen wertvolle Fähigkeiten und Perspektiven entwickelt, die für eine bestimmte Aufgabe in einem Unternehmen relevant sein könnten.

So könnte zum Beispiel eine Sozialarbeiterin, die Diskriminierungserfahrungen, die sich gegen ihren Körper richteten, gemacht hat, wertvollen Beistand für Menschen, die von ähnlichen Vorurteilen betroffen sind, leisten. Aufgrund hermeneutischer Ungerechtigkeit fehlt der Sozialarbeiterin jedoch möglicherweise das passende Vokabular oder die geeigneten interpretativen Ressourcen, um diese Erfahrungen überzeugend zu vermitteln. Wenn die Sozialarbeiterin nicht benennen kann, worum es sich handelte (Body-Shaming, Ableismus, Lookismus, Ageismus, Sexismus, Rassismus etc. etc.) oder wie sie die Konzepte interpretiert und einordnet, bzw. dass es sich um gesellschaftliche Problematiken handelt, wird sie ihre Erfahrung zwar „fühlen", im Beruf aber nicht kohärent vermitteln können. In einem standardisierten Bewerbungs-, Beförderungs- oder Aufgabenverteilungsprozess, der stark auf verbaler Kommunikation basiert, könnte diese Person benachteiligt werden. Möglicherweise wird sie also nicht auf eine Position gesetzt, in der sie ihre Erlebnisse als wertvollen Hintergrund in ihre Arbeit miteinbeziehen kann. Das Unvermögen, ihre einzigartigen Erfahrungen adäquat zu teilen, führt also dazu, dass ihre (informelle) Qualifikation nicht angemessen berücksichtigt wird. Das Unternehmen übersieht in diesem Fall nicht nur wertvolle Fähigkeiten, sondern beschränkt auch Vielfalt und Innovation innerhalb des Teams.

Ein weiteres berufsbezogenes Beispiel für hermeneutische Ungerechtigkeit bezieht sich auf die Erfahrung von nichtmännlichen Personen im Job. In einem Umfeld, das männlich geprägte Konzepte und Männern zugeschriebene Eigenschaften bevorzugt, könnten nichtmännliche Personen Schwierigkeiten haben, ihre Erfahrungen angemessen zu teilen. Dies wirkt sich dann nachteilig auf Karrierechancen und den beruflichen Erfolg aus, da ihre Perspektiven möglicherweise nicht ausreichend berücksichtigt und gewürdigt werden.

Wir können uns aber auch das Bildungssystem anschauen, wo hermeneutische Ungerechtigkeit den Zugang zu Wissen und Bildung behindern kann. Schülerinnen und Schüler, die Schwierigkeiten haben, ihre Erfahrungen zu verbalisieren (Wie heißt das, was ich erlebt habe?) oder einzuordnen (In welche Kategorie fällt mein Erlebnis? Was ist/war das überhaupt?), laufen Gefahr, in traditionellen Bildungsstrukturen übersehen oder falsch verstanden zu werden. Dies kann zu einem Teufelskreis führen, in dem der Mangel an interpretativen Ressourcen den Zugang zu weiteren Bildungschancen erschwert. Umgekehrt werden dem Bildungssystem wertvolle Perspektiven vorenthalten, an denen es wachsen und sich entwickeln könnte.

Ebenso verhält es sich mit Menschen unterschiedlicher sozialer, ökonomischer und geografischer Herkunft im allgemeinen sozialen Miteinander. Manche Menschen könnten aufgrund von hermeneutischer Ungerechtigkeit Schwierigkeiten haben, ihre Lebenserfahrungen zu artikulieren oder von anderen verstanden zu werden. Einerseits ist der gesellschaftliche Diskurs stark von den traditionell mächtigen Personen geprägt und verwendet deren Vokabular – das heißt, im Diskurs fehlen Worte, die die Erfahrung von nichtmächtigen Personen widerspiegeln. Andererseits fehlen Erfahrungswerte, also selbst wenn passende Worte gefunden würden, kann das System die damit ausgedrückten Erfahrungen möglicherweise gar nicht „verrechnen".

4 Leitideen für einen gelungenen Veränderungsprozess

Wenn Personen aus einer benachteiligten sozialen Schicht also aufgrund ihrer spezifischen Herausforderungen bestimmte Überlebensstrategien und Fähigkeiten entwickelt haben, jedoch die Sprache und die interpretativen Ressourcen fehlen, um diese Erfahrungen zu vermitteln, verpassen diese Fähigkeiten den gesellschaftlichen Anschluss.

> **Impuls**
> Wie haben hermeneutische Ungerechtigkeiten dein Leben (oder das Leben einer anderen Person, die du kennst), beeinflusst? An welchen Stellen basier(t)en Konflikte auf einem Nichtverstehen oder Nichtinterpretieren können?

Insbesondere, wenn wir uns ganze Systeme anschauen, was wir als Systemiker:innen ja ständig tun, ist es wertvoll, hermeneutische Ungerechtigkeit zu berücksichtigen, da sie die Wirksamkeit einzelner und die Wirksamkeit gesamter Systeme stark beeinträchtigen kann.

4.4.3 Hermeneutische Gerechtigkeit

Um hermeneutische Ungerechtigkeiten auszugleichen, kann man an verschiedenen Ebenen ansetzen.

Auf der strukturellen Ebene geht es hauptsächlich darum, bestehende Systeme zu überdenken und hermeneutische Barrieren, sei es in der Bildungsgestaltung, in Unternehmenskulturen oder in Behörden, abzubauen. Wie prägen existierende Machtdynamiken die Struktur? Wer hat Zugang zum Diskurs oder zur Mitgestaltung der Struktur? Wer nicht? Welche Blickwinkel werden in die Ausgestaltung der Struktur mit einbezogen? Welche nicht?

Auf der linguistischen Ebene ist die Art und Weise, wie wir miteinander sprechen und uns verstehen relevant. Welche Stimmen werden gehört? Welche nicht? Welche Gruppe prägt das Vokabular des Diskurses? Welche Begrifflichkeiten kommen häufig vor? Welche gar nicht? Wie können wir Raum für Ausdruck jeder Person zur Verfügung stellen? Wir kann sich Sprache so verändern, dass Vokabular marginalisierter Personen integriert wird?

Ein weiter Ansatz zur Überwindung hermeneutischer Ungerechtigkeiten liegt auch in unseren persönlichen Einstellungen bzw. Haltungen [siehe „systemische Haltung" in diesem Kap. 5]. Es erfordert Neugier, Reflexion und Empathie. Jede:r von uns kann sich fragen, ob oder wie er/sie sich ernsthaft versucht, andere Perspektiven und Stimmen zu verstehen – sei es in der Familie, im Freundeskreis oder im beruflichen Umfeld. Mit welchen Erlebnissen anderer Personen kann ich mich so gar nicht identifizieren? Welche Werkzeuge brauche ich, um mich der Erfahrung zumindest anzunähern? Welche Grundhaltung habe ich/möchte ich einnehmen?

Wenn wir diese Ebenen zusammenbringen können wir als Individuen und Systeme nicht nur Einzelschicksale besser verstehen, sondern auch unsere Gesellschaft als Ganzes inklusiver und damit vielfältiger gestalten.

> **Impuls**
> Welche deiner eigenen Konflikte haben möglicherweise etwas mit hermeneutischen Ungerechtigkeiten zu tun? Was könntest du persönlich tun, um diesen hermeneutischen Ungerechtigkeiten zu begegnen?

4.4.4 Interaktion mit Tieren als hermeneutische Gerechtigkeit

Es ergibt sich eine ebenso bedeutsame Perspektiverweiterung, wenn wir die Interaktion mit Tieren als Form der *hermeneutischen Gerechtigkeit* betrachten. Tiere agieren als Kommunikationspartner:innen, die jeder Person unabhängig von sozialen, ökonomischen, hermeneutischen oder anderen Ressourcen zur Verfügung stehen, und eröffnen somit universell Möglichkeiten des Verstehens und Verstandenwerdens. Besonders relevant ist dies für Individuen oder Gruppen, in denen traditionelle sprachliche Mittel begrenzt sind. Wir denken hier beispielsweise an Menschen mit körperlichen oder psychischen Besonderheiten, traumatisierte Menschen, sehr alte bzw. sehr junge Menschen, Menschen mit Herkunftssprachen, die von der umgebenden Gesellschaft nicht per se gesprochen oder verstanden werden, und viele mehr.

In einer Welt, in der viele Menschen durch solche sprachlichen Barrieren von einem angemessenen Austausch ausgeschlossen sind, treten Tiere als Mediator:innen auf. Ihre nonverbalen Signale, Instinkte und die Fähigkeit, Emotionen zu spiegeln, öffnen einen Raum für Kommunikation, der über die Beschränkungen traditioneller Sprachverwendung hinausgeht. Dies bezieht nicht nur auf die unmittelbare 1:1- Kommunikation mit dem Tier, sondern auch auf die Kommunikation in einem System aus mehreren Menschen und Tier(en).

Dieser Ansatz wird besonders relevant, wenn Mitglieder einer Gruppe, die miteinander interagiert, nicht über die gleichen oder zumindest ähnlichen sprachlichen Mittel verfügen. Tiere dienen dann als Brücke zwischen unterschiedlichen Erfahrungswelten und ermöglichen eine Form der Verständigung, die auf intuitiver Ebene stattfindet.

Diese Form der hermeneutischen Gerechtigkeit durch Tierinteraktion eröffnet nicht nur neue Wege des Dialogs, sondern hebt auch die vielfältigen nonverbalen Ausdrucksmöglichkeiten unterschiedlicher Lebenserfahrungen hervor. Tiere werden so zu Vermittler:innen von Bedeutungen, die jenseits sprachlicher Grenzen existieren.

Um die Nuancen hermeneutischer (Un)gerechtigkeit im familiären Kontext zu verdeutlichen, betrachten wir das Beispiel einer Familie, in der nicht alle Mitglieder über gleiche sprachliche Mittel verfügen. Nehmen wir an, dass die Familie sehr junge und/oder sehr alte Mitglieder hat, die sich sprachlich nicht so ausdrücken können wie die anderen.

Hier treten hermeneutische Ungerechtigkeiten auf, da einzelne Familienmitglieder Schwierigkeiten haben, ihre Erfahrungen angemessen auszudrücken und von anderen verstanden zu werden. Dies führt zu Missverständnissen, die das familiäre Miteinander beeinträchtigen und den Zugang zu unterstützenden Ressourcen erschweren.

Die Anwesenheit von Tieren in dieser familiären Dynamik schafft einen Ausgleich. Tiere agieren als universelle Kommunikationspartner und überschreiten sprachliche Barrieren. Ein Kind, das möglicherweise noch nicht über die sprachlichen Fähigkeiten verfügt, um seine Emotionen zu verbalisieren, kann sich dennoch durch die Interaktion mit einem Tier ausdrücken. Indem andere Familienmitglieder dies beobachten, erhalten sie wertvolle Einblicke in die Gefühlswelt des Kindes. Ähnliches ist es mit älteren Familienmitgliedern, die ihre Fähigkeit, sich sprachlich auszudrücken, schon wieder verloren haben.

Dynamiken und Narrative, die als selbstverständlich angenommen wurden, beispielsweise die vermeintliche Hilfsbedürftigkeit einer Person oder etablierte Machtstrukturen, können hinterfragt und aufgebrochen werden, indem sich über die nonverbale Interaktion mit den Tieren alternative Handlungsweisen darstellen.

Die Präsenz von Tieren in dieser Familie schafft also eine gemeinsame Ebene, auf der sich alle Mitglieder, unabhängig von sprachlichen Unterschieden, ausdrücken und verständigen können. Die Tiere dienen als Bindeglied, das hermeneutische Ungerechtigkeiten überwindet und eine tiefere, nonverbale Verbindung innerhalb der Familie ermöglicht. Durch diesen Ausgleich wird die Kommunikation erleichtert, und die Vielfalt der individuellen Perspektiven wird angemessen gewürdigt.

Dass Tiere selbst von hermeneutischer Ungerechtigkeit betroffen sind, versteht sich nahezu von selbst. Sie dazu auch „Speziesismus" in diesem Kap. 5.

> **Impuls**
>
> Wenn du Teil eines Interaktionssystems bist, von dem du vermutest, dass es von hermeneutischer Ungerechtigkeit betroffen ist, kannst du versuchen, eine Kommunikationsebene über ein dir vertrautes Tier herzustellen. Welche (emotionalen) Ausdrücke erkennst du bei der/den anderen Person(en), die dir bisher nicht zugänglich waren?

> **In aller Kürze**
> - Hermeneutische Ungerechtigkeit bezeichnet die Unfähigkeit, persönliche Erfahrungen adäquat auszudrücken und einzuordnen, weil es an entsprechenden Worten und Konzepten mangelt.
> - Der Begriff wurde von Miranda Fricker geprägt; ihr Werk bietet das theoretische Fundament.
> - Beispiele für hermeneutische Ungerechtigkeit finden sich im Berufskontext, im Bildungssystem sowie in Bezug auf Geschlecht und soziale Klassen.
> - Hermeneutische Ungerechtigkeit ist oft mit anderen Ungerechtigkeiten verflochten, z. B. mit sozialer und ökonomischer Ungerechtigkeit.
> - Die Relevanz und Auswirkungen erstrecken sich über das individuelle Wohlbefinden hinaus und prägen die Dynamik gesellschaftlicher Strukturen, wodurch Vielfalt und Perspektiven fehlen.
> - Lösungsansätze umfassen organisatorische Überlegungen, die Förderung eines offenen Raums für vielfältige Ausdrucksformen und persönliche Haltungen, die Neugier, Reflexion und Empathie beinhalten.
> - Die Interaktion mit Tieren wird von uns als Lösungsansatz betrachtet, da Tiere als Kommunikationspartner:innen sprachliche bzw. narrative Barrieren überwinden.

4.5 (De-)Konstruktionen

Nehmen wir einmal an, du streitest mit einem Menschen, der dir lieb ist. Ihr beide seid im selben Raum, zur selben Zeit, und diskutiert heftig. Die Situation ist emotional aufgeladen, ihr ärgert euch übereinander: wieso versteht die andere Person mich einfach nicht? Irgendwann während eures Streits kommt es zu dem Punkt, an dem du (oder der andere Mensch) empört ruft: „Aber du hast doch eben selbst gesagt, dass … (hier kannst du eine beliebige Aussage einfügen)!" und der andere Mensch entgegnet: „Wie bitte? Das soll ich gesagt haben? Auf gar keinen Fall, wie kommst du darauf?" und wenn es schlecht läuft, was es ja in Streits meistens tut, dann folgt eine erbitterte Auseinandersetzung darüber, was denn nun gesagt wurde; unter Umständen auch darüber, dass der/die andere völlig realitätsentrückt sei, oder die Tatsachen verdrehe, oder die Fakten nicht anerkenne.

Wenn es um Realität(en) geht, müssen wir also differenzieren, bzw. präzisieren, was gemeint ist: Geht es um die objektiv feststellbare, belegbare Existenz von etwas (der Baum dort existiert, er ist also real) oder geht es um unsere, subjektive Realität, also das, was wir selbst wahrnehmen (können). Wir möchten hier nicht diskutieren, ob eine dieser beiden Definitionsmöglichkeiten richtiger ist als die andere – das überlassen wir gern der Philosophie – sondern es können beide Auslegungen nebeneinander bestehen.

Es ist leicht vorstellbar, dass es uns als Lebewesen unmöglich ist, alle umgebenden Existenzen und Strukturen gleichzeitig zu erfassen – dies wäre eine heillose Überforderung für unsere Gehirne. Stattdessen fokussieren wir Manches ganz automatisch, und lassen anderes außer Acht. Wir sehen also nur das, was *wir sehen* – und daraus entsteht unser Bild von der Welt. Oder besser: daraus konstruieren wir unser Bild von der Welt [siehe „Beobachtung" in diesem Kap. 5].

4.5.1 Konstruktion

Wir konstruieren uns selbst, wir konstruieren Andere, unsere Beziehung zu diesen Anderen, und die umgebende Realität. Bestimmt hast auch du schon die Erfahrung gemacht, dass du dich selbst in einer gewissen Art und Weise siehst oder verstehst, die der Einschätzung anderer komplett widerspricht. Bist du nun introvertiert, wie du vielleicht selbst glaubst, oder extrovertiert, wie die anderen vielleicht behaupten? Ist dein Körper massig und wenig definiert oder hast du eine sportliche Figur? Kannst du dich präzise ausdrücken oder ringst du oft um Worte? Wahrscheinlich fallen dir einige Selbstzuschreibungen ein, die die Menschen in deinem Umfeld nicht unbedingt so unterschreiben würden. Ebenso verhält es sich mit deiner Sicht auf andere Menschen. Und was Beziehungen angeht, so gehen wir jede Wette ein, dass Interaktionen, Gesten und Handlungen auch in deiner Erfahrung von den Beteiligten schon völlig unterschiedlich gedeutet wurden. War es nun ein Akt des Verständnisses, meinem Partnerchen etwas Raum zu lassen, als es schlecht gelaunt von der Arbeit kam, oder war es Ignoranz? War es Fürsorge, ohne Absprache einen all-inclusive Urlaub für zwei zu buchen oder eher Übergriffigkeit? Wirkte ich in dieser Diskussion wirklich kalt und unempathisch oder einfach analytisch und rational?

Unsere Konstruktion der eigenen Realität geschieht allerdings nicht bewusst und von uns selbst bestimmt; es wäre also viel zu einfach anzunehmen, wir könnten uns die Welt so zurechtlegen, wie sie uns gerade gefällt. Vielmehr konstruieren wir unbewusst und immer vor dem Hintergrund unserer eigenen Prägungen. Unsere Systeme – unser Körper, unsere Psyche; aber auch unsere Familie, unsere Kultur, unsere Bildung, unser Beruf, unsere Sprache und weitere – haben einen signifikanten Einfluss darauf, wie wir die Welt wahrnehmen. Und wie wir sie konstruieren. Es ist sicher leicht vorstellbar, dass es einen Unterschied für unsere persönliche Wirklichkeit macht, ob wir gesund und fit sind, oder körperlich eingeschränkt und/oder auf Hilfsmittel angewiesen. Ebenso ist es nachvollziehbar, dass das, was wir schon früh in der Interaktion mit unseren Familien und Bildungsinstitutionen lernen, unsere Art, Realitäten zu konstruieren, maßgeblich mitbestimmt. Sicherlich ist auch relevant, ob wir früh gemerkt haben, dass andere Menschen verlässlich sein können, ob wir in unserer Selbstwirksamkeit bestärkt wurden, ob unsere Kreativität auf Resonanz stieß, ob Religion eine Rolle spielte, welche Werte in unserem Umfeld vertreten wurden, und so weiter. Du kannst es dir vielleicht so vorstellen, als ob deine Systeme dir Baupläne oder zumindest grobe Zeichnungen mitgegeben haben, anhand derer du deine eigene Realität zusammenbaust – wie sehr du dich an diese Pläne hältst, und wie dein Konstrukt am Ende aussieht, wird allerdings auch wieder von vielen anderen Faktoren mitbestimmt. Du siehst: es ist und bleibt kompliziert.

> **Impuls**
>
> Du kannst strukturiert und analytisch vorgehen: nimm ein System nach dem anderen in den Fokus und überlege jeweils, welche Codes, also Grunddynamiken, hier vorherrschen. Geht es um Macht? Geld? Liebe? …? Gehe dann etwas mehr in die Tiefe: *wie* funktioniert das System? Was wird von den einzelnen „Elementen" erwartet? Was sind gemeinsame Werte? Was wurde dir von diesem System „mitgegeben"? Nun versuche, zu ergründen, wie all diese Faktoren deine eigene, heutige Realität prägen. Was hast du „mitgenommen"? Welche „Baupläne" wendest du also bei der Konstruktion deiner eigenen Wirklichkeit an?

Auch das, was wir als unser „Wissen" bezeichnen, ist keinesfalls objektiv, sondern geprägt von unseren Systemen, Erfahrungen und Interaktionen.

4 Leitideen für einen gelungenen Veränderungsprozess

Die interessante Frage hier ist: woher weißt du das? Oft wird die Antwort sein: Naja, das weiß man halt! „Wissen" scheint also in unseren Systemen zu zirkulieren und weitergetragen zu werden. Nur – wie kommt es zustande? Wenn wir davon ausgehen, dass viele verschiedene Faktoren unseren Blick auf Realität(en) lenkt und beeinflusst, scheint logisch, dass auch die Konstruktionen unserer Realitäten davon abhängen. Wissensbestände werden also davon beeinflusst, was wir – was das System – schon „weiß", und anhand welcher Kriterien Informationen gefiltert, verarbeitet und zur Konstruktion (neuer) Narrative genutzt werden. Haben wir beispielsweise eine stark religiöse Bildungsinstitution besucht, in der Wissensbestände, die für die Glaubensmuster dieser spezifischen Religion relevant sind, eher verbreitet und gestärkt werden als andere, ist es wahrscheinlich, dass wir andere Dinge „wissen" als eine Person, die eine säkulare Bildungslaufbahn hinter sich hat. Wenn wir schon „wissen", dass es sogenannte „Nutztiere" gibt, dann werden filtern wir neue Informationen (unbewusst) ganz anders, als wenn wären wir auf einer abgelegenen Insel sozialisiert worden, auf der alle Lebewesen gleich behandelt werden. Du verstehst sicher, warum es so interessant ist, zu analysieren, wie wir uns dieses Wissen – und breiter gefasst: unsere gesamte Realität – zusammenkonstruiert haben.

4.5.2 Dekonstruktion

Gehen wir einmal davon aus, dass unsere eigene Realität ein fertiges Gebäude ist. Wir haben es gebaut (oder bauen lassen) und eingerichtet, wir renovieren es hin und wieder und wir gestalten es schön aus. Die Einrichtung ändert sich vielleicht, und manchmal streichen wir die Wände neu. Wenn wir aber nun hinter die Fassade blicken und die vermeintlich unveränderlichen Strukturen betrachten – also genauer verstehen möchten, wie unsere Realität aufgebaut ist: wie das Fundament aussieht, welche Strukturen zugrunde liegen – dann müssen wir in die Baupläne hineinschauen. Wir müssten verstehen, was wie wo zu welchem Zweck konzipiert und konstruiert wurde – nur dann können wir erfassen, wie das Gebäude konzipiert wurde. Und wie man es abbauen und anders aufbauen könnte: es würde etwas völlig Neues entstehen.

Dekonstruktion bedeutet, dass wir Strukturen analysieren, indem wir sie auseinandernehmen, in Einzelteile zerlegen und befragen bzw. hinterfragen. Woher kommen die Einzelteile? Wie sind sie aufgebaut? Wie wurden sie angeordnet, um die übergeordnete Struktur zu ergeben? Wie könnte man sie anders anordnen? (Wie) Kann man ihnen andere Bedeutungen und Aufgaben zuweisen? Wem nutzt die Struktur? Wer oder was wird übersehen? Und so weiter.

Vielleicht hast du schon einmal von Hermeneutik gehört, also der Lehre des Verstehens. Du kannst dir vorstellen, dass Dekonstruktion einen beinahe gegensätzlichen Ansatz zur Hermeneutik darstellt. Hermeneutik ist eine Methode der Interpretation, die sich darauf konzentriert, Texte und komplexe Phänomene zu *verstehen*. Sie versucht, die *Bedeutung* von Texten oder Ereignissen zu erschließen und zielt darauf ab, teilweise verborgenen Sinn zu entdecken und eine Botschaft zu entschlüsseln oder zu konstruieren. Es gibt also eine Bedeutung – und diese soll gefunden werden. Der Bauplan wurde gesehen, verstanden, und das reicht uns. Wir wissen nun, wie das Gebäude errichtet wurde.

Auf der anderen Seite steht die Dekonstuktion. Sie konzentriert sich auf die Destabilisierung von Dualismen, Hierarchien und festen Bedeutungen. Die scheinbare Eindeutigkeit von Narrativen wird hinterfragt und die komplexen und oft widersprüchlichen (Un)wahrheiten, die darin enthalten sind, enthüllt. Durch Dekonstruktionsprozesse werden vermeintlich feste oder binäre Strukturen aufgebrochen und alternative Perspektiven und Interpretationen ermöglicht. Nichts ist sicher oder fest verankert. Die Dekonstruktion versucht also, die Konstruktion des vermeintlichen Sinns selbst zu hinterfragen und zu demontieren. Es gibt nichts nachzuvollziehen, keine feste Bedeutung zu entdecken. Es könnte so sein – oder auch ganz anders. Der Bauplan wird angeschaut, auseinandergenommen, kritisch befragt und anders zusammengesetzt – viele neue, ganz unterschiedliche Gebäude können so entstehen.

Wenn wir dekonstruieren, stellen wir also das, was wir zu wissen glauben, infrage. Wir überlegen, wie wir uns unsere Wahrheiten zurechtkonstruiert haben, welche Faktoren dabei eine Rolle gespielt haben – und wie es auch anders sein könnte. Auf diese Weise können wir mit beruflichen und privaten Hierarchien verfahren, mit sozialen Dynamiken, mit unseren eigenen Mustern und Ritualen. Wir können auch unser Selbstbild dekonstruieren, unser Bild von anderen und unsere Beziehungsstrukturen.

Eine Kernfrage, um zu verstehen, wie wir vermeintliche Bedeutungen konstruiert haben, kann sein: „Woher weißt du das eigentlich?" Und von diesem Punkt können wir weiter forschen. Oft wird uns dabei bewusst, wie wir zu unseren Schlussfolgerungen gelangt sind, welche Einflussfaktoren dabei eine Rolle gespielt haben, wie diese unsere Perspektive bestimmen und was wir dabei übersehen haben.

Wir plädieren dafür, nach Ambivalenzen und Gegensätzen Ausschau zu halten, offene Fragen stehen zu lassen und Fluiditäten und Bewegungen

4 Leitideen für einen gelungenen Veränderungsprozess 163

mitzudenken – eben war es noch so, jetzt ist es schon ganz anders. Wir könnten Chaotisches nutzen, um mehrere Möglichkeiten der Entwicklung anzunehmen, und wir könnten klar und fest bestehende Muster resignifizieren, ihnen also neue Bedeutungen zuweisen.

Dies alles klingt relativ abstrakt – vielleicht wird es an einem Beispiel deutlicher, in dem es um Unzufriedenheit der Mitarbeitenden in einem Tech-Unternehmen geht, was nach einem dekonstruktiven Herangehen auf subtile Machthierarchien zurückzuführen ist:

Beispiel: Unzufriedenheit durch geschlechtsexklusive Machthierarchien

„InnovateTech Solutions" ist ein aufstrebendes Unternehmen, das sich auf die Entwicklung KI-basierter Softwarelösungen konzentriert. Mit einem engagierten Team von Talenten aus verschiedenen Bereichen der Technologiebranche hat das Unternehmen in den letzten Jahren bedeutende Erfolge erzielt und sich als führender Akteur in der Branche etabliert.

Trotz des Erfolgs und des progressiven Images des Unternehmens regen sich hinter den Kulissen Unzufriedenheit und Spannungen. Eine Gruppe von Mitarbeitenden entwickelt zunehmend das Gefühl, dass ihre Stimmen in den unternehmerischen Entscheidungsprozessen unterrepräsentiert sind. Obwohl das Unternehmen offiziell für eine inklusive Arbeitsumgebung wirbt, gibt es ein anhaltendes Gefühl der Ausgeschlossenheit und des Ungleichgewichts. Diese Bedenken werden oft in informellen Gesprächen und kleinen Gruppen diskutiert, finden jedoch wenig Resonanz in der formellen Unternehmensstruktur.

Während der Prozesse der Organisationsentwicklung und der kritischen Reflexion erkennen die Führungskräfte von InnovateTech Solutions allmählich die Tiefe der Problematik. Durch Gespräche und Umfragen wird deutlich, dass insbesondere weibliche Angestellte das Gefühl haben, dass informelle Meetings und informelle Netzwerke außerhalb der regulären Arbeitszeiten wichtige Entscheidungen beeinflussen, an denen sie nicht angemessen beteiligt sind. Dies führt zu einem Mangel an Gleichberechtigung in der Anerkennung und Belohnung von Beiträgen und führt zu einer spürbaren Frustration unter den weiblichen Mitarbeitenden, die sich zunehmend desillusioniert fühlen und weniger engagiert sind, sich aktiv an Diskussionen und Entscheidungsfindungen zu beteiligen.

Die Dekonstruktionsprozesse, die das Unternehmen in Angriff nimmt, zielen darauf ab, die tieferen Ursachen dieser Probleme (also die Konstruktion) zu analysieren und zu bearbeiten. Durch eine Mischung aus strukturierten Feedback-Sitzungen und intensiver Analyse von Machtstrukturen und Kommunikationsprozessen gelingt es InnovateTech Solutions, die Dynamiken zu identifizieren, die das Wachstum und die Beteiligung von nichtmännlichen Mitarbeitenden im Unternehmen hemmen. Leitfragen und Antworten dabei könnten gewesen sein:

1. *Welche strukturellen Muster zeigen sich bezüglich der Unternehmenshierarchien? Bisher dominieren männliche Führungskräfte die oberen Hierarchieebenen des Unternehmens, während Frauen in höheren Positionen kaum verstreten sind. Die männlichen Mitarbeitenden der höheren Hierarchieebene scheinen sich größtenteils auch privat gut zu kennen.*

2. *Wie bilden und manifestieren sich diese informellen Netzwerke? Informelle Netzwerke scheinen geschlechtsselektiv zu sein: es gibt WhatsApp-Gruppen, in denen ausschließlich männliche Mitarbeitende vertreten sind, sowie private Aktivitäten, zu denen nur Männer eingeladen werden. Parallel dazu zeigt sich, dass männliche Mitarbeiter bevorzugt werden, wenn es um die Verteilung von Projekten und Ressourcen geht.*
3. *Wie prägen implizite Annahmen bezüglich des Geschlechts die Unternehmenskultur und den Umgang mit nichtmännlichen Mitarbeitenden? Die bestehende Unternehmenskultur, insbesondere aber die privaten Kommunikationen der männlichen Mitarbeitenden miteinander scheint von impliziten Annahmen geprägt zu sein, die Frauen als weniger belastbar und gleichzeitig schwierig im Umgang darstellen.*
4. *Wie verlaufen die Kommunikation innerhalb des Unternehmens im Hinblick auf das Geschlecht der Beteiligten? Es gibt Anzeichen dafür, dass Frauen möglicherweise nicht denselben Zugang zu wichtigen Informationen und Entwicklungen haben, da diese bei informellen Treffen der männlichen Kollegen geteilt werden. Zudem wird nichtmännlichen Mitarbeitenden weniger Raum und Zeit zur Äußerung eigener Ideen und Pläne eingeräumt.*
5. *Wie wird mit Feedback umgegangen? Es wird berichtet, dass Bedenken und Herausforderungen von nichtmännlichen Mitarbeitenden nicht angemessen gehört und berücksichtigt werden, und nicht der Inhalt des Feedbacks, sondern die Person in den Fokus genommen wird – diese wird dann teilweise als schwierig oder „hysterisch" darstellt.*

Das Machtsystem innerhalb der Firma erhält sich bisher also selbst, indem in informellen/privaten Kommunikationen Vorurteile und Stereotype genutzt werden, um bestimmte Gruppen zu diskreditieren Dies beeinflusst auch den Umgang mit diesen Gruppen innerhalb des Unternehmens, was zu Unzufriedenheiten und Spannungen führt. Diese Unzufriedenheiten wiederum werden nicht ernst genommen, sondern auf die Personen zurückgerechnet („die sind halt schwierig") was wiederum zu einem engeren Zusammenhalt und einer Abgrenzung der ohnehin in Machtpositionen befindlichen Personen führt. Indem man dieses System „auseinandernimmt" und hinterfragt, werden die Dynamiken sichtbar und veränderbar.

Ein Ansatz zur Veränderung wäre nun, die Zuschreibungen mit alternativen Bedeutungen zu versehen: „schwierig" zu sein könnte von den nichtmännlichen Mitarbeitenden als positive Bewertung und als Beleg für Wirksamkeit wahrgenommen werden. Durch diese positive Attribution würde der Raum für eigene Äußerungen geöffnet oder sogar eingefordert. Das bestehende System müsste sich nun an dieses neue Selbstbewusstsein anpassen und einen Umgang damit finden, da die bisherigen Ausschlussmechanismen nicht mehr funktionieren.

> **Impuls**
>
> Du kannst auch hier strukturiert und analytisch vorgehen: nimm dir ein System vor, dass du schon analysiert hast. Du hast also eine Vorstellung davon, wie es aufgebaut, also konstruiert ist (s. o.). Dekonstruiere nun: welche Widersprüche und Ambivalenzen siehst du? Welche willkürlichen Bedeutungen werden bestimmten Personen/Gruppen/Dingen zugewiesen? Wem nutzen die bestehenden Strukturen? Wer wird ausgeschlossen? Welche Muster werden stabilisiert? Wie könnte man sie destabilisieren? Wie könnte man für Chaos sorgen?

4.5.3 Dekonstruktion und Tiere

Unsere Haltung Tieren gegenüber ist – ebenso wie alles andere – eine Konstruktion. Vergiss bitte nicht, dass Gesellschaften sich ihre eigenen Realitäten so konstruieren, dass sie sich angenehm anfühlen. Und für fleischessende, milchtrinkende und ledertragende Gesellschaften ist die Idee, dass es sich bei Tieren eher um Dinge als um gleichwertige und -würdige Lebewesen handelt, bequem. Um ein differenziertes Bild von Menschen, Tieren und deren Interaktion zu bekommen, gilt es also, diese Konstruktionen auseinanderzunehmen. Woher kommen die Ideen? Wem nutzen Sie? Wem schaden sie? Wie werden sie sprachlich so aufbereitet, dass sie sich „richtig" anhören? Was wurde bisher übersehen? Wo sind blinde Flecken?

Wenn du an einer kunstvollen Dekonstruktion der Mensch-Tier-Dichotomie interessiert bist, legen wir dir Jacques Derrida ans Herz, der nicht nur Wegbereiter der Dekonstruktion im Allgemeinen ist, sondern auch explizit philosophische, psychologische und semantische Konstruktionen über Tiere dekonstruiert und zu dem Ergebnis kommt, dass Tiere eben gar nicht so anders sind – sondern nur als „Andere" konstruiert werden.

„Wenn wir davon sprechen wollen: von der Ungerechtigkeit, der Gewalt oder der Respektlosigkeit denen gegenüber, die wir noch immer in unserer Verwirrung Tiere nennen […] Dann müssen wir die metaphysische anthropozentrische Axiomatik, die im Westen das Denken von Gerechtem und Ungerechtem dominiert, in ihrer Totalität neu diskutieren."[2]

---

[2] Wir haben das Zitat aus dem Englischen übersetzt. Du findest es auf Seite 953 bei (Derrida, 1992).

> **In aller Kürze**
> - Unsere Sicht auf die Welt wird durch verschiedene Faktoren, z. B. unsere Sozialisierung und unsere Systeme, geformt, was eine Rolle in unserer persönlichen Konstruktion der Realität spielt.
> - Das, was wir als Wissen betrachten, ist stark von unseren Erfahrungen, Interaktionen und Systemen beeinflusst und wird innerhalb dieser Strukturen weitergegeben, es wird also ebenso konstruiert.
> - Dekonstruktion beinhaltet das Infragestellen von festen Bedeutungszuschreibungen, etablierten Mustern und festen Strukturen, um alternative Perspektiven und Interpretationen zu ermöglichen.
> - Dabei wird nach z. B. nach offenen Fragen, Ambivalenzen, Unklarheiten, impliziten Annahmen, potenziellen Störfaktoren und Resignifizierungsmöglichkeiten gesucht.
> - In Systemen, beispielsweise Firmen, kann die Analyse und Dekonstruktion von Strukturen (beispielsweise Machtstrukturen und informeller Netzwerke) sowie impliziter Annahmen und Kommunikationsdynamiken für die Weiterentwicklung hilfreich sein.

4.6 Leitunterscheidungen

Systeme sind so etwas wie eigene kleine (oder große) Welten mit ihren ganz eigenen „Codes", die sie einzigartig machen und von anderen Systemen abgrenzen. Diese Codes sind wie Brillen, durch die sie Informationen betrachten und verarbeiten – die Grundformel ihres Funktionierens [siehe „Systeme" im Kap. 4 *Leitfaden* und „Beobachtung" in diesem Kap. 5] Das mag zuerst etwas abstrakt klingen, aber du kannst dieser Idee näherkommen, indem du dich, wenn du ein System definieren möchtest, fragst: „Was steht dahinter?" oder „Worum geht es eigentlich?"

Der „Code", definiert also, wie das System Dinge wahrnimmt und darauf reagiert. Wenn du dich fragst, wie der Code aussieht oder worum es wirklich geht, bekommst du Einblicke in die grundlegende Logik des Systems. Es ist, als ob du eine mathematische Formel zu einer Rechenoperation entdeckst – plötzlich wird klar, wie die Rechnung aufgeht – warum das System die Dinge so macht, wie es sie macht.

Im medizinischen System könnte beispielsweise die Einsicht „es geht um Heilung" dem Code näherkommen. Die Brille dieses Systems filtert Informationen danach, was es, bzw. ob es etwas zu „heilen" gibt. In der Antwort auf die Frage „Was steht dahinter?", könntest du erkennen, dass die grundlegende Logik der Medizin darin besteht, zu heilen. Damit hast du ein grundlegendes Verständnis der zugrunde liegenden Absichten und Prinzipien dieses Systems entwickelt.

Wenn wir die Formel noch weiter herunterbrechen und diese System-Codes als Binär-Strukturen, sprich Leitunterscheidungen, formulieren, wie beispielsweise der Systemtheoretiker Niklas Luhmann vorschlägt, wird die Funktionsweise der Systeme noch klarer. Leitunterscheidungen sind so etwas wie die auf „entweder- oder"-Entscheidungen heruntergebrochene System-Formeln.

Nun lass uns das Beispiel der Medizin erweitern, indem wir es in eine Binärstruktur übersetzen. Angenommen, wir formulieren die Leitunterscheidung als „heilen/nicht heilen". Dies könnte die Grundlage für eine solche Binärstruktur sein, die zeigt, wie das medizinische System Informationen verarbeitet: „Krankheit vorhanden – Maßnahmen zur Heilung initiieren" oder „keine Krankheit vorhanden – keine Heilungsmaßnahmen erforderlich". Durch diese Binärstruktur wird die Funktionsweise des medizinischen Systems noch klarer, da es Entscheidungen auf der Grundlage dieser fundamentalen Leitunterscheidung trifft. Mit dieser Leitunterscheidung ist auch weitestgehend geklärt, was als systemzugehörig wahrgenommen wird, und was nicht.

Das theoretische Herunterbrechen von Systemprozessen auf einen Code ermöglicht es uns also, diese Prozesse präziser zu definieren und deutlicher zu erkennen. Durch das Reduzieren auf grundlegende Codes werden die Abläufe in ihrer Essenz klarer sichtbar und besser verständlich.

Angenommen, wir stehen vor der scheinbar unüberschaubaren Komplexität des Bildungssystems. Eine Vielzahl von Faktoren beeinflusst den Lehr- und Lernprozess, darunter Lehrmethoden, Lehrinhalte, Lernende und ihre individuellen Denk- und Handlungsweisen, ökonomische Ressourcen und vieles mehr. In dieser Vielfalt von Elementen könnte es schwierig sein, klare Muster oder grundlegende Prinzipien zu erkennen. Durch das Herunterbrechen auf die Leitunterscheidung „lernen/nicht lernen" wird die Komplexität reduziert. Statt uns in den Details der verschiedenen Bildungsaspekte zu verlieren, konzentrieren wir uns auf die grundlegende Frage, ob gerade Lernen stattfindet oder nicht. Diese einfache binäre Unterscheidung bietet eine klare Linse, um die Aktivitäten im System zu betrachten.

Diese Reduktion auf die Leitunterscheidung „lernen/nicht lernen" ermöglicht es, die scheinbar komplizierte Struktur des Bildungssystems überschaubar zu restrukturieren und klare, fokussierte Einblicke zu gewinnen. Zu verstehen, worum es dem System im Kern geht, hilft, Muster zu erkennen, Zusammenhänge zu verstehen und letztendlich eine präzisere Analyse der

Dynamiken vorzunehmen. Bestimmte Handlungen oder Reaktionen ergeben dann eventuell einen (anderen) Sinn.

Wenn wir beispielsweise feststellen, dass in einem bestimmten Kontext „nicht gelernt" wird, könnte sich das System sich weiter fragen, woran das liegt. Ist es eine bewusste Entscheidung? Fehlen Ressourcen? Oder gibt es andere strukturelle Gründe? Umgekehrt kann es, wenn Lernen stattfindet, tiefer in die Art und Weise eintauchen, wie der Lernprozess gestaltet ist.

Andere Beispiele sind: Wirtschaftssystem: zahlen/nicht zahlen. Politik: regieren/nicht regieren. Fußball-Fanclub: unterstützen/nicht unterstützen.

> **Komplexitätsreduktion: Schritt 1**
> Nimm'ein System in den Blick, am besten eins, in das du nicht direkt eingebunden bist, vor und nähere dich einer Leitunterscheidung an. Worum geht es? Was könnte die Leitunterscheidung sein?

Die Leitunterscheidungen ermöglicht es also, die Komplexität von Systemen so zu reduzieren, dass sie greifbar wird. So können wir klarere Beobachtungen und Analysen durchführen. Im Extreme (also hier im Herunterbrechen auf und die Abgleichung mit einer Binärstruktur) werden die Muster klarer sichtbar. Was passt (nicht) in dieses System? Welche Elemente/Strukturen werden als problematisch/störend wahrgenommen? Was ist im System funktional/nicht funktional? Wie sind Hierarchien aufgebaut?

> **Komplexitätsreduktion: Schritt 2**
> Nimm nun die eben erarbeitete Leitunterscheidung, um anhand dieser Muster, Strukturen und Dynamiken, die dich eventuell schon länger erstaunt haben oder die dir unerklärlich erschienen, genauer zu untersuchen. Dies können problematische Interaktionen, Hierarchien oder Reibungen in Abläufen sein.

Wir erhalten durch unsere „Codes" mehr Klarheit bei Fragen zur Systempassung. Insbesondere wird deutlicher, warum bestimmte Ideen nicht in das System passen oder Schwierigkeiten haben, sich nahtlos zu integrieren. Durch die Betrachtung der elementaren Leitunterscheidungen in Systemen können wir auch besser verstehen, wie die Systemlogik auf spezifische Konzepte oder Vorschläge reagiert oder sogar vorhersagen, wie sie reagieren wird.

Wenn wir unsere Aufmerksamkeit so auf die Kern-Unterscheidungen des Systems richten, lassen sich bestimmte Fragen relativ einfach klären: Warum harmonieren bestimmte Ideen nicht mit den grundlegenden Prinzipien des

Systems? Warum passen unsere eigenen Vorstellungen nicht hinein? Wieso laufen wir mit unseren Vorschlägen – gefühlt – gegen eine Wand? Durch diese Herangehensweise erhalten wir Einblicke in die Ursachen von Unstimmigkeiten und können gezielter nach Anpassungsmöglichkeiten suchen.

> **Komplexitätsreduktion: Schritt 3**
> Schau dir nun zunächst einzelne Problematiken oder Situationen anderer, eventuell auch deiner eigenen, Systeme an und prüfe, ob und wie sie sich mit dem Konzept der Leitunterscheidungen analysieren lassen. Wir denken hier beispielsweise an berufliche Schwierigkeiten oder familiäre Diskrepanzen. Welcher Systemcode könnte vorgelegen haben? Welche Ideen oder Interaktionen haben folglich „hineingepasst" (oder eben nicht)?

Als abschließendes Beispiel verdeutlichen wir den Anwendungsaspekt von Leitunterscheidungen anhand eines familiären Systems. Unsere Beobachtungen decken sich allerdings mit dem, was wir auch schon in beruflichen Kontexten wahrgenommen haben; das Beispiel lässt sich also auch auf andere Szenarien übertragen. In einer von uns betreuten Familie wurde durch beobachtete Interaktionen erarbeitet, dass die Familie nach dem Code „regieren/nicht regieren" funktioniert, den man eigentlich eher in der Politik erwarten würde. In dieser Struktur agiert die Mutter als Regentin, während die Kinder sich bemühen, in ihre Gunst zu gelangen. Diese Leitunterscheidung bildet die Grundlage für Verhaltensmuster innerhalb der Familie.

Betrachten wir dieses Beispiel genauer, so wird klar, dass die binäre Unterscheidung „regieren/nicht regieren" die Dynamik innerhalb der Familie stark prägt. Die Mutter übernimmt eine dominante Rolle, während die Kinder in einem Bestreben um Zustimmung und Anerkennung agieren. Denn wer regiert, hat die Macht… Vor dem Hintergrund dieser Leitunterscheidung erscheinen die Verhaltensweisen innerhalb der Familie plausibel und nachvollziehbar, obwohl sie, von außen betrachtet, zunächst merkwürdig wirken – wenn man den Systemcode nicht kennt. Wenn es beispielsweise in der Interaktion mit weiter entfernten Familienmitgliedern „nichts zu regieren" gibt, ist diese für die Mutter nicht relevant und wird abgebrochen. Nicht um die Formel wissend, wundern sich die Interaktionspartner:innen allerdings regelmäßig über diese Kontaktabbrüche. Ebenso unverständlich erscheint es, dass die erwachsenen Kinder untereinander im Wettbewerb zu stehen scheinen, obwohl alle beruflich erfolgreich, augenscheinlich gefestigt und glücklich mit ihren jeweiligen Wahl-Familien verbunden sind. Weiß man allerdings, dass die Mutter – unbewusst – Allianzen mit einzelnen, temporär besser „performenden" Kindern knüpft und andere subtil abwertet, macht auch dieses Verhalten Sinn.

Die Anwendung von Leitunterscheidungen ermöglicht eine tiefere Analyse und ein besseres Verständnis der familiären Struktur. Es zeigt, wie die grundlegende Entscheidung, ob zu „regieren" oder nicht, die Interaktionen und Beziehungen innerhalb des Systems beeinflusst. Dieses Beispiel verdeutlicht somit, wie die Anwendung von Leitunterscheidungen in der systemischen Arbeit dabei hilft, komplexe soziale Strukturen zu entschlüsseln und die zugrunde liegende Logik von Verhaltensweisen zu erkennen.

> **Impuls**
> Wenn du möchtest, kannst du deine eigene Familie, dein Arbeitsumfeld oder ein anderes System, in dem du fest eingebunden bist, systemisch analysieren und versuchen, eine Leitunterscheidung herauszufiltern: Betrachte dazu verschieden Prozesse und Interaktionen und frage dich, worum es eigentlich geht bzw. nach welchen Kriterien interagiert wird. Stelle abgeleitet davon eine mögliche Leitunterscheidung auf und prüfe deine Hypothese anhand weiterer Beobachtungen.

Nun da du von innerhalb des Systems, in dem zu selbst eingebunden bist, beobachtest, wird deine Beobachtungsaufgabe sehr komplex. Wenn wir unsere eigenen Systeme analysieren und ihre Leitunterscheidungen erforschen, entwickeln wir uns zu *Beobachtenden zweiter Ordnung*. Hierbei betrachten wir nämlich nicht nur den Gegenstand unserer Beobachtung, sondern auch die Art und Weise, wie wir diesen betrachten. Das bedeutet, dass unsere Analyse nicht nur auf die Phänomene selbst abzielt, sondern auch die zugrunde liegenden binären Codes in unserer eigenen Wahrnehmung einschließt: Durch welche Beobachtungslinse und nach welchen Leitunterscheidungen beobachten wir selbst?

Auf einer erweiterten Ebene bedeutet das: indem wir Beobachtende zweiten Grades werden, nehmen wir eine Meta-Perspektive ein. Wir reflektieren nicht nur über das, was in einem System geschieht, sondern auch darüber, wie unsere eigenen Präferenzen, Erfahrungen, Annahmen und Systemlogiken unsere Interpretation beeinflussen. Diese Reflexion erlaubt es uns, bewusster und kritischer mit unserer eigenen Beobachtung umzugehen und tiefer in die Strukturen und Entscheidungen einzudringen, die unsere Wahrnehmung formen [siehe „Beobachtung" in diesem Kap. 5].

In aller Kürze
- Systeme sind in sich geschlossene Welten mit individuellen „Codes", die ihre Wahrnehmung und Reaktion auf die Umwelt definieren.
- Diese „Codes" lassen sich als Leitunterscheidungen verstehen, grundlegende „entweder-oder"-Entscheidungen, die die Systemlogik bestimmen.
- Diese Leitunterscheidungen helfen, die Grundstruktur von Systemen klarer zu erkennen.
- Die Anwendung von Leitunterscheidungen ermöglicht eine Komplexitätsreduktion, wodurch klare Beobachtungen und Analysen in verschiedenen Kontexten möglich werden.
- Beispiel: Bildungssystem – Die Leitunterscheidung „lernen/nicht lernen" schafft eine klare Linse zur Betrachtung von Aktivitäten im Bildungsbereich.
- Die Reflexion über Leitunterscheidungen ermöglicht nicht nur Beobachtungen erster Ordnung, sondern entwickelt uns zu Beobachtenden zweiter Ordnung, die auch ihre eigene Wahrnehmung beobachten, analysieren und kritisch hinterfragen.

4.7 Salutogenese

Gesundheit ist mehr als die bloße Abwesenheit von Krankheit. Die Salutogenese – der Begriff wurde maßgeblich von dem israelische-amerikanischen Soziologen Aaron Antonovsky geprägt – lenkt den Fokus der Therapie bzw. des Heil-Seins weg von der reinen Krankheitsbehandlung und hin zu den Quellen von Gesundheit und Wohlbefinden. Anstatt defizitorientiert nach Krankheiten oder gesundheitlichen Problemen zu suchen, wird die größtmögliche persönliche Gesundheit fokussiert. Bereits hier erkennst du sicherlich Parallelen zu unserer systemischen Arbeit…

Die Dichotomie „gesund" und „krank" wird also aufgehoben, und Gesundheit wird stattdessen als Kontinuum gesehen, auf dem wir uns bewegen – wobei sowohl interne als auch externe Faktoren eine Rolle dabei spielen, wo wir uns gerade befinden. Und da sowohl in als auch zwischen Systemen alle Elemente irgendwie miteinander in Verbindung stehen, wirkt unser individueller Zustand sich wiederum auf unsere Systeme und auf die umgebende Welt aus. Es ist ein komplexes Interaktionsgeflecht, in dessen Anerkennung wir viele verschiedene Wege zur positiven Einwirkung entdecken können.

Aaron Antonovsky entwickelte den Ansatz der Salutogenese als Gegenentwurf zur traditionellen pathogenetischen Sichtweise, die sich auf die Ursachen von Krankheiten konzentriert. Während die Pathogenese nach den Gründen für das Auftreten von Krankheiten sucht, erforscht die Salutogenese, was Menschen gesund hält. Antonovsky beschäftigte sich in diesem Kontext mit der Frage, warum manche Menschen trotz schwieriger Umstände gesund bleiben/sind, während andere unter ähnlichen Bedingungen erkranken. Zentral für seine Theorie ist das Konzept der „Kohärenz des Lebensgefühls" (Sense of Coherence, SOC). Diese Kohärenz spiegelt wider, ob Menschen ihr Leben als sinnvoll, verständlich und handhabbar empfinden. Seine These: je größer der Sense of Coherence, desto zufriedener und gesünder der Mensch.

> **Impuls**
> Wie kohärent – also sinnhaft, verstehbar, handhabbar – ist deine Lebenssituation derzeit?

Auch unser systemisches Denken geht in diese Richtung
Systemisch und salutogenetisch gesehen ist Gesundheit nicht isoliert zu betrachten, sondern als integraler Bestandteil komplexer sozialer Systeme. Sie entsteht in den komplexen Wechselwirkungen zwischen Menschen, anderen Lebewesen, Institutionen und Umwelt. Es spielen also nicht nur unmittelbare, zwischenmenschliche Beziehungen eine Rolle, sondern auch unsere individuellen und kollektiven Interaktionen mit sozialen Strukturen, dem umgebenden Lebensraum und anderen Lebewesen.

> **Impuls**
> Identifiziere spontan und intuitiv Faktoren, die deine eigene Gesundheit bzw. dein Wohlbefinden beeinflussen.

In unseren sozialen Systemen wiederum spielen vielfältige Faktoren eine Rolle, die die Gesundheit beeinflussen. Soziale Normen, kulturelle Werte, gesellschaftliche Narrative und die Qualität sozialer Beziehungen (z. B. Hierarchien, Dynamiken, Interaktionsmuster) prägen das individuelle, aber auch das kollektive Wohlbefinden. Das bedeutet: die individuelle Gesundheit und die der Gemeinschaft wird nicht nur durch das Verhalten des Individuums geformt, sondern auch durch kollektive Entscheidungen, Strukturen und die Art der zwischenmenschlichen Interaktionen. Ein Beispiel: Wie meine Gesellschaft auf mein Liebesleben blickt – ob meine Art zu Lieben „erlaubt" oder „verboten" ist – beeinflusst beispielsweise meine Gesundheit. Es beeinflusst aber auch den Umgang miteinander, also das kollektive Wohlbefinden:

worüber darf gesprochen werden? Was darf gezeigt werden? Was ist (nicht) Teil des Diskurses?

> **Impuls**
> Identifiziere nun spezifisch gesellschaftliche Faktoren, die deine eigene Gesundheit bzw. dein Wohlbefinden beeinflussen.

Unsere Gesundheit (ent)steht aber auch in ständiger Interaktion mit der Umwelt und anderen Lebewesen. Die Qualität der Luft, die Existenz von Pflanzen, die Verfügbarkeit von sauberem Wasser und mögliche Interaktionen mit der Tierwelt – all diese Faktoren beeinflussen unsere physische und psychische Verfassung. Gleichzeitig hinterlässt unser individuelles und kollektives Verhalten und auch unsere individuelle und kollektive gesundheitliche Verfassung Spuren in der Umwelt… was dann wiederum Auswirkungen auf die individuelle und kollektive Verfassung hat… Es ist ein Kreislauf, der das Potenzial hat, sich selbst zu verstärken und voranzutreiben– positiv wie negativ. Diese zirkuläre Dynamik erinnert dich sicher an das, was du im Kapitel „Systeme" (3.1) im Buchteil *Leitfaden* zu Feedbackschleifen gelesen hast…

> **Impuls**
> Wie würdest du den Kreislauf bzw. die Gesamtdynamik, in die dein eigenes Wohlbefinden eingebettet ist, beschreiben? Wie beeinflussen dich Umweltfaktoren, und wie beeinflusst deine Verfassung wiederum diese?

Davon ausgehend, dass es unser Anliegen ist, diese „loops" als positive, gesundheitsfördernde Verstärker im Sinne der Salutogenese zu nutzen, fragen wir uns, wie wir in die Mensch-Tier-Interaktion in als Verstärker in die zirkulären Prozesse einbeziehen können.

Ein essenzieller Aspekt dabei liegt in der Bedeutung von Kohärenz in der Beziehung von Menschen zu Tieren. Davon ausgehend, dass die Kohärenz des Lebensgefühls auf Sinnhaftigkeit, Verstehbarkeit und Handhabbarkeit basiert, bietet der Umgang mit Tieren uns ganz unmittelbar Möglichkeiten, diese zu erfahren und zu erleben.

- **Sinn:** Es ist ohne Zweifel sinnvoll, sich um ein anderes Lebewesen zu kümmern und dafür zu sorgen, dass es ihm gut geht. Versorgen, streicheln, füttern, oder „bespaßen" wir ein Tier, sehen wir den Sinn, also die Bedeutung, unserer Handlungen ganz unmittelbar – das, was wir tun,

führt zu mehr Glück und Freude bei unserem Gegenüber. Wir werden gebraucht. Unsere Selbstwirksamkeit und unsere Verantwortungsbereitschaft wachsen.
- **Verständnis:** Es bedarf weder komplexer Narrative oder Analysen noch anderer sprachlicher Verarbeitung um zu verstehen, was geschieht: die Interaktion mit Tieren geschieht intuitiv, nonverbal und unmittelbar, daher „spüren" wir die Beziehung mehr, als das wir sie theoretisch erklären oder herleiten. Es handelt sich also um ein erlebbares, jeder Person zugängliches Verstehen.
- **Handhabbarkeit:** Die Kontinuität und Verlässlichkeit in der Beziehung zu Tieren, und die weitgehende Unabhängigkeit dieser Beziehung von dritten, äußeren Faktoren, stellen einen weiteren Schlüsselaspekt dar. Die daraus resultierende Stabilität und Vorhersehbarkeit tragen zur Entwicklung von Vertrauen und zu dem Gefühl der Bewältigbarkeit bei.

> **Impuls**
>
> Wenn du bereits mit Tieren interagierst/interagiert hast: Wie sinnhaft, verstehbar, handhabbar sind/waren diese Interaktionen?

Auch andere gesundheitsfördernde Facetten der Mensch-Tier-Interaktion sind relevant für die „systemische Salutogenese": Sei es das emotionale Wohlbefinden, das durch Freude, Zuneigung und Ruhe, vermittelt durch Tiere, positiv beeinflusst wird, oder die physische Gesundheit, die durch Bewegungsanreize wie Spaziergänge mit Tieren oder andere Interaktionen, gefördert wird.

Auf kollektiver Ebene profitieren wir in unseren sozialen Verbindungen ebenfalls von der Beziehung zu Tieren: Wenn wir die Verantwortung für die Pflege eines Tieres teilen, oder gemeinsam mit diesem interagieren, stärkt dies unsere zwischenmenschlichen Beziehungen und trägt zu einer tieferen Verbundenheit bei. Siehe hierzu auch unsere *Fallbeispiele* (im Kap. 3), in denen die menschlichen Interaktionen sich in oder nach der Interaktion mit Tieren sanft gewandelt haben…

Integriert in einen systemischen Ansatz eröffnet die Mensch-Tier-Interaktion somit eine große Bandbreite an Möglichkeiten, Kohärenz zu stärken und positive, gesundheitsfördernde Prozesse in den komplexen System-Dynamiken des Lebens zu etablieren.

In aller Kürze
- Die Salutogenese lenkt den Fokus von der bloßen Krankheitsbehandlung weg blickt ressourcenorientiert auf Gesundheit und Wohlbefinden.
- Das Konzept des „Sense of Coherence" (Kohärenz des Lebensgefühls) ist zentral, wobei eine höhere Kohärenz mit größerer Zufriedenheit und Gesundheit einhergeht.
- Systemisch betrachtet entsteht Gesundheit in komplexen Interaktionen zwischen Menschen, anderen Lebewesen, Institutionen und der Umwelt.
- Diese zirkuläre Dynamik, vergleichbar mit Feedbackschleifen in Systemen, prägt unser Wohlbefinden.
- Die Mensch-Tier-Interaktion bietet als Verstärker positive Impulse in diesen Dynamiken, insbesondere durch die unmittelbare Erfahrung von Sinn, Verständnis und Handhabbarkeit in dieser Beziehung.
- Die Integration der salutogenischen Perspektive eröffnet Wege, positive Verstärker in den komplexen Systemdynamiken des Lebens zu etablieren.

4.8 Speziesismus

Wir lieben Hunde und essen Schweine…

Du findest es sicher genauso selbstverständlich wie die meisten von uns, dass Hunde eine privilegierte Stellung als geliebte Begleiter:innen, Familienmitglieder und sogar therapeutische Partner:innen von uns Menschen innehaben. Wir teilen unsere Wohnungen mit ihnen, lassen sie an unseren Freizeitaktivitäten teilnehmen und behandeln sie (oft zumindest) mit Zuneigung und Wertschätzung. Während Hunde also meist auf der Sonnenseite unserer Gesellschaft wandeln, erleben – erleiden – andere Tierarten die Schattenseiten der menschengemachten Systeme in all ihrer Brutalität.

Schweine beispielsweise – intelligente, soziale Wesen – werden in industriellen Landwirtschaftsanlagen „gehalten" (allein das Wort ist denkwürdig), wo sie als reine Rohstoffe für die Lebensmittelproduktion betrachtet werden. Ihre Lebensbedingungen stehen im starken Kontrast zu den gemütlichen Betten und den regelmäßigen Streicheleinheiten, die viele Hunde genießen: lebenslanges Kauern in den eigenen Exkrementen, Schmerzen, Krankheiten, Verletzungen, Zusammengepferchtsein, Dunkelheit, Hunger, Durst, Tod. In überfüllten und schmutzigen Stallungen werden Schweine im Allgemeinen auf engstem Raum auf Betonböden und/oder in engen Metallkäfigen eingesperrt, ihre natürlichen Bedürfnisse nach Bewegung und sozialer Interaktion werden ignoriert. Man kann ob des Ammoniaks in der Luft kaum atmen, sieht niemals die Sonne, schläft niemals weich oder bequem. Man wird ständig von anderen verzweifelten Kreaturen angegriffen. Man blutet. Man lebt nicht, man vegetiert, bis man abgeholt, ins Schlachthaus getrieben, betäubt, kopfüber aufgehangen und aufgeschlitzt wird…

Die Paradoxie dieser Unterscheidung zwischen Hund und Schwein wird umso klarer, wenn man bedenkt, dass Schweine, ähnlich wie Hunde, enge soziale Bindungen eingehen können und eine große Bandbreite an Emotionen zeigen: Freude, Trauer, Liebe, Sorge… Sie legen genauso viel Wert auf Familie, Freude und Freiheit wie Hunde. Sie sind genauso intelligent, genauso neugierig, genauso schmerzempfindlich. Sie kümmern sich genauso liebevoll um ihre Kinder – wenn sie es dürfen. Sie sind Hunden (und übrigens auch uns Menschen) also nicht unähnlich. Sie sehen nur etwas anders aus. Trotzdem werden die einen wertgeschätzt und die anderen nicht. Die einen sind eben „Haustiere" – die anderen „Nutztiere". Wenn man genauer darüber nachdenkt, gibt es keinen nachvollziehbaren Grund für diese Einteilung. Es könnte auch anders sein: wir könnten Schweine lieben und Hunde essen. Also: was ist da los?

Die Antwort ist recht kurz: Speziesismus.

4.8.1 Was ist das eigentlich?

Der Begriff „Speziesismus" reiht sich ein in andere „-ismen" wie Rassismus und Sexismus und weist auf die Ungleichbehandlung von Tieren hin. Speziesismus bezeichnet also die Diskriminierung von Lebewesen aufgrund ihrer Artzugehörigkeit, und bezieht sich insbesondere auf die bevorzugte Behandlung von Menschen gegenüber anderen Tierarten, basierend auf… ja, worauf eigentlich? Genetischer Übereinstimmung? Wir sind, genetisch gesehen, wesentlich näher verwandt mit Kühen als diese mit Hummern. Dennoch konzeptualisieren wir die beiden letzteren gemeinsam als „Tiere" und uns selbst als „Menschen". Oder basiert die Unterscheidung auf beobachtbaren und messbaren Alleinstellungsmerkmalen? Zumindest konventionell verwendete angebliche Trennungsmarker wie „Intelligenz" oder „Sprachverwendung" sind längst wissenschaftlich aufgelöst worden. Andere Tiere denken und kommunizieren eben auch. Es ist nicht so klar, und schon gar nicht „natürlich", dass bzw. wieso wir Menschen uns selbst sprachlich in eine Schublade stecken und alle anderen Lebewesen, von der Kakerlake bis zum Känguru, in eine andere.

Wir haben also durch Namensgebung eine vermeintliche Klarheit geschaffen, und eine Realität konstruiert, die unsere Ideen und Vorstellungen widerspiegelt – nicht aber die Komplexität der allumfassenden, multiperspektivischen Welt [Siehe Kapitel „(De-)Konstruktion" in diesem Kap. 5 und Kapitel „Sprache" im Kap. 6 *Perspektiven*].

Die Mensch-Tier-Dichotomie gründet also auf Narrativen. Die künstliche Zweiteilung in „Menschen" und „Andere" wird vor allem durch Erzählungen konstruiert und aufrechterhalten:

So existieren beispielsweise religiöse Narrative, die den Menschen als „Krone der Schöpfung" legitimieren: Der Mensch sei gottgleich und somit weisungsbefugt, so wird argumentiert, und die anderen eben Untertanen. Wirtschaftliche Narrative wiederum rechtfertigen die Ausbeutung von Tieren: die Maximierung von Wohlstand der einen Spezies korreliere nun mal mit dem Massenfolter und -mord an anderen. Und kulturelle Narrative erklären das Leid der Tiere als gesellschaftliche Notwendigkeiten: Ein guter Sonntagsbraten sei eben „Tradition".

> **Impuls**
> Welche religiösen, kulturellen oder wirtschaftlichen Narrative, die die angebliche menschliche Überlegenheit bzw. die Ungleichbehandlung und das Zufügen von Leid gegenüber Tieren zu rechtfertigen versuchen, fallen dir ein?

Wir haben es hier mit dem weithin als selbstverständlich angenommenen Phänomen zu tun, dass die Interessen von Tieren weniger berücksichtigt werden als die von Menschen. Ebenso werden die Interessen einiger Tierarten höher gewertet als die anderer, aufgrund der bloßen Tatsache, dass sie einer anderen Spezies angehören (z. B. gilt das Interesse, am Leben zu bleiben, mehr, wenn man ein Hund ist, und kein Huhn). Vertreter:innen der Tierrechte argumentieren allerdings, dass alle Lebewesen, unabhängig von ihrer Art, das Recht haben (sollten), vor Leiden geschützt zu werden und ein möglichst erfülltes, selbstbestimmtes Leben zu führen.

4.8.2 Wie zeigt sich Speziesismus?

Schauen wir uns einmal an, wie und wo sich Speziesismus in unserer Gesellschaft manifestiert. Dies bildet die Grundlage, um die Herausforderungen zu erkennen und Wege zur Reflexion (und möglicherweise Dekonstruktion) dieses Phänomens zu erkunden.

Hierarchien
Die Grundlage der Diskriminierung ist die Hierarchisierung von Lebensformen. Die Idee der „Nutztiere" basiert auf der oben erwähnten Vorstellung, dass die menschliche Spezies eine höhere Wertigkeit besitzt als andere Tierarten. Tiere werden also zur Verfügungsmasse für uns Menschen. Wir betrachten sie als minderwertig, also weniger wert – folglich kann man mit ihnen tun und lassen, was man möchte. Dies sind nicht unbedingt individuelle, wohlüberlegte Ansichten. Vielmehr handelt es sich um systemische Phänomene: Institutionen, Kulturen, Gesellschaften, Bildungsstätten tragen das Hierarchie-Narrativ weiter und erhalten so die künstliche Dichotomie aufrecht.

Tiere als Ressourcen
Dieses Narrativ ebnet den Weg für die selbstverständliche Nutzung von Tieren als Ressourcen. Tiere dienen oft als Mittel zur menschlichen Zweckerfüllung, sei es in der Nahrungsmittelproduktion, für Kleidung, in der Unterhaltungsindustrie oder für wissenschaftliche Experimente. Wir Menschen „brauchen" eben das, was Tiere haben. Und nehmen es uns einfach.

Sprache
Auch unser Sprachgebrauch und unsere Semantik spiegeln dies wider. Die Art und Weise, wie über Tiere gesprochen wird, gibt die speziesistische Überzeugungen preis. Oft wird eine abwertende Sprache verwendet. Tiernamen werden beispielsweise als Schimpfworte gebraucht: „du dumme Sau", oder „du blöde Kuh" wertet eigentlich gar nicht den/die Bezeichnete:n, sondern die referenzierte Tierart massiv ab. Oder Tiere werden auf einzelne Eigenschaften reduziert und zu Produkten diskreditiert. Es wird technisch und distanziert von ihnen gesprochen: Es geht um „Stück(zahl) Vieh" oder „kg Fleisch" anstatt um individuelle Lebewesen mit individuellen Eigenschaften. Für unser erstes Therapiepferd haben wir übrigens den Preis von „fünfzig Cent pro Kilogramm Körpergewicht" bezahlt[3] – sie war bereits für die Schlachtung vorgemerkt, weil sie beim Holzrücken und bei Planwagenfahrten nicht mehr die erwartete Leistung erbringen konnte. Lena lebt seit inzwischen 10 Jahren bei uns. Sie ist die freundlichste, liebenswerteste Kreatur, die man sich nur vorstellen kann.

---

[3] … wir distanzieren uns hier übrigens ausdrücklich von der Idee, Lebewesen „kaufen" zu können – leider sehen wir uns im Alltag aber immer wieder mit diesem Konzept konfrontiert.

Justizsystem

Selbst im Rechtssystem ist Speziesismus tief verankert. Tiere werden weitaus weniger umfassend vor Leid und Ausbeutung geschützt als Menschen, und selbst zwischen Tierarten wird ein Unterschied gemacht. Kommt eine Kuh qualvoll zu Tode ist dies Teil der „Produktion" und wird als normal erachtet. Kommt ein Hund qualvoll zu Tode, kann die immerhin zu einem Verfahren wegen Sachbeschädigung führen – denn Haustiere gelten als „Besitz" und somit als Sache. Diese Ungleichbehandlung kommt weiterhin in Gesetzen zur Tierhaltung, zu Jagdpraktiken und Tierversuchen zum Ausdruck.

Ethik

Wir Meschen setzen unterschiedliche ethische Standards. Handlungen, die gegenüber Tieren (oder gegenüber bestimmten Tierarten) als akzeptabel betrachtet werden, gelten als inakzeptabel, wenn sie gegenüber Menschen (oder als „höherwertig" betrachteten Tieren) durchgeführt werden. Tief verankerte speziesistische Überzeugungen manifestieren sich in Rechtsstrukturen, Alltagspraktiken und sogar in (sprachlich konstruierten) moralischen Einschätzungen, die Tiere als minderwertig oder als Mittel zum Zweck betrachten, die nach Belieben genutzt werden können.

Diese Allgegenwärtigkeit der artspezifischen Diskriminierung spielt eine grundlegende Rolle, wenn wir unseren eigenen Umgang mit der umgebenden Welt betrachten, (neu) definieren oder möglicherweise auch kritisch hinterfragen möchten.

Wie wir anhand der oben aufgeführten Beispiele deutlich sehen, prägen speziesistische Grundannahmen maßgeblich unsere ethischen Haltungen und Überlegungen im Umgang mit Tieren – einfach, weil wir in einer speziesistischen Welt sozialisiert worden sind und diese Sozialisation nicht so einfach abschütteln können. Wir können sie allerdings bewusst reflektieren, Muster erkennen, und unsere Haltungen und Handlungen anpassen.

4.8.3 Worum geht es eigentlich? Systeme unterscheiden

Gerade weil Speziesismus sich der Vermischung von Kategorien und Interessen bedient, ist es hilfreich, einzelne Disziplinen voneinander abzugrenzen, um klare Gedanken fassen zu können. Ethische Überlegungen können beispielsweise zunächst einmal von finanziellen Überlegungen entkoppelt und somit unabhängig von wirtschaftlichen Narrativen gestellt und beantwortet werden. Wir können uns selbst fragen, welche Art des Umgangs mit Tieren wir vertreten können, oder welche Art von Leben wir uns für sie wünschen – ohne Einschränkungen wie „wenn es möglich wäre" oder „das ist aber zu teuer" oder „… aber dafür fehlen die Ressourcen". Eine ausschließlich ethische Diskussion kann den Blick einfach auf die Lebensbedingungen von Tieren lenken. Wenn man dieses Gedankenexperiment zunächst ohne Einschränkungen einfach anhand der eigenen ethischen Standards durchführt und zu einem Ergebnis, also einer eigenen Tierethik kommt, hat man eine Klarheit erlangt, die in künftigen Diskussionen und Abwägungen mit anderen Disziplinen wie Wirtschaft eine solide Basis darstellen wird.

4.8.4 Wie kann man es anders sehen? Perspektiven wechseln

Auch etablierte und hartnäckige Narrative, wie das der Hierarchisierung von Lebewesen, können durch Perspektivwechsel aufgelöst oder zumindest erschüttert werden. Die speziesistische Perspektive, dass manches Leben mehr „wert" sei als anderes, hält sich bisher wacker. Es legitimiert die Einordnung von Tieren als Ressourcen, die für menschliche Zwecke genutzt werden können. Menschen dürfen also entscheiden und verfügen, weil sie irgendwie „höherwertig" oder „besser" sind. Doch was, wenn wir die Perspektive ändern und weder die angebliche Höherwertigkeit der Menschen noch die angebliche Minderwertigkeit der Tiere als Argumente gelten lassen? Was, wenn wir den Fokus auf die Individualität und die Interessen der Tiere legen und die Welt von dort aus betrachten? Was, wenn wir die Bedürfnisse aller Lebewesen als gleichwertig (und, als Hypothese, rechtlich gleichgestellt) betrachten? Stellen wir uns dazu einfach vor, wir würden für alle Lebewesen „Menschenrechte" ansetzen. Wie würden wir handeln? Wie würden wir miteinander umgehen?

> **Impuls**
> Wir möchten dich bitten, Handlungen, die du selbst oder andere an Tieren vornehmen, einmal so zu benennen, als würden sie an Menschen vorgenommen werden. Dazu kannst du gern die Sprache der Justiz nutzen. Worum handelt sich also bei dem, was du tust/beobachtest? Mord? Folter? Nötigung? Entführung? Diebstahl? Hausfriedensbruch?
> Hast du vor kurzem einen Welpen „gekauft"? Dann wären die passenden Begriffe vielleicht Kindesentzug und Freiheitsberaubung.
> Zugegeben: es klingt hart – aber das ist es auch.

4.8.5 Kennen wir das nicht irgendwoher? Muster entdecken

Es bestehen Parallelen zu anderen „-ismen". Die Analogie zu anderen Diskriminierungsformen wie Rassismus, Sexismus oder Klassismus unterstreicht den zugrunde liegenden Mechanismus der Ungleichbehandlung aufgrund einer konstruierten Andersartigkeit. Anders als Speziesismus hat die Erforschung von und Auseinandersetzung mit anderen „-ismen" allerdings etwas Erfahrung und Routine. Die „-ismen"-Awareness und Kritik ist gesellschaftlich halbwegs etabliert – anders ausdrückt: wir haben so bereits etwas Übung darin, sodass wir sie als Blaupause für den Umgang mit Speziesismus nutzen können. Wenn wir uns die die Mechanismen, die zur Unterdrückung von Menschen-Gruppen führen, vor Augen führen, wird klar, dass sich diese auch im Speziesismus wiederfinden. Das Erkennen und Benennen dieser (bekannten) Muster erlaubt uns somit eine strukturierte, fundierte Analyse der Thematik.

Man kann es so zusammenfassen: Eine fundierte Auseinandersetzung mit dem Thema profitiert von a) der Klarheit in der eigenen Haltung und der eigenen Reflexion, b) der Infragestellung etablierter Denkmuster durch Perspektivwechsel, c) der Nutzung des bestehenden Diskurses und Anwendung bereits erarbeiteter Dekonstruktionstools.

4.8.6 Systemische Arbeit mit Tieren & Speziesismus

Wie und wozu ist eine solche Beschäftigung mit Speziesismus überhaupt relevant für uns und unsere Arbeit? … und umgekehrt: wie trägt unsere Arbeit zum Diskurs bei?

1) Beobachtungsbeobachtung
Die Auseinandersetzung mit dem Speziesismus dient als exemplarische Analyse unserer eigenen Beobachtungsbrillen und der Art und Weise, wie wir unsere Welt strukturieren. Indem wir Konstruktionen, die die Mensch-Tier-Dichotomie unterstützen, hinterfragen, erkennen wir, dass unsere Wahrnehmung nicht objektiv ist, sondern durch kulturelle, religiöse und gesellschaftliche Erzählungen geschaffen wird. Diese Erkenntnis fordert uns dazu auf, bewusster genau die Linsen bzw. Brillen zu betrachten, durch die wir die Welt sehen, und uns der subjektiven und konstruierten Natur unserer Realität bewusst zu werden.

> **Impuls**
>
> Nimm deine eigene Sichtweise auf eine bestimmte Tierart unter die Lupe. Welche Grundannahmen rechtfertigen deine eigene Haltung zu diesen Tieren? Gleiche diese Annahmen auch gern mit den Grundannahmen, die deine Haltung zu anderen Arten beeinflussen, ab. Woher kommen diese Grundannahmen?

2) Dekonstruktion und neue Perspektiven

Die bewusste Auseinandersetzung mit den Konstruktionen des Speziesismus und deren Dekonstruktion erweitert unser Denk-Spektrum enorm. Indem wir unsere Annahmen über Menschen und Tiere hinterfragen, schaffen wir Platz für neue Perspektiven und Handlungsmöglichkeiten – sowohl im Umgang mit nichtmenschlichen Lebewesen als auch im Umgang mit uns selbst und anderen Menschen. Eine solche Dekonstruktion ermöglicht beispielsweise eine größere Bereitschaft, von Tieren zu lernen. Ebenso erlaubt es uns, ihre (und unsere eigene) Individualität sowie ihre Bedürfnisse zu respektieren. Es eröffnet also einen Raum, in dem wir unser Verhalten und unsere Haltungen gegenüber Anderen überdenken können, und somit eine vielfältigere und inklusivere Sichtweise auf die Welt um uns herum entwickeln [Siehe auch „(De)konstruktion" in diesem Kap. 5].

> **Impuls**
>
> Steige auf Basis der oben angestellten Überlegungen tiefer in die Dekonstruktion ein. (Wie) passen deine Annahmen zu den System-Mustern, die in den jeweiligen Kontexten relevant sind, z. B. in deiner Familie oder in deinem beruflichen Umfeld? Was könnte anders sein, wenn man die Perspektive wechselt? (Wo) siehst du in deinen eigenen Annahmen/Haltungen/Überlegungen das Potenzial, etablierte Strukturen zu „nudgen"?

Die systemische Arbeit mit Tieren[4] – ein Kernaspekt unserer Tätigkeit – eröffnet einen weiteren Weg zur Dekonstruktion speziesistischer Denkmuster.

In traditionellen systemischen Ansätzen liegt der Fokus oft auf der Analyse menschlicher Systeme. Doch der Einbezug von Tieren in diesen Prozess

---

[4] Wir meinen hier und im Folgenden nichtmenschliche Tiere.

kann einen paradigmatischen Wandel herbeiführen. Hierbei geht es nicht nur darum, Tiere als passive Elemente einzubeziehen (also irgendetwas zu tun und das Tier soll es aushalten), sondern sie aktiv als gleichberechtigte Partner:innen in die Analyse der eigenen Muster, Strukturen, Ressourcen und Wirksamkeiten miteinzubeziehen.

Durch diese Erweiterung des systemischen Rahmens wird der Speziesismus direkt herausgefordert. Die gängige Annahme, dass Menschen überlegene Akteure in sozialen Systemen sind, wird infrage gestellt. Tiere treten nicht mehr als Objekte oder „Materialien" auf, sondern als die Systeme mitgestaltende Subjekte. Ihre Perspektiven, Bedürfnisse und Interessen werden als gleichwertig, relevant und wirksam betrachtet.

In der systemischen Arbeit mit Tieren erfolgt somit eine Verschiebung von der anthropozentrischen Perspektive hin zu einer inklusiveren Betrachtungsweise. Die Konventionen, Tiere als minderwertig oder als Mittel zum Zweck zu betrachten, werden aktiv hinterfragt bzw. sogar ausgehebelt. Diese kritische Reflexion überträgt sich auf die allgemeine Wahrnehmung von Tieren in verschiedenen Kontexten.

Die spezifische Betrachtung von Tieren als gleichberechtigte Interaktionsparner:innen in systemischen Prozessen trägt also dazu bei, speziesistische Denkmuster im Allgemeinen zu überwinden. Die systemische Arbeit mit Tieren lässt uns neue Beobachtungsbrillen anprobieren, die uns auch in anderen Kontexten weiterhin zur Verfügung stehen. Tiere werden also durch Nudging unserer Narrative [siehe „Nudging" im Kap. 4 *Leitfaden*] zu aktiven Mitgliedern komplexer sozialer Gefüge. Dies birgt das Potenzial, tief verwurzelte speziesistische Überzeugungen zu destabilisieren. Dieser Ansatz ermöglicht eine vorsichtige Transformation von Systemen, die nicht nur den Menschen, sondern auch anderen Spezies Raum zur Entfaltung geben, und trägt somit zu einer inklusiveren Welt bei.

> **Impuls**
>
> Nutze dieses Buch – unsere Fallbeispiele, die theoretischen Hintergründe, die Perspektivwechsel und die Methoden – um deine eigene Haltung zu und deinen Umgang mit unterschiedlichen Spezies zu (re)konzeptionalisieren und zu überdenken.

4.8.7 „Moment mal – seid ihr nicht auch Speziesist:innen?"

Auch wir „nutzen" Tiere in unserer Arbeit. Und tatsächlich haben wir uns oft und eingehend gefragt, ob wir das rechtfertigen können. Unsere Wunschvorstellung wäre nämlich, dass alle Lebewesen unabhängig von Kategorisierungen friedlich, respektvoll und selbstbestimmt miteinander koexistieren können. Doch egal wie wir es drehen und wenden: wir können nur mit dem arbeiten, was da ist, nicht mit dem, was nicht da ist [siehe „Akzeptanz" in diesem Kap. 5]. Derzeit ist es unmöglich, unseren Traum umzusetzen: die Domestizierung vieler Arten ist bereits so weit fortgeschritten, dass sie in umfassender Abhängigkeit von Menschen leben, und die menschengemachte Infrastruktur schränkt das freie Umherstreifen anderer Lebewesen erheblich ein. Wären sie auf sich allein gestellt, wüssten unsere Hunde also nicht viel mit sich anzufangen (zu lange haben ihre Vorfahren bereits mit Menschen gelebt) und unsere Pferde und Ponys würden wahrscheinlich nach kurzer Zeit überfahren oder erschossen werden oder im Winter verhungern. Eine Auswilderung steht also nicht zur Debatte. Stattdessen können wir aber versuchen, „unseren" Tieren unter Nutzung aller zur Verfügung stehender wissenschaftlicher, kognitiver, finanzieller und infrastruktureller Ressourcen ein Leben zu ermöglichen, das sehr nah an ein Leben in Freiheit heran kommt – insbesondere legen wir dabei Wert auf die freie Entscheidung, mit uns Menschen zu interagieren (oder auch nicht). All unsere Tiere kommen aus Notsituationen heraus zu uns – weil sie woanders nicht gewollt oder geduldet wurden, oder schon für die „Entsorgung" vorgesehen waren zum Beispiel – und wir verhandeln mit jede:m einzelnen, welche Art von Leben und „Arbeit" für ihn/sie passend ist. Dabei nudgen wir zwar auch hier und da ein wenig – die ältere Hundedame Tilda würde im Winter auch gern drei Tage im Bett liegen, wenn man sie nicht motivieren würde, sich ab und zu ein wenig zu bewegen – bemühen uns aber nach Kräften, dabei keine Grenzen zu überschreiten.

> **In aller Kürze**
> - Einige Tierarten wie Hunde werden bevorzugt behandelt, während andere, wie z. B. Schweine, qualvoll und in unwürdigen Zuständen vegetieren müssen. Es werden also artspezifische Unterschiede gemacht.
> - Am gravierendsten sind diese Ungleichbehandlungen in der (konstruierten) Mensch-Tier-Unterscheidung.

- Dies nennt man „Speziesismus": die Diskriminierung aufgrund der Artzugehörigkeit.
- Speziesismus basiert auf verschiedenen Narrativen, die die Ungleichbehandlung von Tieren rechtfertigten.
- Speziesistische Grundmuster manifestieren sich u. a. in Rechtsstrukturen, Alltagspraktiken und moralischen Bewertungen.
- Als Beobachtende unserer eigenen speziesischten Grundannahmen und Haltungen vergrößern wir unser Reflexionsniveau und legen den Grundstein für eine Dekonstruktion dieser Muster.
- Speziesistische Denkmuster können weiterhin durch die Einbeziehung von Tieren in systemische Arbeit dekonstruiert werden.
- Systemische Arbeit mit Tieren kann also, wenn man sich mit speziesistischen Konstruktionen auseinandersetzt, zu einer inklusiveren und vielseitigeren Betrachtung von allen Lebewesen in verschiedenen Kontexten führen.

4.9 Systemische Haltung(en)

Vielleicht hast du schon unsere Fallbeispiele gelesen. All diese Fallbeispiele sind verfremdete Beschreibungen – sogenannte „strange accounts" – die wir aus unseren eigenen Erfahrungen und denen unserer Klient:innen zusammengebastelt haben. Vielleicht hat es sich genauso zugetragen, vielleicht kombinieren wir individuelle Erfahrungen, vielleicht sind es komplett fiktive Beispiele auf Basis unserer Beobachtungen. So oder so stellt es aber *unser* Narrativ und *unsere* Interpretation der Dynamiken dar, denn natürlich erzählen wir aus *unserer* Perspektive. Daher können wir die Prozesse einigermaßen verständlich wiedergeben: wir haben Lösungs-Ideen auf das Wesentliche heruntergebrochen, komplexe Wirkfaktoren weggelassen, Entwicklungen als lineare Prozesse beschrieben und einfach sichtbare Zusammenhänge aufgeführt. Es handelt sich also um Bilderbuch-Beispiele.

In der Realität ist das selbstverständlich nicht so einfach! Ideen sind meist fluide, Interaktionsdynamiken multifaktoriell, Prozesse nicht linear und Zusammenhänge fast immer multikausal. Einfacher ausdrückt: Oft weiß man selbst gar nicht so genau, was man denkt oder glaubt. Die Interaktionen in Teams hängen von vielen verschiedenen Einflüssen ab. Entwicklung geschieht nicht immer nur in eine Richtung – es gibt auch Rück- und Seitwärtsschritte. Und was letztendlich wie wozu führt, ist oft unklar.

Was wir aber in diesem ganzen Chaos sowohl beobachten als auch beeinflussen können, ist unsere eigene *Haltung*. Unsere Erfahrung zeigt, dass die innere Haltung große Auswirkungen haben kann und dass es sich lohnt, sie zu beobachten und vielleicht sogar zu bearbeiten.

Bestimmt hast auch du schon einige Ratgeber gesehen oder gekauft, eventuell sogar gelesen, die sich mit dem Thema „innere Haltung (für Führungskräfte/für Pflegefachkräfte/für Lehrer:innen/für …)" befassen. Aber was bedeutet „Haltung" eigentlich?

> **Impuls**
>
> Was bedeutet „Haltung" für dich? Schreibe deine persönliche Definition gern auf, teile sie mit jemandem oder durchdenke sie einfach für dich selbst.

Für uns beschreibt der Begriff „Haltung" die innere Einstellung einer Person zu so ziemlich allem: zu sich selbst, dem sozialen Umfeld, zur Umwelt, zu Dingen, Strukturen, Prozessen und Ideen. Es geht also um die Meinungen, Überzeugungen und Werte eines Menschen in Bezug auf bestimmte Themen, Situationen oder Lebensbereiche. Es geht auch darum, *wie* jemand denkt, fühlt und sich zu verschiedenen Aspekten des Lebens, der Arbeit, der Liebe, der Freundschaft, und vielen mehr, also Aspekten des Seins und des Tuns, positioniert. Haltung kann sich auf moralische, ethische, berufliche, politische oder persönliche Überzeugungen beziehen und beeinflusst, wie eine Person sich verhält, entscheidet und mit anderen interagiert. Unsere Haltung kann über einen Zeitraum hinweg relativ stabil sein oder aber fluide, also sich im Laufe der Zeit verändern, basierend auf Erfahrungen, Lernprozessen und Reflexion.

Ganz einfach ausgedrückt: Haltung ist, wie wir die Welt betrachten, sie verstehen und ihr gegenübertreten. Die konkreten Aspekte der eigenen Haltung, die uns hilfreich erscheinen, ergeben sich beinahe von selbst, wenn man systemisch denkt, also auf „das System" (was auch immer im jeweiligen Kontext damit gemeint ist) als Ganzes schaut. Wir könnten uns beispielsweise den ganzen Erdenball als großen Organismus als ein einziges System, anschauen. Oder wir betrachten, auf kleinerer Ebene, ein Familiensystem. Oder das System eines bestimmten Sports, einer bestimmten ökologischen Struktur (z. B. das System Wald), einer Firma, einer Universität, usw.

Mit welcher Haltung oder welchen Haltungen gelingt es uns nun bestmöglich, das jeweilige System zu erfassen, oder besser: zu „begreifen" (wir können uns hier kleine, fast durchsichtige, unendlich lange und biegsame Fühler vorstellen, die in jeden noch so kleinen Winkel vordringen und jeden Aspekt des Systems rundum betasten, also wortörtlich „begreifen" können)? Wie tragen wir durch unser Begreifen zu einer Erhöhung des Reflexionspotenzials des Systems, somit also auch dessen Handlungsraums, und, mitinbegriffen unserer eigenen Wirksamkeit, bei?

Zum besseren Verständnis: Mit „Reflexionspotenzial" meinen wir hier die Fähigkeit eines Systems, die eigenen Strukturen, Muster und Prozesse zu erkennen, zu verstehen und zu analysieren. Je höher das Reflexionspotenzial eines Systems ist, desto genauer kann es seine eigenen Funktionsweisen und Interaktionen verstehen und anpassen. Dies ermöglicht dem System, flexibel auf Veränderungen innerhalb und außerhalb zu reagieren und gegebenenfalls strukturelle Veränderungen vorzunehmen oder neue Lösungswege zu finden. Es kann auch die Beziehungen und Verflechtungen zu anderen Systemen besser verstehen und interpretieren. Der Handlungsfreiraum des gesamten Systems wird also gesteigert, wenn es sich selbst detaillierter „versteht".

Eine gesteigerte Wirksamkeit des Individuums ergibt sich nun daraus, dass ein höheres Reflexionspotenzial des Systems das Individuum miteinschließt, und auch diesem eine bewusstere und informiertere Entscheidungsfindung ermöglicht. Individuen innerhalb eines Systems können schärfer sehen, wie ihre eigenen Haltungen und Handlungen das System beeinflussen, und somit informierter und gezielter „nudgen". Dies erhöht möglicherweise ihre Fähigkeit, Einfluss auszuüben und erwünschte Ergebnisse zu erzielen.

Aus systemischer Perspektive gibt es einige grundlegende Aspekte der eigenen Haltung, die für ein hohes Reflexionspotenzial und damit auch für die eigene Wirksamkeit wichtig erscheinen:

4.9.1 Aufmerksamkeit – die Fähigkeit, Signale wahrzunehmen

Aufmerksamkeit – wie wir sie hier verstehen – bedeutet, bewusst im Hier und Jetzt zu sein und die Wahrnehmung auf unsere eigenen Gedanken, Gefühle und Handlungen oder die Signale, die Andere uns senden, zu lenken. Diese Haltung erlaubt uns, subtile Hinweise und Veränderungen in uns selbst, in Anderen, oder in einem System aufzunehmen und auf die jeweiligen Bedürfnisse und/oder Veränderungen einzugehen.

In einer Herde von Pferden beispielsweise sieht man sehr deutlich, dass Aufmerksamkeit systemerhaltend ist. Indem die Pferde achtsam auf ihre Umgebung, die Wahrnehmungen der eigenen Sinne und die Signale ihrer Artgenossen achten und sich, wenn es angebracht ist, gegenseitig warnen, tragen sie dazu bei, dass die Herde als Ganzes überleben kann: Die Mitglieder der Herde sind abwechselnd, als System aber ständig, aufmerksam für Anzeichen von Gefahr, sei es von Raubtieren oder anderen potenziellen Bedrohungen. Ein Pferd, das eine Veränderung in der Umgebung bemerkt, wie zum Beispiel ein ungewöhnliches Geräusch oder eine ungewöhnliche Bewegung, wird die anderen Pferde alarmieren. Diese Aufmerksamkeit ermöglicht es der Herde, schnell zu reagieren, indem die Tiere flüchten oder zusammenarbeiten, um sich als Gruppe zu schützen.

> **Impuls**
> Nimm dir vor, für einige Minuten einer bestimmten Person, einem Tier oder einem anderen Lebewesen gegenüber achtsam zu sein. Dazu nimmst du diese(s) einfach mit deinen Sinnen wahr. Wie sieht es aus? Wie hört es sich an? Und so weiter. Analysiere, interpretiere und bewerte nicht. Bremse dich selbst, wenn du versucht bist, dies zu tun.

4.9.2 Neugier – richtig hinschauen

Neugier ist die Bereitschaft, offen und ohne Vorurteil in die Welt hinauszublicken und Informationen mit echtem Interesse aufzunehmen. Diese Haltung erlaubt uns, unseren Horizont zu erweitern und neue Erkenntnisse zu gewinnen, indem wir aktiv und „wissenwollend" auf die Komplexitäten unseres Systems schauen. Wir Neugierigen möchten Denkweisen anderer, umgebene Strukturen und System-Dynamiken erkunden, und zwar immer wieder aufs Neue, da wir davon ausgehen, dass sie fluide und somit ständig im Wandel sind – ebenso wie wir selbst. Bei Katzen kann man Neugier übrigens besonders gut beobachten und sich inspirieren lassen: sie zeigen ein ausgeprägtes Explorations-, also Erkundungsverhalten, und scheinen immer gerade auf irgendeiner sehr wichtigen Mission zur Erforschung der Umgebung, bestimmter Objekte, anderer Lebewesen oder dem Sterbeverhalten ihrer Beute zu sein… Dabei sind sie hochkonzentriert, und gehen methodisch und analytisch vor: visuelle Betrachtung aus der Ferne, Beschnuppern, Annäherung, Betasten, gegebenenfalls Reinbeißen All dies geschieht ergebnisoffen, also ohne, dass die Katze mögliche Ergebnisse ihrer „Forschung" vorwegnimmt…

> **Impuls**
>
> Du kannst an den Impuls der „Aufmerksamkeit" anschließen, oder ein anderes alltägliches Objekt oder eine Situation in deiner Umgebung auswählen. Betrachte es mit den Augen einer/s neugierigen Forscher/s:in, die/der zum ersten Mal darauf stößt. Stelle dir vor, du weißt nichts über dieses Wesen/Objekt oder diese Situation. Stelle Fragen wie: „Was könnte das sein? Wozu könnte es dienen? Welche Details fallen mir auf? Was möchte ich darüber wissen?" Lasse deine Gedanken frei fließen und erlaube dir, verschiedene Perspektiven einzunehmen, um das Vertraute aus einer neuen Sichtweise zu betrachten. Was erfährst du in dieser Beobachtung, was du vorher noch nicht wusstest?

4.9.3 Anerkennung – das, was ist, wertschätzen

Das Wort An-Erkennung trägt ein „Erkennen" in sich, also das Sehen des wahren oder echten Kerns einer/s Anderen, einer Sache oder einer Struktur. Es bezieht sich somit auf die aufrichtige Bemühung, zu „erkennen", also jemand anderen wirklich zu verstehen und für das, was er/sie/es ist wertzuschätzen. Diese Haltung eröffnet die Möglichkeit, oberflächliche Kommunikationsbarrieren zu überwinden und tiefere Verbindungen innerhalb eines Systems aufzubauen [siehe „Ressourcen" im Kap. 4 *Leitfaden*].

In der Mensch-Hund-Interaktion sehen wir „Anerkennung" beispielsweise, wenn ein Mensch nach einem langen Arbeitstag erschöpft nach Hause kommt. Mensch sieht furchtbar aus, ist verschwitzt, riecht nicht sonderlich gut und hat eine Rotznase. Dennoch zeigt Hund seine Freude und Wertschätzung durch begeistertes Schwanzwedeln, aufgeregtes Herumspringen und lebhafte Körpersprache. Dies zeigt uns recht eindrücklich, wie der Hund über äußerliche Aspekte hinwegsieht (was uns Menschen zugegebenermaßen oft schwerfällt) und den Kern seines Menschen erkennt, was zu einer tiefen und echten Verbindung zwischen beiden führt.

> **Impuls**
>
> Auch hier kannst du an die oben beschriebenen Impulse anschließen: Denke an ein Lebewesen oder eine Struktur in deinem Leben, die dir bereits bekannt oder vertraut ist. Betrachte dieses Wesen/diese Struktur bewusst mit den Augen der Wertschätzung und Anerkennung. Was schätzt du an dem/den/der Anderen oder der Struktur? Reflektiere über die positiven Eigenschaften, Fähigkeiten und Beiträge. Stelle dir vor, wie er/sie/es sich mit deiner Wertschätzung fühlt. Schreibe dann, wenn du möchtest eine kurze Nachricht, in der du deine Wertschätzung ausdrückst. Dies kann ein einfaches Dankeschön sein oder eine Erklärung, warum du seine/ihre Präsenz schätzt.

4.9.4 Pluralität der Perspektiven – die eigene ist nur eine von vielen möglichen Sichtweisen

Pluralität der Perspektiven bedeutet, die Vielfalt unterschiedlicher Standpunkte in einem System anzuerkennen. Diese Haltung eröffnet die Möglichkeit, ein umfassenderes Bild von einem System zu erhalten, fördert Toleranz, Empathie und kreative Lösungsfindung.

Stell dir eine kleine abgelegene Wasserstelle mitten im Nirgendwo vor. Alle Tiere besuchen dieselbe Wasserstelle, aber sie hat völlig verschiedene Bedeutungen, je nachdem, wer man ist: Für eine Löwin zum Beispiel ist diese Wasserstelle nicht nur eine Wasserquelle, sondern auch ein Jagdgebiet. Aus ihrer Perspektive ist dies der Ort, an dem sie ihre Beute in einem unaufmerksamen Moment überraschen kann. Ein Elefant hingegen hat einfach einen enormen Wasserbedarfs – er kommt also häufig zur Wasserstelle und richtet seinen mentalen Kompass nach ihr aus, sodass sie den Mittelpunkt seiner Welt darstellt. Aufgrund seiner Größe muss er kaum fürchten, an der Wasserstelle angegriffen zu werden, kann sie also auch als einen Ort der Entspannung wahrnehmen. Umgekehrt betrachtet ein sehr kleines Tier, wie eine Maus, die Wasserstelle mit großer Vorsicht. Für die Maus ist es ein gefährlicher Ort, da sie hier leicht zum Opfer größerer Tiere werden kann. Daher ist immer Vorsicht geboten, wenn sie zur Wasserstelle kommt. Ein Vogel, der über der Wasserstelle kreist, ist kaum von dem Treiben am Boden kaum betroffen. Er kann Insekten einfangen, über dem Wasser schweben und im Flug einen Schluck Wasser nehmen. Mit all diesen unterschiedlichen Perspektiven gehören doch alle ein einem Ökosystem, dass sie, ohne es explizit zu wissen, durch ihre eigene Betrachtung und, demzufolge, ihr eigene Verhalten im Gleichgewicht halten.

> **Impuls**
>
> Wähle ein aktuelles oder vergangenes Ereignis aus deinem Leben. Betrachte dieses Ereignis aus verschiedenen Blickwinkeln oder Perspektiven. Stelle dir vor, du wärst eine andere Person oder ein anders Lebewesen, die in diesem Ereignis involviert war oder du würdest von außen beobachten. Besonders gut eignet sich tatsächlich die Perspektive eines Tieres, mit dem du interagiert hast. Wie würdest du das Ereignis aus seinen/ihren Augen sehen? Welche Emotionen, Gedanken und Beweggründe hättest du? Schreibe oder sprich, wenn du das möchtest, deine Beobachtungen und Impulse aus diesen unterschiedlichen Perspektiven auf. Du kannst die Perspektivwechsel auch physisch darstellen, indem du die Situation mit Figuren oder anderen Gegenständen aufstellst und dich an unterschiedlichen Orten im Raum positionierst.

4.9.5 Fragen stellen (… und aushalten, dass es nicht immer eine Antwort gibt)

Fragen stellen bedeutet, offen für Unsicherheit und Ungewissheit zu sein. Diese Haltung erlaubt uns, verschiedene Facetten eines Systems zu erforschen und tiefer zu verstehen, indem wir kritisches Denken fördern und neue Perspektiven erkunden. Wenn du bereits mit Tieren zusammenlebst,, bist du mit der Idee des Fragenstellens möglicherweise vertraut. „Was möchtest du (Tier) mir mit diesem Verhalten mitteilen?" „Wovor hast du gerade Angst?", „Wie kann ich dir eine Freude machen?", „Wo möchtest du schlafen?", „Was brauchst du?"

> **Impuls**
>
> Es ist einfach: Stell' Fragen (an Andere, an das System, an die Situation, an dich selbst, …), idealerweise aus einer Position echter Neugier heraus. Besonders empfehlen sich offene Fragen, also „was", „wie", „wo" und so weiter. Achtung: bitte stell' keine Fragen, auf die du die Antwort schon zu haben glaubst, ebenso keine rhetorischen oder sarkastischen Fragen (denn das sind keine echten Fragen, sondern in Wirklichkeit Aussagen). Unser Tipp ist, auch „Warum"- Fragen zu vermeiden, weil sie a) oft keine Relevanz haben und b) oft eine Rechtfertigung heraufprovozieren. Stattdessen ist es hilfreich, „wozu" als Fragewort zu verwenden, denn dies fragt nach dem Zweck oder Ziel einer Handlung, nicht nach dem Grund.

4.9.6 Ambiguitätstoleranz (es ist kompliziert)

Ambiguitätstoleranz beschreibt die Fähigkeit, mit Unsicherheit und Mehrdeutigkeit umzugehen. Diese Haltung erlaubt uns, verschiedene Interpretationen und Widersprüche zu akzeptieren, ohne in starre Denkmuster zu verfallen, und fördert Flexibilität im Umgang mit Komplexität. Wenn du im Zusammenleben mit deinem Tier die oben genannten Fragen gestellt hast, ist dir sicher aufgefallen, dass es manchmal keine eindeutige Antwort darauf gab, dass mehrere Interpretationen sinnvoll erschienen oder dass du eine Antwort, die du einmal gehabt zu haben glaubtest, wieder über Bord werfen musstest. Somit hast du bereits Ambiguitätstoleranz bewiesen!

> **Impuls**
>
> Erinnere dich an eine beliebige Situation, die dich sehr beschäftigt. Vielleicht hattest du eine klare Einstellung dazu, vielleicht erschien es dir komplizier-

> ter. Versuche nun, Widersprüchlichkeiten zu identifizieren und es auszuhalten, diese so stehen zu lassen. Dabei hilft es, Sätze mit „sowohl als auch" oder „gleichzeitig" oder „aber auch" zu verknüpfen. Zum Beispiel: „Ich schätze meine Kollegin für ihre Freundlichkeit, gleichzeitig geht mir diese aber auch auf die Nerven." Löse die Ambivalenzen nicht auf sondern akzeptiere einfach, dass es sie gibt und dass sie Teil deiner inneren Haltung sein dürfen.

4.9.7 Wertfreiheit – die Fähigkeit, nicht zu urteilen

Wertfreiheit bedeutet, ohne vorschnelle Bewertungen offen gegenüber einer Person/eines Sachverhalts zu sein, auch wenn uns dies/e auf den ersten Blick verurteilungswürdig erscheint. Diese Haltung erlaubt uns, Informationen und Situationen ohne Verurteilung anzunehmen, fördert Toleranz für verschiedene Meinungen und schafft eine Atmosphäre der Akzeptanz, in der Gedanken und Ideen frei ausgetauscht werden können. Als wir unsere Hunde Nino und Topo ausgemergelt und erschöpft mitten im Nirgendwo fanden, haben die beiden uns nicht nach unseren äußeren Gestalt beurteilt (mit ziemlicher Sicherheit hatten sie die Erfahrung gemacht, dass Menschen Gefahr bedeuten), sondern haben sich bemerkbar gemacht, auf uns eingelassen, uns einen Vertrauensvorschuss gegeben und sind schließlich, in einem Akt bemerkenswerter Courage, in unser Auto eingestiegen– was sich natürlich letztendlich gelohnt hat, da sie nun ein Leben ins Saus und Braus führen.

> **Impuls**
> Diese Übung basiert stark auf den Fähigkeiten, die du aus den letzten Übungen mitbringst. Nimm dir einen Moment Zeit, um dich in einer Situation, in der du dazu neigst, schnell ein Urteil zu fällen, bewusst selbst zu beobachten Das könnte eine Begegnung mit jemandem, eine kleine Meinungsverschiedenheit oder eine unerwartete Veränderung sein. Betrachte die Situation nun mit einer wertfreien Haltung, ohne sofortige Urteile oder Interpretationen. Beschreibe einfach. Übrigens: „gut" und „schlecht" sind KEINE Beschreibungen – es sind Bewertungen!

4.9.8 Respektvolle Respektlosigkeit – Unbequemes einbringen, weil du wichtig bist

Respektvolle Respektlosigkeit bedeutet, kritische Themen anzusprechen und eventuell auch eine unbequeme Meinung zu vertreten, ohne dabei die Wertschätzung füreinander zu verlieren. So wird unserer Erfahrung nach (positive) Reibung erzeugt und folglich eine intensive Auseinandersetzung mit Inhalten ermöglicht. Diese Haltung eröffnet also die Möglichkeit für konstruktive Kritik und bietet Raum für ehrlichen Austausch, ohne die Beziehungen innerhalb eines Systems zu belasten. Man respektiert die Person, mit der man sich auseinandersetzt, aber nicht notwendigerweise deren Ideen oder Konzepte.

> **Impuls**
>
> Auch diese Übung basiert auf den vorangegangenen Übungen. Behalte insbesondere Wertschätzung und Ambiguitätstoleranz bei. Versetze dich nun in eine Situation hinein, in der du das Bedürfnis hast, ein kritisches Thema anzusprechen. Wie würdest du vorgehen, um deine Gedanken und Gefühle so auszudrücken, dass du die Wertschätzung für die Person bewahrst, aber dennoch deutlich machst, dass du ihre Ideen infrage stellst oder kritisierst? Welche Worte und Herangehensweisen würdest du wählen, um diesen feinen Unterschied zu betonen und eine respektvolle Respektlosigkeit zu praktizieren? Schreibe auf, wie du in dieser zukünftigen Situation vorgehen würdest, um eine solche Balance zu erreichen und die Beziehung zu wahren.

4.9.9 Blinde Flecken anerkennen – sehen, dass man es nicht sieht

Blinde Flecke sind Aspekte oder Muster, die in einem System oder in unserer inneren Haltung existieren, denen wir uns aber nicht bewusst sind. Diese blinden Flecke sind selbstverständlich Teil (oder Nicht-Teil) unserer Wahrnehmung. Wenn wir uns der Tatsache bewusst sind, dass wir blinde Flecken, also Gebiete des Nicht-Sehens haben, entwickeln wir eine größere Ambiguitätstoleranz und eine größere Bereitschaft, die Perspektive zu wechseln.

> **Impuls**
>
> Nimm dir Zeit, um die Möglichkeit von blinden Flecken in deinem Denken und in deinem Verhalten zu reflektieren. Frage dich, ob es Bereiche gibt, in denen du möglicherweise Dinge übersiehst oder Muster wiederholst, ohne es zu bemerken (und halte aus, dass es darauf keine endgültige Antwort geben kann). Du kannst auch Feedback von anderen einholen, um mögliche blinde Flecke aufzudecken. Sei offen für Überraschungen und bereit, deine Perspektive zu erweitern.

> **In aller Kürze**
>
> Unsere systemische Haltung:
>
> 1. **Aufmerksamkeit** – Die Fähigkeit bewusst im Moment zu sein und Signale der Umwelt wahrnehmen zu können.
> 2. **Neugier** – Genau hinschauen und die Welt um uns herum mit echtem Interesse erforschen.
> 3. **Anerkennung** – Das, was ist, wertschätzen und die vorhandenen positiven Aspekte erkennen.
> 4. **Pluralität der Perspektiven** – Deine eigene ist nur eine von vielen möglichen Sichtweisen.
> 5. **Fragen stellen** – … und aushalten, dass es nicht immer eine Antwort gibt – so bleibst du offen für Ungewissheiten und Uneindeutigkeiten.
> 6. **Ambiguitätstoleranz** – Die Dinge sind meistens kompliziert, aber die Fähigkeit, mit dieser Unsicherheit und Mehrdeutigkeit umzugehen, ist entscheidend.
> 7. **Wertfreiheit** – Die Fähigkeit, nicht zu urteilen, um objektiv und neutral zu agieren und zu denken.
> 8. **Respektvolle Respektlosigkeit** – Oder: „Du bist mir so wichtig, dass ich Unbequemes einbringe und die Auswirkungen aushalte", um ehrlich, aber respektvoll zu kommunizieren.
> 9. **Blinde Flecke anerkennen** – Die Fähigkeit, zu erkennen, dass man bestimmte Dinge nicht sieht oder versteht, und offen dafür zu sein, sie zu erkunden.

Literatur

Bateson, G., Jackson, D. D., Haley, J., & Weakland, J. (1956). Toward a theory of schizophrenia. *Behavioral Science, 1*(4), 251–264. https://doi.org/10.1002/bs.3830010402

Derrida, J. (1992). Force of law: The "Mystical Foundation of Authority". *Cardozo Law Review, 11*(919), 920–1045.

Fricker, M. (2017). Evolving concepts of epistemic injustice. In I. J. Kidd, J. Medina, & G. Pohlhaus (Hrsg.), *Routledge handbook of epistemic injustice* (S. 53–60). Routledge.

Rogers, C. R. (1961). *On becoming a person: A therapist's view of psychotherapy.* Houghton MIffin Company.

5

Perspektivwechsel – unsere Arbeit aus Sicht der Tiere

5.1 Bedürfnisse

Stell dir vor, (d)ein Lebewesen – ein Tier oder ein Mensch – zeigt keinerlei Interesse an dir. Du wirst „geblankt". Egal wie sehr du dich bemühst, Interaktion kommt nicht zustande. Leicht könnte der Gedanke aufkommen, dass etwas mit dir nicht stimmt – vielleicht sendest du unbewusst ablehnende Signale, oder du wirkst unsicher. Vielleicht wirkst du sogar bedrohlich, und man sollte dich besser meiden... Doch bevor du solchen Selbstzweifel Raum gibst, können wir einen Schritt zurücktreten und die Situation aus einem anderen Blickwinkel betrachten: Was, wenn die Ursache für dieses Verhalten nicht in der Qualität deiner Haltung und deiner Beziehungsgestaltung liegt, sondern in grundlegenderen Bedürfnissen deines Gegenübers? Vielleicht ist es einfach so, dass das andere Lebewesen Durst oder Hunger hat, müde ist oder sich unsicher fühlt.

Dies führt uns zu einer zentralen Überlegung, insbesondere im Umgang mit Tieren. Wenn wir mit Tieren „arbeiten" und aus unseren Interaktionen mit ihnen lernen möchten, dürfen wir die Bedeutung der Grundbedürfnisse auf keinen Fall unterschätzen. Um eine echte, unverfälschte Interaktion zu ermöglichen, ist es essenziell, sicherzustellen, dass die fundamentalen Bedürfnisse aller Beteiligten erfüllt sind. Vielleicht sagt dir die Maslowsche Hierarchie menschlicher Bedürfnisse, die sogenannte Bedürfnispyramide, etwas, die verdeutlicht, wie erst ganz grundlegende physiologische Bedürfnisse und Sicherheitsbedürfnisse erfüllt sein müssen, bevor „höhere" Ebenen der Selbstverwirklichung erreicht werden können. Nur wer satt ist, sich sicher fühlt und gut geschlafen hat, kann sich um soziale, emotionale und kognitive Bedürfnisse wie zwischenmenschliche Beziehungen, Erfüllung im Job oder Auslebung der eigenen Kreativität kümmern. Es ist also logisch, dass wir auch im Umgang mit Tieren zuerst auf ihre grundlegenden Bedürfnisse achten.

In der systemischen Arbeit mit Tieren ist die fundamentale Frage: Wie können wir sicherstellen, dass unsere Interaktion mit Tieren „echt" ist und nicht durch unerfüllte Bedürfnisse der Tiere verzerrt wird? Wir sollten uns also, bevor wir mit der eigentlich „Arbeit" beginnen, eingehend mit den Grundbedürfnissen unserer Tiere auseinandersetzen und im Kopf behalten, dass eine authentische und wirkungsvolle Interaktion nur möglich ist, wenn diese Bedürfnisse erfüllt sind.

Traditionell stellt die tiergestützte Arbeit die Bedürfnisse der Menschen über jene der Tiere. Es gibt zwar inzwischen zahlreiche Ansätze und Publikationen, die eine tierethische Betrachtung der tiergestützten Arbeit fordern, allerdings beschränkte sich die Forderung lange auf die Gewährleistung von biologischen Grundbedürfnissen. Glücklicherweise nehmen Forschende heutzutage eine ganzheitlichere Perspektive ein (vgl. Peralta & Fine, 2021). Auch soziale, mentale und emotionale Bedürfnisse der Tiere haben es in die wissenschaftliche Betrachtung geschafft. Unser eigener Ansatz legt großen Wert auf eine Begegnung auf Augenhöhe, bei der *alle* Bedürfnisse *aller* Beteiligten gleichermaßen Berücksichtigung finden – beispielsweise auch das Bedürfnis nach Autonomie und Selbstbestimmung. Die Grenze, die auch wir ziehen, ist jedoch eine mögliche Gefährdung anderer oder eine mögliche Selbstgefährdung. Freie Entscheidung endet auch für unsere Tiere – die ja, wie du inzwischen weißt, wirklich vieles selbst entscheiden dürfen – dort, wo es gefährlich wird.

5.1.1 Physiologische Grundbedürfnisse

Die physiologischen Grundbedürfnisse – Nahrung, Wasser, Unterschlupf für Schlaf und körperliche Unversehrtheit – bilden das Fundament, auf dem jede weitere Interaktion aufbaut. Ohne die Sicherstellung dieser basalen Bedürfnisse ist jede weitere Ebene der Beziehung, sei sie emotional, sozial oder gar kognitiv, auf tönernen Füßen gebaut. Ein Tier, das Hunger oder Durst leidet, dringend Pipi muss oder nicht ausgeruht ist, kann sich nicht auf höhere Bedürfnisse wie soziale Interaktion oder gar spielerisches Lernen einlassen. Die Deckung dieser Grundbedürfnisse ist somit nicht nur eine Frage des Wohlbefindens des Tieres, also der Tierethik, sondern auch eine unabdingbare Voraussetzung für authentische Begegnungen.

In der praktischen Anwendung bedeutet dies, dass wir uns, bevor wir mit einem Tier in jegliche Art von Interaktion treten, des grundlegenden physiologischen Zustandes versichern müssen. Ist das Tier gesund? Hat es Zugang zu frischem Wasser und ausgewogener Nahrung? Hat es geschlafen? Erst wenn diese Fragen mit einem eindeutigen Ja beantwortet werden können, ist der Weg frei für eine Interaktion, die nicht von basalen Bedürfnissen überlagert wird.

> **Impuls**
>
> Erstelle (mental oder auf Papier), eine möglichst konkrete Liste auf der die Nahrung, Schlaf- und Toilettenbedürfnisse deines Tieres beschrieben sind. Vor jeder Interaktion solltest du diese Liste durchgehen und sie „abhaken". Fällt dir dabei auf, dass noch etwas fehlt, ist es unabdingbar, dieses Element zur Verfügung zu stellen, bevor die Interaktion beginnt.

5.1.2 Sicherheit und Schutz

Sind die physiologischen Bedürfnisse erfüllt, müssen wir sicherstellen, dass die Interaktion nicht durch Stress oder Angst verzerrt wird. Ein Schlüsselaspekt dabei ist die Gewährleistung von Sicherheit und Schutz.

Ohne ein Gefühl der Sicherheit ist jede Interaktion mit einem Tier auf einer grundlegenden Ebene gestört. Tiere wie Menschen, die sich in ihrer unmittelbaren Umgebung unsicher oder bedroht fühlen, sind nicht in der Lage, sich auf eine echte Weise zu öffnen und zu interagieren. Ihre Handlungen werden dann primär von einem instinktiven Bedürfnis nach Schutz geleitet, was die Entwicklung einer tieferen Bindung oder echte Lernmomente verhindert.

Deshalb ist es unerlässlich, dass wir als Verantwortliche zuerst eine Umgebung schaffen, die frei von Bedrohungen ist und in der sich unsere Tiere sicher und geschützt fühlen. Dies bedeutet nicht nur physischen Schutz vor Gefahren in Form eines immer verfügbaren Rückzugsraums, sondern auch die Schaffung einer emotional stabilen und vorhersehbaren Umgebung [Siehe auch Kapitel „safe spaces" in diesem Kap. 6].

> **Impuls**
>
> Erweitere deine Liste um den Punkt „Schutzraum" oder „safe space". Wo ist dein Tier absolut sicher? Wo kann es sicher sein, dass niemand ihm/ihr folgt/ Zugriff auf ihn/sie hat? Weiß dein Tier, wie es jederzeit dorthin kommt? Wie kannst du zudem sicherstellen, dass die Interaktion emotional sicher für dein Tier ist?

5.1.3 Soziale Bedürfnisse: Zugehörigkeit und Liebe

Es geht noch weiter. Genau wie wir benötigen viele Tiere als soziale Wesen stabile soziale Bindungen. Natürlich gibt es Ausnahmen – manche Tiere sind Einzelgänger:innen. In diesem Fall sollten wir uns dann allerdings fragen, warum wir auf einer Interaktion mit einem Wesen bestehen, das selbst keine Lust auf Interaktion hat, und in dessen biologischem Repertoire sie nicht angelegt ist. Für die meisten Lebewesen ist der Kontakt zu Artgenossen allerdings überlebenswichtig. Soziale Bindungen zu Artgenossen, die nach eigenen Vorstellungen gestaltet werden können, tragen also wesentlich zur psychischen Gesundheit und zum Glück des Tieres bei. Ist das Tier, mit dem wir eine Beziehung aufbauen (möchten) nicht dauerhaft in eine stabile Sozialstruktur mit Artgenossen eingebunden, können wir fast sicher sein, dass der Umgang mit uns nicht authentisch ist – entweder unser Tier heftet sich aus Verzweiflung stark an uns als Ersatzobjekte und projiziert somit all seine sozial-emotionalen Bedürfnisse, oder es ist so traurig und stumpf, dass es innerlich emigriert.

> **Impuls**
> Erweitere deine Liste um den Punkt „soziale Beziehungen". Wann, wo und wie kann dein Tier sein/ihr Bedürfnis nach Nähe leben?

5.1.4 Neugier und Selbstverwirklichung

Genau wie wir streben auch Tiere danach, ihre individuellen Stärken, Fähigkeiten und Vorlieben ausleben zu können und Neues zu lernen. Ebenso brauchen sie Gelegenheiten, ihre artspezifisch angeborenen Fähigkeiten und Verhaltensweisen auszuleben. Sie erkunden, entdecken und spielen – wenn alle anderen Bedürfnisse erfüllt sind.

> **Impuls**
> Erweitere deine Liste um den Punkt „artspezifische und individuelle Verhaltensweisen". Wann, wo und wie kann dein Tier diese Verhaltensweisen ausleben?

5.1.5 Die Bedeutung der Bedürfnisbefriedigung für die systemische Arbeit

Die Berücksichtigung und Erfüllung der Bedürfnisse von Tieren ist nicht nur für deren eigenes Wohlergehen essenziell, sondern auch für die Authentizität und Wirksamkeit der systemischen Arbeit mit Tieren. Nur wenn unsere Tiere in ihren Bedürfnissen zufriedengestellt sind, können sie sich frei und ungehindert in der Interaktion mit dem Menschen einbringen.

> **In aller Kürze**
> - Grundbedürfnisse sind essenziell für authentische Interaktionen mit Tieren.
> - Die Maslowsche Hierarchie unterstreicht, dass physiologische und Sicherheitsbedürfnisse erfüllt sein müssen, bevor höhere Bedürfnisse angegangen werden können.
> - Authentische Interaktionen sind nur möglich, wenn die Bedürfnisse der Tiere erfüllt sind; dies schließt auch soziale, mentale und emotionale Bedürfnisse ein.
> - Physiologische Grundbedürfnisse wie Nahrung, Wasser, und Schlaf sind die Basis für weitere Beziehungsebenen.
> - Sicherheit und Schutz sind unabdingbar, um Stress oder Angst bei Tieren zu vermeiden und echte Begegnungen zu ermöglichen.
> - Soziale Bedürfnisse nach Zugehörigkeit und Liebe sind für die meisten Tiere überlebenswichtig; stabile soziale Bindungen tragen zur psychischen Gesundheit bei.
> - Viele Tiere sind neugierig und möchten lernen – sie müssen ihre individuellen Fähigkeiten und artspezifischen Verhaltensweisen ausleben können.
> - Die Erfüllung dieser Bedürfnisse ist nicht nur für das Wohlergehen der Tiere entscheidend, sondern auch für die Wirksamkeit systemischer Arbeit mit ihnen.

5.2 Natürliche Reaktionen: Fight, Flight, Freeze, Fawn

In einer komplexen Welt, in der unvorhersehbare Veränderungen und Herausforderungen ständig auftreten können, sind unsere Reaktionen auf mögliche Bedrohungen entscheidende Überlebenswerkzeuge. Die archaischen Verhaltensmuster – Kampf (Fight), Flucht (Flight), Erstarren (Freeze) und Unterwerfen/Schmeicheln (Fawn) – sind tief in den biologischen Systemen aller Lebewesen veranker – Menschen eingeschlossen. Diese instinktiven Reaktionen haben sich im Lauf der Evolution entwickelt, um auf physische, psychische und soziale Bedrohungen schnell und ohne nachdenken reagieren zu müssen – und zu überleben.

Aus einer systemischen Perspektive heraus betrachtet sind diese Reaktionen nicht nur natürliche, sondern auch funktionale Antworten auf die vielfältigen und komplexen Einflüsse, denen wir ausgesetzt sind. Das, was in isolierter Betrachtung als „problematisches" Verhalten erscheinen mag – jemand erstarrt, unterwirft sich, läuft weg oder kämpft mit Zähnen und Klauen – kann in Wirklichkeit eine angepasste, funktionale Reaktion auf einen bestimmten Impuls darstellen.

Wenn wir unsere und andere Tiere in ihrem Alltag beobachten, wird diese Perspektive besonders deutlich. Tiere handeln in (vermeintlich) gefährlichen Situationen instinktiv, geleitet von diesen grundlegenden Reaktionsmustern. Werden unsere Meerschweinchen beispielsweise erschreckt, rennen sie, ohne zu überlegen, in den nächstbesten Unterschlupf. Indem wir solche Reaktionen beobachten und anerkennen, können wir nicht nur ein solides Verständnis für die Tiere selbst entwickeln, sondern auch für die unsere eigenen Reaktionen. Dieses Verständnis wiederum öffnet den Weg zur Selbstakzeptanz, denn es erlaubt uns, unser Verhalten als natürliche Reaktionen auf Gefahren oder unvorhergesehene und somit als bedrohlich empfundene Veränderung im System anzusehen, die eine wichtige Funktion erfüllen: sie sichern unser Überleben. Indem wir also lernen, diese instinktiven Reaktionen zu akzeptieren und als potenziell hilfreich anzuerkennen, eröffnen wir uns die Möglichkeit, auch die Wirksamkeit unserer intuitiven und unbewussten Interaktionsmechanismen anzuerkennen.

Lass uns also die oben erwähnten Reaktionen genauer beleuchten, ihre Funktion in der Tierwelt verstehen, und überlegen, wie wir von diesem Verständnis profitieren können.

5.2.1 Fight

Auch du kennst sicher Situationen am Arbeitsplatz, in denen du dich unerwartet in einem Kampf wiederfandest. Vielleicht hat dich jemand kritisiert, und ohne es zu merken, bist du „ausgeflippt". Oder vielleicht war es umgekehrt. Es muss dabei gar nicht immer ein lautes Wortgefecht sein; manchmal fühlt sich eine Interaktion einfach wie ein Kampf an: innere Anspannung, Ringen um die Oberhand oder das letzte Wort, Aufregung…

Diese Momente, in denen unsere Reaktionen vielleicht heftiger oder aggressiver ausfallen, als wir es beabsichtigt hatten, spiegeln die tief verwurzelte „Fight"-Reaktion wider. Es ist eine instinktive Antwort unseres Körpers auf wahrgenommene Bedrohungen.

In solchen Momenten setzen biochemische Prozesse in unserem Körper ein –die Reaktion beginnt im Amygdala-Bereich des Gehirns, der eine

Kaskade von Ereignissen auslöst, die den Körper auf eine Bedrohung vorbereiten. Zunächst wird das Hypothalamus aktiviert, gefolgt von der Freisetzung des Hormons ACTH durch die Hypophyse, was wiederum die Nebennieren aktiviert, um Epinephrin (Adrenalin) freizusetzen. Diese chemischen Botenstoffe bewirken eine Reihe physiologischer Veränderungen, darunter erhöhten Blutdruck, Blutzucker und eine Unterdrückung des Immunsystems, um Energie für die Muskeln bereitzustellen und somit eine schnelle und kraftvolle Reaktion zu ermöglichen.

Ein klassisches Beispiel hierfür ist das Verhalten einer Katze, die sich einer Bedrohung durch einen Hund gegenübersieht. Der beschleunigte Herzschlag, das Sträuben der Haare und die Pupillenerweiterung – alles Anzeichen einer sympathischen Erregung –, zeigt, dass sie bereit ist, zu kämpfen (oder zu fliehen, doch dazu weiter unten mehr). Diese Reaktionen sind darauf ausgelegt, das Überleben zu sichern, indem sie dem Tier die notwendige Energie und physische Kapazität für eine schnelle Kampfreaktion verleihen. Sollte es tatsächlich zu einer Konfrontation kommen, wird die Katze wahrscheinlich „über sich hinauswachsen" und viel stärker und länger kämpfen, als man es vermuten würde.

Die Kampfreaktion ist fest in das biologische Erbe aller Lebewesen eingebettet. Allerdings ist sie in modernen Gesellschaften nicht nur als Reaktion auf unmittelbare physische Bedrohungen zu verstehen, sondern auch auf psychologische und soziale Herausforderungen, mit denen sowohl Tiere als auch Menschen konfrontiert sind. Durch das Erkennen und Analysieren zugrunde liegender Mechanismen können wir ein tieferes Bewusstsein für unsere eigenen instinktiven Kampf-Reaktionen (und die anderer) entwickeln und lernen, diese in kontextbezogener und angepasster Weise zu nutzen.

Im menschlichen Kontext sind die „gefährlichen Raubtiere" vielleicht metaphorisch zu verstehen – eine kritische Chefin, ein fieser Kunde, ein konkurrierender Kollege –, aber die körperliche Reaktion bleibt erstaunlich ähnlich.

Durch die Betrachtung dieser Reaktionen aus einer naturwissenschaftlichen und systemischen Perspektive können wir beginnen, unsere eigenen Verhaltensweisen am Arbeitsplatz neu zu bewerten – und eventuell ein wenig nachsichtiger mit uns selbst und anderen umzugehen, wenn eine Reaktion mal zu krass ausgefallen ist. Anstatt uns dann für diese natürliche Reaktion zu schämen oder sie als unangemessen abzutun, können wir sie als Teil unseres Daseins als Mensch (oder Tier) akzeptieren und verstehen lernen. Dieses Verständnis ermöglicht es uns in der Folge, Strategien zu entwickeln, um sie in konstruktivere Bahnen zu lenken.

Wichtig: Wir möchten betonen, dass dieses Verständnis im menschlichen Kontext nur für „Kampfhandlungen" gilt, die keinerlei physische oder psychische Gewalt beinhalten – solltest du dich oder andere dabei beobachten, die Kontrolle zu verlieren und verbal oder körperlich übergriffig zu werden, ist es dringend notwendig, externe Hilfe in Anspruch zu nehmen.

5.2.2 Flight

Allerdings ist Kampf nicht immer die beste Wahl. In einer spannenden Studie von 1992[1] wurden Guppys (das sind kleine Fische) in „kühne", „gewöhnliche" und „schüchterne" Gruppen eingeteilt, basierend auf ihren Reaktionen, als sie einem Barsch ausgesetzt waren. Interessanterweise überlebten 40 % der schüchternen Guppys und 15 % der gewöhnlichen Guppys, während keiner der mutigen Guppys überlebte… Sich der Gefahr zu entziehen war hier also die deutlich nachhaltigere Option.

Der Fluchtreflex in der Tierwelt ist eine instinktive Reaktion, die es Tieren ermöglicht, schnell auf Bedrohungen zu reagieren und sich in Sicherheit zu bringen. Dieses Verhalten schützt Tiere vor Raubtieren und anderen Gefahren, oft sogar besser als der Kampf-Reflex. Beispiele für den Fluchtreflex sind das plötzliche Aufscheuchen eines Vogelschwarmes bei Annäherung eines Menschen oder die schnelle Flucht eines Kaninchens, das das Knacken eines Zweiges als Signal einer nahenden Gefahr wahrnimmt.

Unsere Pferde und Ponys zeigen solche Verhaltensmuster regelmäßig. Wenn ein Traktor – für sie eine vermeintliche Gefahr – sich ihrem Weidegebiet nähert, setzt bei ihnen sofort der Fluchtreflex ein. Ohne zu zögern, galoppieren sie zum entgegengesetzten Ende des Feldes. In der Pferdewelt ist der Traktor eine klare Bedrohung, und durch die prompte Flucht sichern sie jedes Mal aufs Neue ihr Überleben. Spannend ist, dass sich die Pferde, wenn sie eine Weile bei uns leben, an Traktoren gewöhnen und entspannt bleiben. Wenn allerdings andere, noch nicht so souveräne Tiere zu fliehen beginnen, rennen sie mit. Sicher ist sicher.

Im Kontakt mit Tieren kann das Wissen um Fluchtverhalten und dessen Relevanz besonders wirksam eingesetzt werden. Indem du lernst, die Zeichen einer bevorstehenden Fluchtreaktion bei Tieren zu erkennen, kannst du dein Verhalten entsprechend anpassen, um Stress oder Angst bei den Tieren zu minimieren. Dies führt zu einem sichereren und vertrauensvolleren Umgang und ermöglicht eine tiefere Verbindung zwischen dir und dem Tier.

---

[1] Wenn du die Studie einmal nachlesen möchtest, kannst du hier nachschauen: (Dugatkin, 1992).

Ein grundlegendes Verständnis des Fluchtreflexes kann dir aber auch dabei helfen, deine eigenen Reaktionen und die der Systeme, in denen du dich bewegst, besser zu verstehen. In stressigen oder bedrohlichen Situationen kann auch bei dir eine Art Fluchtreaktion ausgelöst werden, die sich in einem Wunsch nach Rückzug oder Vermeidung äußert. Erkenne, dass solche Reaktionen natürlich und ein Teil deines biologischen Erbes sind. Sie dienen dazu, dich vor vermeintlichem oder realem Schaden zu schützen.

Für die systemische Betrachtung deiner sozialen Dynamiken bietet die Reflexion über den Fluchtreflex wertvolle Einblicke. Du kannst lernen, die Wechselwirkungen innerhalb von Systemen, sei es in der Familie, im Beruf oder in anderen sozialen Konstellationen, vor dem Hintergrund der Fluchtreaktionen besser zu verstehen. Die Erkenntnis, dass Fluchtreaktionen Teil eines natürlichen Schutzmechanismus sind, ermöglicht es dir, dich selbst und andere dabei zu unterstützen, ihre eigenen Reaktionen nicht als Schwäche, sondern als Teil einer natürlichen Stressbewältigung zu begreifen. So kannst du neue Strategien für den Umgang mit Konflikten und Herausforderungen zu entwickeln, die über instinktive Reaktionen hinausgehen und zu bewussteren und konstruktiveren Lösungsansätzen führen.

5.2.3 Freeze

Bei einigen Tieren ist die „Freeze"-Reaktion, das Erstarren bei Gefahr, eine ebenso wichtige Überlebensstrategie wie Kampf oder Flucht. Diese Reaktion besteht darin, dass ein Tier regungslos verharrt, um nicht die Aufmerksamkeit eines Raubtiers auf sich zu ziehen und gleichzeitig einen Moment zu gewinnen, in dem es die Situation besser einschätzen kann. Ein klassisches Beispiel hierfür ist das oft beschriebene erstarrende Reh im Scheinwerferlicht. Das Reh friert ein, vielleicht in der Hoffnung, von potenziellen Bedrohungen übersehen zu werden, wenn es sich nicht mehr bewegt.

Wir erinnern uns an die Begegnung unserer Hühner mit einem Rotmilan. Ein spezifischer Pfiff eines aufmerksamen Huhns zeigt an, dass Gefahr von oben droht (es gibt anders klingende Rufe für Gefahr am Boden). Anstatt zu fliehen, erstarrten die Hühner an Ort und Stelle. Der Rotmilan nahm also von oben keine Bewegungen am Boden mehr wahr, was den Hühnern wertvolle Sekunden verschaffte, um letztendlich doch noch die Flucht zu ergreifen, als er sich etwas entfernt hatte.

Diese instinktive Reaktion findet sich auch bei Menschen wieder. In Momenten extremer Angst oder Überforderung können wir uns „gelähmt" fühlen, unfähig zu entscheiden, ob Kampf oder Flucht die bessere Option ist. In solchen Augenblicken „schaltet" unser Körper in einen Zustand der Immobilität, was uns Zeit geben kann, die Situation zu bewerten und den nächsten Schritt zu planen.

Das Verständnis der Freeze-Reaktion kann besonders nützlich sein, um eigene Reaktionen in bedrohlichen oder stressreichen Situationen zu verstehen. Erkennen, dass das Erstarren oder die Unfähigkeit, sofort zu handeln, Teil einer tief verwurzelten Überlebensstrategie ist, kann helfen, Selbstkritik in Momenten der Überforderung zu reduzieren. Es ermöglicht dir, dir selbst gegenüber nachsichtiger zu sein und zu verstehen, dass diese Reaktion eine natürliche und oft hilfreiche erste Antwort auf eine Bedrohung ist.

In der systemischen Arbeit kann das Wissen um die Freeze-Reaktion genutzt werden, um Menschen zu unterstützen, die in Stresssituationen mit Erstarrung reagieren. Indem du lernst, die Anzeichen einer bevorstehenden Freeze-Reaktion bei dir und anderen zu erkennen, kannst du Strategien entwickeln, um aus diesem Zustand herauszufinden und konstruktivere Bewältigungsmechanismen zu fördern.

5.2.4 Fawn

Unterwerfungssignale in Tiergruppen dienen dazu, die „Kosten" von Aggression und Konflikten zu senken. Insbesondere in Umgebungen, in denen Ressourcenknappheit herrscht daher Wettbewerb unausweichlich ist, haben Tiere Strategien entwickelt, um die negativen Folgen von Auseinandersetzungen zu minimieren. Unterwerfung als eine solche Strategie ermöglicht es Individuen, Konflikte zu deeskalieren und physische Auseinandersetzungen, die sowohl für den/die Sieger:in als auch für den/die Verlierer:in kostspielig sein können, zu vermeiden. Indem sie Unterwerfungssignale senden, zum Beispiel durch Körperhaltungen oder Lautäußerungen, können Tiere ihre Bereitschaft signalisieren, einen Konflikt zu beenden oder einer überlegenen Partei nachzugeben. Diese Signale dienen dazu, weitere Aggressionen zu verhindern und so die soziale Harmonie innerhalb von Gruppen (wieder) herzustellen. Dadurch, dass Flucht in vielen Fällen keine Option ist, etwa aufgrund von ökologischen oder räumlichen Einschränkungen oder der sozialen Notwendigkeit, innerhalb der Gruppe zu bleiben, werden Unterwerfungssignale zu einem entscheidenden Werkzeug im Repertoire sozialer Interaktionen. Sie ermöglichen es Tieren, die potenziell hohen Kosten von Konflikten zu umgehen und tragen somit zur Stabilität und zum langfristigen Überleben des Individuums und der Gruppe bei.

Wir profitieren von diesem Wissen auf zwei Ebenen: Erstens erlaubt es uns, das möglicherweise beschwichtigende oder sogar unterwürfige Verhalten der Tiere, mit denen wir interagieren, richtig einzuordnen. Vielleicht ist das, was wir als Freundschaftsangebot interpretieren in Wirklichkeit eine Überlebensstrategie, da sie durch unsere Anwesenheit, unsere Handlungen oder unsere innere Haltung in massiven Stress geraten sind?

Zweitens können wir uns selbst vor diesem Hintergrund besser verstehen. Anstatt uns selbst zu verurteilen, weil wir schon wieder nett zu jemandem waren, der uns fies behandelt hat, und schon wieder nicht, wie von unseren Berater:innen gefordert, „klare Grenzen" gezogen haben oder „einfach gegangen" sind, bemerken wir, dass unser Beschwichtigungsverhalten ganz natürlich sein kann. Es senkt eben die physischen und psychischen Kosten, die eine Konfrontation mit sich bringen würde. Ob wir mit diesem Wissen im Hintergrund weiterhin an Beschwichtigungsstrategien festhalten wollen, sei dahingestellt – zumindest aber wissen wir, welchen Zweck sie erfüllen.

> **In aller Kürze**
> - Archaische Verhaltensmuster – Fight, Flight, Freeze, Fawn – sind instinktive Reaktionen auf Bedrohungen, tief verankert in biologischen Systemen.
> - Diese Reaktionen sind funktionale Antworten auf komplexe Einflüsse, entwickelt für das Überleben.
> - „Fight" bereitet den Körper auf eine schnelle Reaktion vor, ähnlich der Kampfbereitschaft einer bedrohten Katze.
> - „Flight" zeigt schnelle Flucht als oft effektivere Überlebensstrategie, wie bei fliehenden Pferden.
> - „Freeze" ist das Erstarren bei Gefahr, eine Überlebensstrategie, um Zeit für eine bessere Einschätzung der Situation zu gewinnen.
> - „Fawn" umfasst Unterwerfungssignale zur Konfliktdeeskalation und Vermeidung von physischen Auseinandersetzungen.
> - Ein systemischer Blick auf diese Reaktionen hilft, menschliches und tierisches Verhalten besser zu verstehen und bewusster zu agieren.

5.3 Safe Spaces

5.3.1 Sichere Orte für Menschen und Tiere

Du hast sicherlich schon einmal von sogenannten „Safe Spaces", also sicheren Orten, gehört. Sie gewinnen insbesondere in beruflichen, aber auch in anderen sozialen Umgebungen, zunehmend an Bedeutung. Diese Räume sollen Sicherheit und Unterstützung bieten, und frei von Übergriffen,

Diskriminierung, Kritik oder Belästigung sein. Es besteht also ein gewisses Problembewusstsein dafür, dass in systemischen Dynamiken das Wohlergehen von Einzelnen und Gruppen potenziell gefährdet ist. Doch während viel darüber diskutiert wird, wie solche Safe Spaces *durch* die Interaktion mit Tieren entstehen können, wird oft ein entscheidender Aspekt übersehen: Die Notwendigkeit, dass diese Räume auch *für* die Tiere als Safe Spaces zu gestalten. Denn schließlich verliert ein Safe Space seine Bedeutung, wenn er nicht für alle Beteiligten gleichermaßen „safe" ist.

In unserem Konzept werden Safe Spaces auf der ersten Ebene *für* das Tier, auf der zweiten dann auch *durch* den Umgang mit einem Tier in diesem Raum geschaffen – sie sind nur durch die Wechselwirkung dieser beiden Ebenden „safe" im wörtlichen Sinne.

5.3.2 Physische und psychische Sicherheit

Ein fundamentales Element von Safe Spaces ist, wie du dir sicherlich denken kannst, das Gefühl der physischen und psychischen Sicherheit, was unter anderem mit der Abwesenheit von Stress und Angst zu tun hat. Stress- und angstauslösende Faktoren wiederum sind sowohl aus Sicht der Tiere als auch aus Sicht der Menschen häufig menschengemacht. Sie entstehen durch typisch menschlichen System-Logiken, die man bei genauerem Hinsehen als Gewaltmuster entlarven kann: Dominanz, Unterdrückung, Manipulation, Ausbeutung, ökonomische Zwänge… wahrscheinlich fallen dir noch viele mehr ein.

Indem wir uns von diesen Gewaltmustern distanzieren und die Perspektive so anpassen, dass sie Wahrnehmung und Deutung unserer Tiere mitberücksichtigt, bieten wir sowohl Menschen als auch Tieren einen Zufluchtsort. Es geht also darum, ein Milieu zu gestalten, in dem Tiere sich ihrem Wesen entsprechend verhalten können, ohne durch menschliche Erwartungen, Deutungen oder Verhaltensweisen eingeschränkt zu werden. Typisch menschliche Logiken greifen in Safe Spaces dann nicht mehr – eine sichere und freie Beziehungsgestaltung ist möglich. Für Menschen wiederum bietet dieser „gewaltbereinigte" Raum somit die Möglichkeit, sich ohne Furcht vor Diskriminierung, Kritik oder Belästigung verhalten und ausdrücken zu können [siehe auch „Bedürfnisse" in diesem Kap. 6].

5.3.3 Respekt und Verständnis

Die Kultur des Respekts und des gegenseitigen Verständnisses ist ein weiterer Pfeiler der Safe Spaces. Mit Blick auf unsere Tiere impliziert dies eine Abkehr von konventionellen Narrativen, die oft auf Dominanz und Unterwerfung basieren. Stattdessen geht es darum, sie als gleichberechtigte Individuen anzuerkennen, von ihnen zu lernen und unseren Umgang mit ihnen entsprechend anzupassen – ein Prozess, der Geduld, Beobachtung und Offenheit erfordert. Wenn wir diese Logik der Gleichberechtigung allerdings akzeptieren, öffnet sich ein weiter Raum: wir lassen uns auf nonverbale Verständigung, ein und verzichten auf sprachliche Verarbeitung unserer Erlebnisse. So gewinnen auch wir an Sicherheit: denn auch wir selbst sind nicht mehr auf die – oft beschränkte – Menschensprache angewiesen, um uns auszudrücken und verstanden zu werden. Wir müssen uns also nicht erklären oder rechtfertigen, sondern dürfen einfach „sein".

5.3.4 Inklusivität und Diversität

Inklusivität und Diversität in Safe Spaces bedeuten für Tiere, dass wir unser übliches speziesistisches Zweiregelsystem (bedeutet: es gelten nicht dieselben Regeln für Menschen wie für Tiere) verlassen und stattdessen eine gleichberechtigte Interaktion anstreben, in der alle Beteiligten gleich behandelt werden. Ebenso spielen auch typisch menschliche, an sich aber arbiträre Kategorien wie Geschlecht, ethnische Zugehörigkeit oder sozialer Status, etc., in einem Safe Space keine Rolle. Die inklusiv ausgerichtete Begegnung mit Tieren ermöglicht es also, über menschliche Kategorisierungen hinauszudenken und eine Verbindung auf einer unvoreingenommenen, grundsätzlich empathischen Ebene zu erleben.

5.3.5 Selbstbestimmung und Autonomie

In einem Safe Space können individuelle Gedanken und Erfahrungen geteilt werden und es kann selbstbestimmt gehandelt werden, ohne Angst vor Urteilen oder Konsequenzen haben zu müssen. Dies gilt sowohl für Menschen als auch im Umgang mit Tieren, deren Verhalten und Reaktionen mit Verständnis begegnet wird, um ein Umfeld des Vertrauens zu fördern. Die Achtung der Selbstbestimmung und Autonomie unterstreicht die grundlegende Idee, jedem Individuum – menschlich oder tierisch – Respekt für die eigenen Ideen, Entscheidungen und Grenzen zu zollen. Dies erfordert ein sensibles Ausloten von Interaktionen, um sicherzustellen, dass weder Tiere noch Menschen zu Handlungen gezwungen oder genötigt werden, die sie nicht selbst wählen.

5.3.6 Potenzial

In dem wir Safe Spaces denken und leben, die sowohl den Bedürfnissen von Tieren als auch denen von Menschen gerecht werden, offenbart sich ein revolutionäres Potenzial für die Beziehung zwischen den Spezies. Durch das Abstreifen menschenzentrierter Perspektiven und die Anerkennung der Tiere als gleichberechtigte Wesen mit eigenen Bedürfnissen, Emotionen und Rechten schaffen wir nicht nur ein Umfeld der Sicherheit und des Respekts; wir eröffnen auch einen Raum für tiefere, bedeutungsvollere Beziehungen und somit Einsichten, die über die Grenzen traditioneller Interaktion hinausgehen. Unsere Safe Spaces bieten die Gelegenheit, von nicht-menschlichen Lebewesen zu lernen. Schließlich erinnert uns die Einrichtung solcher Räume daran, dass im Kern jeder Beziehung, sei sie zwischen Menschen oder zwischen menschlichen und nichtmenschlichen Tieren, die Anerkennung der Autonomie und des intrinsischen Wertes jedes Lebewesens stehen sollte. In diesem Sinne sind Safe Spaces nicht nur Schutzräume – sie sind möglicherweise auch Wegbereiter für eine neue Ära der unbedingten Empathie, der gleichberechtigten Koexistenz und der gegenseitigen Bereicherung.

> **In aller Kürze**
> - Safe Spaces gewinnen beruflichen und sozialen Kontexten an Bedeutung.
> - Wir gestalten Safe Spaces sowohl für Menschen als auch für Tiere, da ihre Wirksamkeit von der Sicherheit aller Beteiligten abhängt.
> - Physische und psychische Sicherheit in diesen Räumen bedeutet die Abwesenheit von Stress und Angst.
> - Stress und Angst entstehen oft durch menschengemachte System-Logiken wie Dominanz und Unterdrückung.
> - Die Kultur des Respekts und des gegenseitigen Verständnisses erfordert eine Abkehr von Dominanz und Unterwerfung.
> - Inklusivität und Diversität in Safe Spaces bedeuten, speziesistische Ansichten zu überwinden und eine gleichberechtigte Interaktion zwischen allen Arten zu fördern.
> - Die Achtung der Selbstbestimmung und Autonomie ist zentral, wobei individuelle Gedanken und Erfahrungen geteilt werden können, ohne Angst vor Urteilen oder Konsequenzen.
> - Diese Räume sind nicht nur Schutzräume, sondern auch Wegbereiter für eine neue Haltung der Empathie, der gleichberechtigten Koexistenz und der gegenseitigen Bereicherung der Spezies.

5.4 Sprache

Sprache ist ein zentrales Element menschlicher Identität und spielt eine entscheidende Rolle in unserem Denken, Handeln und unseren Interaktionen. Sie ermöglicht es uns beispielsweise, komplexe Konzepte zu erfassen, Emotionen zu vermitteln und Absichten zu kommunizieren. Du kannst sogar einmal überlegen, ob die Sprache, die du sprichst, hörst, schreibst und liest sogar einen Einfluss darauf hast, wie du denkst und fühlst. Stellst du dir bestimmte Begriffe bildlich vor? Verknüpfst du bestimmte Empfindungen mit Worten? Haben dich bestimmte Geschichten in deiner Entwicklung geprägt? In diesem Sinne hat Sprache also ein sehr großes Gewicht in unserer individuellen und kollektiven Existenz. Sie eröffnet Räume des Ausdrucks, der Kognition und der Beziehungsgestaltung, die ohne Sprache verschlossen bleiben würden.

Jedoch stößt die Sprache an ihre Grenzen, wenn es darum geht, die gesamte Bandbreite individueller Erfahrungen abzubilden. Für viele Nuancen unseres Erlebens, Denkens und Fühlens existieren schlichtweg keine adäquaten Worte. Und selbst wenn wir Worte finden, bedeutet dies nicht, dass diese von denjenigen, mit denen wir kommunizieren, genauso verstanden werden, wie wir sie meinen, denn die individuelle Interpretation von Sprache variiert stark. Jeder Mensch bringt persönliche Erfahrungen, eigenes Wissen und individuelle Perspektiven mit, die die Bedeutung von Worten subjektiv färben [siehe „Hermeneutische Ungerechtigkeit" im Kap. 4 *Leitideen*].

5.4.1 Systemische Ansätze und Sprache

Im Kontext der traditionellen systemischen Arbeit sind Sprache und Kommunikation zentrale Elemente, die nicht nur die Art und Weise, wie wir miteinander interagieren, sondern auch unsere eigenen therapeutischen und beraterischen Ansätze beeinflussen. Systemische Sichtweisen erkennen an, dass Sprache weit mehr ist als ein einfaches Kommunikationsmittel; sie ist ein konstitutives Element unserer Wahrnehmung der Welt und unserer Beziehungen zu anderen: durch Sprache konstruieren wir Realitäten.

Der Inhalt unserer Erzählungen, aber auch wie wir miteinander sprechen und die Worte, die wir wählen, formen und gestalten unsere Wirklichkeit. Dieser Prozess ist besonders relevant, wenn es darum geht, die Probleme oder Anliegen von Menschen zu verstehen und zu bearbeiten. Die sprachliche Konzeptualisierung eines Problems kann dessen Wahrnehmung und die damit verbundenen emotionalen und behavioralen Reaktionen erheblich beeinflussen.

Ein Beispiel: ein Team wendet sich an uns, weil das Verhalten eines Mitarbeitenden als problematisch empfunden wird. Es stellt sich in der der Arbeit heraus, dass diese Idee des „problematischen Mitarbeitenden" bereits zu bestimmten Haltungen und Handlungen dieser Person gegenüber geführt hat, die das Problem weiter verschärft hat: Vermeidung, Ausschluss, Misstrauen, usw.

Ein zentrales Werkzeug in der systemischen Praxis ist daher das Reframing, bei dem durch eine gezielte Veränderung der sprachlichen Darstellung eines Problems neue Perspektiven und Lösungsansätze eröffnet werden. Reframing nutzt die Macht der Sprache, um festgefahrene Denk- und Verhaltensmuster aufzubrechen und alternative Sichtweisen zu ermöglichen. Durch die bewusste „Manipulation" sprachlicher Konstrukte können systemische Therapeut:innen und Berater:innen den Fokus weg von Defiziten und Problemen und hin zu Ressourcen und Möglichkeiten verschieben. Dies kreiert also andere, neue Realitäten.

Auch die Metakommunikation, das Sprechen über die Kommunikation selbst, ist ein wichtiges Element systemischer Ansätze. Sie ermöglicht eine Reflexion über die Art und Weise, wie wir kommunizieren, und hilft, Missverständnisse und Kommunikationsbarrieren zu identifizieren und zu überwinden. Durch die Analyse der verwendeten Sprache und der damit verbundenen Annahmen und Bedeutungen können tiefere Einblicke in die Dynamiken innerhalb von Beziehungen und Systemen gewonnen werden.

Es besteht in Bezug auf Sprache als Ausdrucks- und Verständigungsmittel eine gewisse Ambiguität. Sprache schafft Bedeutungen – und limitiert diese gleichzeitig. Sprache ermöglicht Verständigung – und verhindert diese möglicherweise. Sprache gestaltet Systeme – und dekonstruiert diese. Sprache verbindet – und trennt.

In der systemischen Arbeit werden wir häufig mit dieser Ambiguität konfrontiert: Anliegen werden sprachlich konzeptualisiert und vermittelt – und möglicherweise entsteht in dieser sprachlichen Konstruktion das Problemmuster.

5.4.2 Kommunikation mit Tieren

Es liegt also nahe, Sprache einmal also Kommunikationsmedium auszuklammern, um andere Perspektiven einnehmen zu können und neue Einsichten zu erhalten. Hier kommen die Tiere ins Spiel. Die non-verbale

Kommunikation mit Tieren umgeht sprachlich konstruierte Problemstrukturen und erlaubt so alternative Sichtweisen – doch auch hier besteht die Herausforderung, Signale senden und deuten zu müssen.

Die non-verbale Kommunikation mit Tieren eröffnet also zunächst einen direkten und oft intuitiven Zugang zu einem Verständnis über Speziesgrenzen hinweg. Diese intuitive Ebene der Kommunikation basiert auf einem evolutionär angelegten Verständnis sozialer Signale, das Menschen und Tiere teilen.

Allerdings, und das ist ein entscheidender Punkt, haben Tiere – ähnlich wie Menschen in verschiedenen Kulturen – ihre eigenen „Sprachen" oder Kommunikationssysteme, die spezifisch für ihre Spezies oder sogar für ihre spezifische soziale Gruppe sind. Um eine erfolgreiche Kommunikation und Interaktion mit „unseren" Tieren zu gewährleisten, ist es daher notwendig, diese spezifischen Kommunikationssysteme zu verstehen und zu erlernen.

Die Verhaltensforschung hat bereits seit Jahrhunderten, insbesondere aber seit dem mittleren und späten 20. Jahrhundert, umfangreiche Studien zur Kommunikation zwischen Tieren sowie zwischen Menschen und Tieren durchgeführt. Etholog:innen wie Konrad Lorenz und Nikolaas Tinbergen haben grundlegende Arbeiten geleistet, die unser Verständnis von tierischem Verhalten und Kommunikation geprägt haben. Ihre Forschungen zeigen, dass Tiere durch eine Vielzahl von Signalen komplexer kommunizieren, als es auf den ersten Blick scheint. Ihre Lautäußerungen, Körperhaltung, Mimik, Geruchssignale und taktile Reize sind ausdifferenziert und haben bestimmte Bedeutungen.

Ein anschauliches Beispiel ist die Forschung zu Delfinkommunikation. Wissenschaftler:innen haben herausgefunden, dass Delfine über ein hochentwickeltes System akustischer Signale kommunizieren, einschließlich Pfeifgeräusche, die als individuelle „Namen" fungieren können. Dies ist also schon ein relativ komplexes Ausdruckssystem, und nicht sofort anschlussfähig.

Die erfolgreiche Kommunikation mit Tieren erfordert also mehr als nur eine intuitive Verbindung; sie erfordert ein bewusstes Lernen und Verstehen der spezifischen Kommunikationsweisen der jeweiligen Tierart. Dies kann durch direkte Interaktion mit den Tieren, durch Beobachtung ihres Verhaltens in verschiedenen Kontexten und durch die Berücksichtigung wissenschaftlicher Forschungsergebnisse zur tierischen Kommunikation erfolgen.

In der systemischen Arbeit mit Tieren bedeutet dies, dass wir nicht nur sensibel für die universellen non-verbalen Signale von Menschen und Tieren sein müssen, sondern auch ein fundiertes Verständnis der spezifischen Kommunikationsformen der jeweiligen Tierarten entwickeln müssen. Allein dieses Wissen ermöglicht es, Missverständnisse zu vermeiden, das Wohlbefinden der Tiere zu sichern und die therapeutischen oder pädagogischen Ziele effektiver zu erreichen.

Die Arbeit mit Tieren, insbesondere, wenn wir sie in Coaching-Prozesse miteinbeziehen, erfordert also eine Kombination aus intuitivem Verständnis und gezieltem Lernen ihrer spezifischen Kommunikationsweisen. Durch die Integration dieser Kenntnisse in die systemische Praxis können wir die Beziehung zwischen Menschen und Tieren vertiefen und einen Raum für gegenseitiges Verständnis und neue Einsichten schaffen.

1) Intuitives Verständnis und Empathie
Intuition, oft verstanden als ein „Bauchgefühl" oder eine unmittelbare Erkenntnis ohne bewusste Überlegung, spielt eine wichtige Rolle in der Kommunikation mit Tieren. Intuitive Wahrnehmung erlaubt es, subtile nonverbale Signale – eine Veränderung in der Körperhaltung, einen spezifischen Blick oder ein leises Geräusch – schnell zu erfassen und zu interpretieren, ohne dass uns überhaupt bewusst wird, was da gerade geschieht. Diese Fähigkeit, auch ohne lange Erklärungen zu „verstehen", ist besonders wertvoll in der Arbeit mit Tieren, da sie uns erlaubt, auf deren Bedürfnisse und Emotionen sensibel und angemessen zu reagieren – sie bereichert aber sicherlich auch die Arbeit mit anderen Menschen.

Empathie wiederum ermöglicht es uns, uns in andere hineinzuversetzen, ihre Perspektiven und Emotionen zu verstehen bzw. nachzufühlen, unabhängig davon, ob es sich um einen anderen Menschen oder ein Tier handelt. Diese Fähigkeit, emotionale Zustände anderer zu „lesen" und adäquat darauf zu reagieren, bildet die Grundlage für eine vertrauensvolle Verbindung. In der Interaktion mit Tieren ermöglicht gegenseitige Empathie eine Verständigung auf dieser grundlegenden Ebene, selbst wenn wir die spezifischen „Sprachen" der Tiere (noch) nicht gelernt haben. Auch hier kann die Fähigkeit ebenso auf Menschen angewendet werden: egal, wie „anders" eine Person ist – durch die Fähigkeit, mit ihr zu fühlen (denn dies bedeutet Empathie) wird eine Verbindung hergestellt, die keiner Erklärung bedarf.

2) Nichtmenschliche Sprachen erlernen
Während Intuition und Empathie die Basis gelungener Interaktion legen, kommt man, wenn es in die feinen Details der Verständigung hinein geht, um ein gewisses Maß an „Vokabeln lernen" nicht herum. Gehen wir einmal davon aus, dass nichtmenschliche Sprachen – die Kommunikationsformen von Tieren – komplexe Systeme darstellen, es verdienen, als vollwertige Sprachen anerkannt zu werden. Diese Sprachen zu erlernen, erfordert

von uns, über anthropozentrische Vorstellungen von Kommunikation hinauszugehen und uns auf die spezifischen Kontexte und Bedeutungen einzulassen, die in der Tierwelt existieren. Dies kann durch intensive Beobachtung, Interaktion und der Beschäftigung mit relevanter Forschung erfolgen. Indem wir uns die Mühe machen, die „Sprachen" der Tiere zu lernen, eröffnen wir uns die Möglichkeit, festere Verbindungen zu ihnen aufzubauen und die Welt aus ihrer Perspektive zu erleben. Wissen wir beispielsweise um die Kommunikation unseres Hundes mit anderen Hunden über Duftstoffe, so wird uns bewusst, wie essenziell wichtig das ständige Stehenbleiben und Schnüffeln ist, das wir normalerweise als nervig empfinden.

Durch das Erlernen nichtmenschlicher Sprachen vertiefen wir aber nicht nur unser Verständnis für die Tierwelt, sondern bereichern auch unseren eigenen Wortschatz. Die Auseinandersetzung mit anderen als den gewohnten Kommunikationsformen ermöglicht uns, Begriffe und Konzepte zu entwickeln, die über unsere menschlichen Begriffe hinausgehen. Somit lernen wir auch, anders zu denke. Die Beobachtung des Schwänzeltanzes von Bienen zeigt uns beispielsweise, wie wir allein mit der Ausrichtung und Bewegung unserer Körper Aussagen tätigen – und vielleicht nutzen wir dieses Wissen nun zur Reflexion unserer eigenen, bisher unbeachteten Körpersprache.

Nicht zuletzt ist die Anerkennung nichtmenschlicher Sprachen als vollwertige Kommunikationssysteme ein wichtiger Schritt hin zu einer respektvolleren und gleichberechtigteren Beziehung zwischen Menschen und Tieren. Zu verstehen, wie Schweine oder Kühe Freude, Angst, Schmerz, Trauer oder Einsamkeit kommunizieren, hilft uns sicherlich dabei, sie nicht (mehr) als Nahrungsmittel, sondern als denkende und fühlende Individuen zu sehen.

Indem wir die Kommunikationsformen von Tieren als gleichwertig betrachten, erkennen wir ihre Autonomie und ihre Fähigkeit, komplexe soziale und emotionale Zustände zu erleben und auszudrücken. Diese Anerkennung fordert uns heraus, unsere eigenen Vorstellungen von Intelligenz, Bewusstsein und Gemeinschaft zu überdenken.

> **In aller Kürze**
> - Sprache ist fundamental für menschliche Identität, Denkprozesse, Handlungen und soziale Interaktionen, ermöglicht die Vermittlung komplexer Konzepte und Emotionen und prägt unsere individuelle und kollektive Existenz.
> - Sie hat jedoch ihre Grenzen in der Abbildung der Bandbreite menschlicher Erfahrungen, da nicht für alle Nuancen adäquate Worte existieren, was zu Interpretationsunterschieden führen kann.

- Systemische Ansätze betrachten Sprache als Realitätskonstrukteur und nutzen Werkzeuge wie Reframing und Metakommunikation, um Perspektiven zu erweitern und Kommunikationsbarrieren zu überwinden.
- Die Erweiterung der Perspektive auf nichtmenschliche Sprachen fördert ein tieferes Verständnis und eine respektvolle Verbindung zu Tieren, indem sie deren Kommunikationsformen als komplexe, vollwertige Systeme anerkennt.
- Intuition und Empathie sind wesentliche Fähigkeiten in der Kommunikation mit Tieren, die auf einem evolutionär bedingten Verständnis sozialer Signale basieren und eine grundlegende, speziesübergreifende Verbindung ermöglichen.
- Das Erlernen tierischer „Sprachen" erfordert ein Überschreiten anthropozentrischer Kommunikationsvorstellungen und ein Eintauchen in die spezifischen Kontexte und Bedeutungen der Tierwelt.
- Die Anerkennung und das Erlernen nichtmenschlicher Sprachen fordern uns heraus, unsere Vorstellungen von Intelligenz, Bewusstsein und Gemeinschaft zu überdenken und tragen zu einer gleichberechtigten und respektvollen Koexistenz aller Lebewesen bei.

Literatur

Dugatkin, L. A. (1992). Tendency to inspect predators predicts mortality risk in the guppy (Poecilia reticulata). *Behavioral Ecology, 3*(2), 124–127. https://doi.org/10.1093/beheco/3.2.124.

Peralta, J. M., & Fine, A. H. (Hrsg.). (2021). *The welfare of animals in animal-assisted interventions.* Springer.

6

Methoden – Vorschläge für positive Interaktionen

6.1 Fellpflege

Manchmal, wenn wir dabei zuschauen, wie Menschen in sogenannten „Reitställen" Pferde oder Ponys „striegeln", wird uns ganz schlecht. Da wird mit Schwung nach klarem Schema geschrubbt, gebürstet und gekämmt, was das Zeug hält – und gern nutzen die Menschen diese Zeit, um sich mit anderen zu unterhalten oder, Kopfhörer im Ohr, zu telefonieren. Die betroffenen Vierbeiner stehen still und halten es aus. Man kann ihnen ansehen, dass es schmerzt, kratzt und ziept, aber sie haben gelernt, geduldig mit uns zu sein und sich nicht zu beschweren. Und wenn sie sich doch mal beschweren, wird geschimpft oder geschubst. Versteh' uns bitte nicht falsch – es nicht überall und immer so. Allerdings haben wir diese Beobachtungen selbst gemacht und möchten sie mit dir teilen, da wir finden, dass bei dieser Art der „Fellpflege" einiges an Beziehungspotenzial verloren geht oder Beziehungen sogar beschädigt werden. Wir möchten dich also hier dazu einladen, mit uns die Perspektive zu wechseln und die Fellpflege als das zu betrachten, was sie ursprünglich ist: nicht nur eine Routine zur Aufrechterhaltung der Sauberkeit und Gesundheit, sondern auch eine Festigung der Verbindung zwischen zwei (oder mehr) Individuen (sowohl artspezifisch als auch artübergreifend). Es geht darum, sich gegenseitig etwas Gutes zu tun, wohltuende Berührungen zu erfahren, und Vertrauen aufzubauen.

6.1.1 Was kann die Methode?

Die Methode ist Grundlage von so ziemlich allen weiteren Interaktionen: Sie setzt den Ton für zukünftige Interaktion und Kommunikation, und erlaubt das Entstehen einer tiefen Bindung. Fellpflege sorgt dafür, dass sowohl bei Menschen als auch bei Tieren Oxytocin, bekannt als „Bindungshormon", freigesetzt wird. Dieses Hormon trägt wesentlich zum Aufbau und der Vertiefung sozialer Bindungen bei, fördert Vertrauen und Empathie und wirkt beruhigend auf das Nervensystem.

Diese biochemische Perspektive zeigt, dass regelmäßige, achtsame Fellpflege nicht nur das Wohlergehen des Tieres verbessert, indem es Stress reduziert und Entspannung fördert, sondern auch eine hormonell gesehen positive Wirkung auf den pflegenden Menschen hat, und somit Ruhe und Entspannung fördert. Wir erleben regelmäßig beinahe oder vollends meditative Zustände unserer Klient:innen, wenn sie das Fell unserer Tiere berühren und pflegen. Sicherlich hat dies mit biochemischen Prozessen zu tun, allerdings spielt auch die Klar- und Einfachheit der Handlungen, der natürliche Fluss der Bewegungen und der enge Fokus auf das Gegenüber eine Rolle. Wir blenden einfach alles andere aus und sind im Hier und Jetzt, wenn wir ein Tier berühren. Insbesondere Menschen – und das betrifft vermutlich fast alle von uns – die regelmäßig der Hektik und Oberflächlichkeit beruflicher oder anderer Systeme ausgesetzt sind, bietet die wunderbare Einfachheit der Fellpflege einen Rückzugsort.

Die dabei automatisch einsetzende feinfühlige Aufmerksamkeit für die Bedürfnisse und Grenzen unserer Tiere schult unseren Blick: Wir lernen, kleinste Zeichen sowohl von Unbehagen als auch von Genuss zu erkennen und unsere Handlungen entsprechend anzupassen. Diese nonverbale Kommunikation bereichert unser nonverbales Vokabular.

6.1.2 Wie macht man das?

- Beginne in Ruhe: Nimm dir zuerst einen Moment, um bewusst „herunterzufahren". Deine Ruhe überträgt sich auf dein Tier und setzt den Ton für die gesamte Zeit. Nähere dich dann langsam und achtsam.
- Wähle weise: Probiere die Bürsten an dir selbst aus – die Oberseite deiner Hand eignet sich hervorragend – wie fühlt sich das an?
- Zeig, was du benutzt: Lass ein Tier die Bürste oder den Kamm sehen und daran riechen, bevor du startest. So weiß er/sie, was gleich passieren wird, und fühlt sich sicherer. Es ist vergleichbar mit einem Arztbesuch. Stell dir

vor, du liegst Gesicht nach unten auf der Liege und siehst nicht, welches Instrument auf deinem Rücken verwendet werden wird – gruselig, oder? Genauso ist es für das Tier, wenn wir einfach anfangen, mit irgendeinem Gerät an seinem/ihrem Körper zu hantieren.
- Achte auf die Signale: Schau genau hin, wie dein Tier reagiert. Mag es die Berührung an bestimmten Stellen nicht? Genießt es die Pflege an anderen? Diese Hinweise helfen dir, die Fellpflege für euch beide angenehm zu gestalten.
- Sei flexibel: Nicht jedes Werkzeug oder jede Technik passt zu jedem Tier oder jeder Situation. Wenn du merkst, dass etwas nicht funktioniert, wechsle das Werkzeug oder probiere eine andere Technik. Mehr oder weniger Druck, kreisende oder streichende Bewegungen, kratzig oder weich…
- Findet euren gemeinsamen Rhythmus: Die Fellpflege sollte sich natürlich und angenehm anfühlen. Findet einen Rhythmus, der für dich und dein Tier passt.
- Smartphone weg: keine Smartphones. Niemals. Stell dir vor, dein:e Partner:in daddelt am Handy, während er/sie dich krault.
- Bedanke dich: Ein freundliches Wort oder ein liebevoller Blick machen die Fellpflege zu einer noch positiveren Erfahrung für dein Tier.

6.1.3 Reflexion

Nutze diese Interaktionsform als Beobachtungsmöglichkeit, die dir erlaubt, dich selbst und deine soziale Beziehungsgestaltung zu reflektieren. Hier sind einige Aspekte, über die du während und nach der Fellpflege nachdenken kannst:

- Umgang mit Ruhe: Wie fühlst du dich, wenn du zur Ruhe kommst? Bemerkst du eine Veränderung in deiner inneren Anspannungskurve? Kannst du die Ruhe annehmen oder wirst du ungeduldig?
- Umgang mit Ablehnung: Wie reagierst du, wenn dein Tier ein Werkzeug oder eine Technik nicht mag? Siehst du Parallelen zu deinem Umgang mit Ablehnung im Alltag? Würdest du dich als „flexibel" bezeichnen?
- Umgang mit Signalen: Wie schwer/leicht fällt es dir, Signale zu erkennen, z. B. Lieblingsstellen, an denen das Tier besonders gern gebürstet wird, zu identifizieren? Wie könnte das bewusste Wahrnehmen kleiner Signale auch deine Beziehungen zu anderen Menschen, vielleicht sogar deinen Umgang mit ihnen im Job, bereichern?

- Umgang mit Verbundenheit: Wie beeinflusst das Gefühl der Verbundenheit mit einem anderen Lebewesen deine Sicht auf Beziehungen und Zusammenarbeit?
- Umgang mit engem Fokus: empfindest du die bewusste Entscheidung, während der Fellpflege auf Ablenkungen wie das Smartphone zu verzichten, als befreiend oder als frustrierend? Was sagt dir das über deine Verstrickung in Alltagsdynamiken? Kannst du für einen Moment aussteigen oder „hängst du fest"? In welchen anderen Bereichen könnte ein Fokus ohne Ablenkungen hilfreich sein.
- Umgang mit Dankbarkeit: Wenn du dich bei deinem Tier bedankst, reflektiere, wie oft und in welchen Situationen du Dankbarkeit im Alltag ausdrückst. Wie fühlt es sich an, Dankbarkeit zu zeigen, und wie wird darauf reagiert?

6.2 Freie Interaktion

Die freie Interaktion mit Tieren basiert auf der Idee, dass intuitive, unstrukturierte Begegnungen mit Tieren uns helfen können, tieferliegende psychologische und systemische Muster zu erkennen. Diese Art der Interaktion lässt Raum für Spontanität und fördert eine Art der Verbindung, die weniger auf einer bewussten Ebene stattfindet, sondern unbewusste Dynamiken sichtbar und erlebbar macht.

6.2.1 Was kann die Methode?

In der freien Interaktion mit einem Tier, wie dem einfachen Beieinandersein mit einem Hund, Pferd oder Pony (oder auch mit einer Schnecke, einem Rotkehlchen etc.) zeigen sich nicht nur intra- und interpsychische Dynamiken, sondern auch Ressourcen, die sich aus einer ungezwungenen, intuitiven Verbundenheit mit unserer Umwelt und den Lebewesen darin ergeben. Wir kommunizieren auf unbewusster Ebene über eine Vielzahl von Mikrosignalen, die wir nicht gezielt steuern, sodass sich die Interaktion ganz natürlich und unverstellt anfühlt.

Tiere, besonders in einer Herde, folgen oft natürlichen Systemdynamiken. Im Vertrauen auf die Kompetenz der Gruppe agiert man gemeinsam, ohne dies zu planen oder zu durchdenken – und es funktioniert! Indem wir diese Dynamiken miterleben und gleichzeitig beobachten, übertragen wir die Einsichten auf andere Strukturen, beispielsweise solche in ausschließlich menschlichen Systemen, vertiefen so unser Verständnis für komplexe soziale Interaktionen.

Das klingt zunächst kompliziert und nach viel Denkarbeit. Dabei ist das Gegenteil der Fall: Der Umgang mit einem Tier erfordert Präsenz und Achtsamkeit – und fördert diese zugleich. Wir interagieren mit den Tieren im Hier und Jetzt – Geschichten über die Vergangenheit oder Pläne für die Zukunft können wir ja schon allein aufgrund der Sprachbarriere nicht miteinander teilen. Die unmittelbare, unverfälschte Art des Umgangs kann uns dabei helfen, einfach im Moment zu sein und diesen mit allen Sinnen zu erleben.

Trotzdem können wir, indem wir beobachten, wie Tiere auf unsere Anwesenheit und unser Verhalten reagieren, wichtige Einsichten über uns selbst gewinnen. Pferde beispielsweise reagieren sehr sensibel auf nonverbale Signale und wahrgenommene Emotionen, was uns hilft, unsere eigenen emotionalen Zustände und die Wechselwirkung mit den Stimmungen anderer besser zu verstehen. Diese Art der Selbstreflexion kann unsere emotionale Kompetenz stärken und uns helfen, unsere eigenen Stimmungen, die Stimmungen anderer und die damit zusammenhängenden Wechselwirkungen besser zu reflektieren.

6.2.2 Wie macht man das?

Es ist tatsächlich denkbar einfach. Handy weg und Zeit mit (d)einem Tier verbringen. Ohne Plan, ohne Agenda, ohne Ziel. Man tut dann eben, was sich so ergib. Oder man tut nichts. Spoiler: indem man nichts tut, tut man irgendwie doch etwas (oder etwas tut sich). Hier ein Beispiel aus unserer eigenen Erfahrung, um dies zu verdeutlichen:

> **Auch eine Methode: ‚Dumm Rumstehen mit Pferden'.** Diese denkbar einfache Praxis beinhaltet, sich physisch in die Nähe von Pferden zu begeben und einfach bei ihnen zu sein. Und dann ist man einfach für eine Weile dort und tut, was sich eben ergibt. Es klingt banal (und das ist es auch) – aber wir sind bisher immer gestärkter, fröhlicher und schlauer aus dieser Art der Interaktion hervorgegangen.

Wie immer ist es wichtig, die individuellen Grenzen jedes Tieres zu erkennen und zu respektieren. Wenn du die Signale (d)eines Tieres subjektiv anders interpretierst, als sie gemeint waren, also Missverständnisse entstehen, kann dies frustrierend und sogar gefährlich sein. Vielleicht kommst du zu nah, obwohl das Tier bereits beschwichtigende Signale gesendet hat. Vielleicht nimmst du Anspannung nicht wahr und siehst Fluchtverhalten nicht kommen. Daher ist es entscheidend, die Sprache der Tiere zu lernen – informiere dich, beobachte viel und suche dir Supervision. Unserer Erfahrung nach ist vor allem entscheidend, dass die Interaktion nicht anthropomorphisiert wird – also keine menschliche Interpretation auf das Tierverhalten projiziert wird. Daher versuche, bei jeder Interaktion die Perspektive zu wechseln und auch dich selbst aus Sicht des Tieres zu sehen [siehe Kap. 6 *Perspektiven*].

Eine erfolgreiche freie Interaktion mit Tieren lebt von kontinuierlichem Feedback und Anpassung. Es ist wichtig, auf die subtilen Signale zu achten, die Tiere geben, um ihre Gefühle und Bedürfnisse zu verstehen. Diese Signale können von Tier zu Tier variieren, daher ist eine individuelle Anpassung der Interaktion notwendig. Bei Anzeichen von Stress oder Unbehagen beim Tier sollte die Art der Interaktion sofort überdacht und angepasst werden, um eine positive Erfahrung für beide Seiten zu gewährleisten.

6.2.3 Reflexion

- Wie habe ich mich während der Interaktion gefühlt?
- Welche Gedanken und Gefühle sind in der Nähe des Tieres aufgetaucht?
- Welche Stimmungen habe ich wahrgenommen?
- Hat sich im Laufe der Interaktion etwas verändert?
- Wie hat das Tier auf meine Anwesenheit und mein Verhalten reagiert?
- Gab es Momente der Überraschung oder unerwartete Reaktionen des Tieres?
- Welche Erkenntnisse über mich selbst und meine Interaktionsmuster konnte ich gewinnen?

6.3 Führen

Die Methode des bewussten Führens bei der Interaktion mit Ponys, Pferden oder Hunden bietet eine tolle Möglichkeit, die eigene Haltung bezüglich Führungskompetenz, aber auch bezüglich anderer Aspekte wie Selbstsicherheit, Vertrauen, Empathie oder Kontrollbedürfnis zu reflektieren und zu schulen. Dieser Prozess eröffnet also nicht nur Entwicklungsmöglichkeiten Umgang mit Tieren, sondern bietet vor allem auch Einblicke in persönliche und soziale Qualitäten.

6.3.1 Was kann die Methode?

Das Ziel des Führens ist es, einen Raum für das Erkunden und Erproben von klarer Kommunikation, Einfühlungsvermögen und Entscheidungsfindung zu schaffen. Durch das bewusste Leiten von Tieren können verschiedene Facetten der Führungskompetenz, wie Klarheit der Körpersprache, Selbst- und Weltvertrauen und Flexibilität im Handeln, erfahrbar gemacht werden.

6.3.2 Wie macht man das?

Wir können unsere Führungsqualitäten im Umgang mit allen Tieren, die gern mit anderen mitgehen, also Rudel- oder Herdentiere sind, und die gern und bereitwillig mit Menschen interagieren, üben. Meerschweinchen und Schildkröten sind also eher wenig geeignet, Hunde und Pferde bzw. Ponys dagegen sehr.

Wir können mit einer Leine oder einem Seil führen, wobei es wichtig ist, darauf zu achten, ob oder wie sehr wir dieses als Machtinstrument benutzen – jemanden gewaltsam zu ziehen sagt zwar viel über uns selbst aus, hat aber wenig mit „Führen" zu tun. In unserer Arbeit haben wir den Anspruch, dass Leinen oder Seile nur als Sicherheits-Werkzeug dienen, nicht als Machtwerkzeug. Sollte also ein Auto entgegenkommen, kann ich, wenn ich eine Leine in der Hand halte, relativ sicher sein, dass mein:e Interaktionspartner:in nicht zu weit auf die Straße laufen kann. Ich benutze sie aber nie dazu, mein:e Interaktionspartner:in gegen seine/ihren Willen irgendwohin zu ziehen.

Wir können allerdings auch ohne Werkzeuge ganz frei vorangehen und das Tier durch unsere souveräne, ruhige Körpersprache, die verdeutlicht, dass wir alles im Griff haben und man uns getrost folgen kann, dazu ermutigen, mit uns mitzukommen. Dies findet dann in einem sicheren Raum, also beispielsweise auf einer umzäunten Wiese oder in einer Halle statt.

Egal, für welche Art des Führens du dich entscheidest, wichtig ist folgendes:

Klare Kommunikation- deine Signale und Anweisungen sollten für den Hund, das Pony oder das Pferd verständlich sein. Das heißt, du brauchst ein „Grundvokabular" der artspezifischen Kommunikation.

- Souveränität – du weißt, wohin du gehst, du scannst die Gegend, sorgst für die Sicherheit aller, gibst ein angenehmes Tempo vor. Du hast also

insgesamt „alles im Griff" und das strahlst du auch aus. Die anderen müssen sich keine Gedanken um mögliche Gefahren oder deine Verfassung machen und können entspannt und vertrauensvoll folgen.
- Entscheidungsfindung/Verlässlichkeit – In unsicheren Situationen (entgegenkommender Traktor, Pfützen, andere Hunde) triffst du ganz ruhig und gelassen Entscheidungen, die das Wohlergehen aller sicherstellen. Das Tier kann sich darauf verlassen, dass du im Zweifel auf ihn/sie aufpasst
- Präsenz – du bist körperlich und geistig komplett da, schweifst nicht ab und nimmst deine Rolle ernst. Deine Gedanken beeinflussen deine Körpersprache – und die beeinflusst wiederum die Tiere
- Empathie – du erspürst die körperliche und psychische Verfassung deines Tieres und passt dein Verhalten entsprechend an. Du sorgst also für physische und emotionale Sicherheit (Untergrund, Umgebung) oder erkennst Motivation bzw. Müdigkeit und passt das Tempo an.

Die Methode ermöglicht das unmittelbare Erleben von Führungseigenschaften in der Interaktion mit Tieren. Du kannst nachfolgend in einer Reflexion persönliche Stärken und Entwicklungsbereiche zu identifizieren. Kläre, wie klar deine Kommunikation war, wie präsent und empathisch du warst, wie du Entscheidungen getroffen hast und wie deine Körpersprache wahrgenommen wurde. Du kannst auch jemand anderen bitten, dich in der Interaktion zu beobachten und ihr teilt eure Eindrücke miteinander.

6.3.3 Reflexion

Wie deutlich waren deine Signale, und wie reagierte das Tier darauf? Wie hast du Entscheidungen getroffen? Wie sehr hast du dir selbst vertraut? Hast du dich als souverän wahrgenommen? Und das Tier? Warst du unsicher? Wie bist du damit umgegangen? Wie hast du Autorität gezeigt? Und wie Empathie? Hat dir das Führen Spaß gemacht? Ist es dir leichtgefallen? An welchen Stellen bist du auf die Bedürfnisse des Tieres eingegangen? Wo nicht? Wieso? Wie war die gefühlte Verbindung zwischen dir und dem Tier? Hat sie sich verändert? Konntest du deinen Führungsstil an Veränderungen anpassen? Wie hast du dich gefühlt? Inwiefern spiegelt dein Führungsstil deine generelle Haltung wider? Welche Reaktionen des Tieres haben dich überrascht? Was hat nicht gut geklappt? Warum? Wie war das Tier „drauf"? Hat es sich (un)wohl gefühlt? Woran lag das?

Sicher fallen dir noch viele weitere Fragen ein!

Die Methode des bewussten Führens in der Interaktion mit Tieren, wie hier beschrieben, ist nicht nur eine Möglichkeit zur Analyse und Anpassung unserer Führungskompetenzen, sondern auch ein exemplarisches Modell für systemisches Denken. Die beobachteten Kompetenzen, darunter klare Kommunikation, Souveränität und Empathie, sind selbstverständlich nicht nur für die Tier-Interaktion relevant, sondern spiegeln auch die Schlüsselelemente erfolgreicher zwischenmenschlicher Beziehungen wider.

Die Erlebbarkeit des eigenen Führungsstils und das unmittelbare Feedback der Tiere gewährt dir also wertvolle Einsichten in deine Ideen und Konzeptionen von Führung und die Möglichkeit, diese weiterzuentwickeln und positiv zu verändern – wenn du bereit bist, genau hinzuschauen und die Rückmeldung deines Tieres ernst zu nehmen.

6.4 Füttern

Die Methode des bewussten und achtsamen Fütterns eröffnet einen vielschichtigen Prozess, der nicht nur die grundlegenden Bedürfnisse des Tieres erfüllt, sondern auch eine Vielzahl positiver systemischer Wirkmechanismen bietet. Das Füttern geht weit über die rein physische Nahrungszufuhr hinaus, schafft positive Beziehungserfahrungen, erhöht die eigene Wirksamkeit, sorgt für das Erleben von Sinnhaftigkeit und dient als Reflexionsanlass für größere Themen. Unsere Beobachtungen zeigen auch, dass gerade Menschen in stressigen Lebenssituationen das Füttern von als eine besonders wohltuende und meditative Erfahrung empfinden.

6.4.1 Was kann die Methode?

Das Füttern ist bereits auf der unmittelbaren Ebene eine sehr sinnvolle Tätigkeit: man stillt dabei die Grundbedürfnisse eines anderen Lebewesens. Nahrung ist nun einmal lebenserhaltend. Uns fallen auf Anhieb wenige Aktivitäten ein, die einen größeren unmittelbar erlebbaren Sinn innehaben. Es schafft zudem als positiver Verstärker den Raum für das gegenseitige Interesse und den Aufbau von Beziehungen zwischen zwei (oder mehr) Lebewesen.

In systemischen Prozessen kann Füttern als Metapher für die Versorgung und Pflege anderer Aspekte des Lebens, wie die der eigenen Bedürfnisse oder zwischenmenschlicher Beziehungen dienen. Das Füttern ist ein deutliches Beispiel dafür, wie im Tierkontakt erlebte Interaktionen, als Metaphern oder

Allegorien auf andere Interaktionssysteme übertragen werden können. Hier geht es um Geben und Nehmen, die Kommunikation und das Befriedigen von Grundbedürfnissen und das Nähren von Beziehungen.

6.4.2 Wie macht man das?

Für welche spezifische Fütterungsmethode man sich entscheidet, sollte nicht nur von den Bedürfnissen der Tiere, sondern auch von Kontexten wie Sicherheitsaspekten abhängen. Welche Art und Weise der Fütterung angemessen ist, hängt sehr von der individuellen Persönlichkeit und Lebenserfahrung des Tieres, sowie den Umständen und dem bisherigen Beziehungsverlauf ab – es gibt also, wie immer in systemischen Prozessen, keine Anleitung und kein Patentrezept. Es erfordert also wie alle unsere Methoden sowohl solide artspezifische Grundkenntnisse (welches Futter, wieviel, wann, wie?), als auch Vertrautheit mit den Individuen und deren Verhaltensweisen.

Grundsätzlich kann man alle Tiere entweder unmittelbar aus der Hand oder mithilfe eines Gefäßes wie einer Schüssel füttern, wobei man dieses entweder selbst festhalten oder abstellen und sich etwas zurückziehen kann.

Aus der Hand:

- Vorteile: Fördert Nähe, Bindung und Vertrauen, ermöglicht gezielte Interaktion und Belohnung.
- Nachteile: Erfordert möglicherweise Zeit für die Akzeptanz oder sorgt für Stress, insbesondere bei schüchternen Tieren.

Aus einer Schüssel o. Ä.:

- Vorteile: Bequem und sicher, besonders wenn man mehr als ein Tier gleichzeitig füttern möchte (es versteht sich von selbst, dass man so viele Schüsseln wie Individuen braucht, um Streit zu vermeiden), oder bei ungestümen oder ängstlichen Tieren.
- Nachteile: Geringere direkte Interaktion und Nähe im Vergleich zur Handfütterung.

Meerschweinchen Die Handfütterung von Meerschweinchen fördert Nähe und Vertrauen. Auch wenn es bei schüchternen Tieren eine gewisse Zeit erfordern kann, bis sie sich herantrauen, ermöglicht diese Methode eine persönliche Verbindung. Sie belohnt Ruhe, Geduld und Verlässlichkeit – das

Schweinchen kommt erst, wenn es sich sicher ist, dass man ihm nichts tut, man sich also gar nicht oder kaum bewegt. Wir setzten diese Methode gern bei Menschen ein, die es gewöhnt sind, hektisch, laut oder unruhig zu interagieren und neue Ressourcen und alternative Handlungsmöglichkeiten erkunden möchten.

Alternativ bietet das Füttern aus einer Schüssel den Vorteil, dass man sich etwas zurückziehen und das freudige Knabbern der Meerschweinchen aus Ferne beobachten kann. Hier ist die Erfahrung, anderen bewusst Raum zu geben sich selbst zurückzunehmen, oft heilsam und lehrreich.

Meerschweinchen können mit einer Vielzahl von Gemüse- und Obstsorten gefüttert werden, wie Karotten, Äpfel oder Gurken. Sie lieben auch (ungiftige!) Zweige mit Blättern, Kräuter oder naturbelassenes Wiesengras.

Pferde Die Handfütterung von Pferden schafft Nähe und fördert die Beziehung, erfordert jedoch Rücksicht auf die Persönlichkeit des Pferdes. Kann er/sie „Finger" von „Karotte" unterscheiden? Wird er/sie uns auf ewig nach Essbarem absuchen, weil er/sie einmal etwas aus unserer Tasche bekommen hat? Wir verwenden Futter nur sehr selten als Belohnung für Pferde. Stattdessen ermutigen wir die Menschen, die mit uns und den Tieren arbeiten, wohltuende Berührungen als positive Verstärker einzusetzen [siehe „Fellpflege" in diesem Kap. 6].

Unserer Erfahrung nach wirkt es allerdings beruhigend und meditativ, den Pferden beim Essen zuzusehen, ohne es direkt aus der Hand zu geben. Man kann beispielsweise jede Menge Heu hinlegen oder anderes Pferdefutter in einer Schüssel anbieten und dann einfach dabei sein, während das Pferd isst – es gibt nur wenige Geräusche, die so entspannend wirken wie das gleichmäßige Kauen eines Pferdes. Es ist allerdings enorm wichtig, die Signale der einzelnen Tiere richtig zu deuten und ihre Persönlichkeit zu kennen: wie nah dürfen wir beim Essen kommen? Fühlen sie sich überhaupt wohl, wenn jemand danebensteht oder zuschaut? Im Zweifelsfall ist es ratsam, mehr Abstand zu halten und aus einer Distanz, die nicht als Bedrohung empfunden wird, zuzusehen.

Pferde brauchen dauerhaften Zugang zu hochwertigem Heu, und werden daneben (wohldosiert) mit speziellen Müsli-Mischungen gefüttert. Karotten, Bananen, Möhren oder Leckerlis gibt es als Snacks.

Hunde Handfütterung (mit Leckerlis oder Ähnliche) von Hunden ermöglicht unmittelbare Interaktion und wird insbesondere als Belohnung nach gelungenen Übungen eingesetzt. Wenn es dir unangenehm ist, den Zähnen des Hundes so nah zu kommen oder wenn dein Hund vor lauter Eifer fest zuschnappt, kannst du auch hier ein kleines Schälchen verwenden.

Manche Menschen füttern ihre Hunde ausschließlich aus der Hand – davon halten wir nicht viel, weil wir es wichtig finden, jedem Lebewesen einen sicheren Raum zu bieten, in dem er/sie in Ruhe und ohne Stress oder Angst, wieder etwas weggenommen zu bekommen, seine/ihre Grundnahrung zu sich nehmen kann.

Hunde können mit hochwertigem Hundefutter, Fleisch, Gemüse gefüttert werden, ergänzt durch Leckerlis als positive Verstärker im Training und zur Förderung einer vertrauensvollen Beziehung.

> **Achtung**
> Bitte beachte, dass Hunde-, Meerschweinchen- und Pferdefütterung Wissenschaften für sich sind, also bitte informiere dich ausgiebig, bevor du Essbares anbietest.

Das Füttern stellt oft eine solide und positive Grundlage für jede weitere Interaktion dar: Wenn ich jemanden neu kennenlerne und ein kleines Geschenk mitbringe, habe ich mich wahrscheinlich recht schnell beliebt gemacht, und so ist es bei Tieren auch. Jemand, der/die ihnen etwas Leckeres zur Begrüßung mitbringt, kann ja nicht von Grund auf schlecht sein. Es ist also eine Brücke, um den Ton auf „wohlwollend" zu setzen und den Weg für den weiteren Umgang zu ebnen.

In diesem Sinne ist es auch beziehungserhaltend, zwischendurch daran zu erinnern, dass man es gut meint und Anderen eine Freue macht.

Wenn Tiere neu bei uns einziehen, verlangen wir in den ersten Wochen überhaupt nichts von ihnen (keine Spaziergänge, keine Übungen, kein Spielen), sondern tun ihnen nur Gutes: wir füttern sie, sprechen lieb mit ihnen, schaffen sichere und bequeme Rückzugsorte und kraulen sie (falls das gewünscht ist und keinen Stress erzeugt). Dadurch merken unsere Tiere, von denen die meisten vorher in prekären bis desolaten Umständen gelebt haben und eher negative Erfahrungen mit Menschen verbuchen können, dass wir ihnen wohlgesonnen sind und dass ihre Versorgung nicht an Bedingungen geknüpft ist. Essen gibt es immer und reichlich – man muss sich keine Sorgen machen.

Weiterhin ist es eine positive Verstärkung für die Interaktion miteinander: nicht nur für das Tier, sondern auch für unsere eigenen Wirksamkeit. Wir können jemandem etwas Gutes tun! Dies führt zu einer Positiv-Spirale: ich nehme mich selbst als gebend und in diesem Sinne wirksam wahr, und erlebe gleichzeitig die Freude des Tieres, was mich wiederum motiviert, diese gebende, wirksame Grundhaltung beizubehalten. Insbesondere bei Menschen, die sich selbst als wenig gebend und ihren Alltag als wenig sinnhaft erleben [Siehe Kap. 3 *Fallbeispiele*] kann dies Wunder bewirken.

Das Beobachten der Tiere beim Essen erleben unsere Klient:innen, insbesondere, wenn sie ihren Alltag als stressig erleben, als meditativ und beruhigend. Tatsächlich kennen wir niemanden, der/die sich freiwillig nach kurzer Zeit abgewendet hat, wenn es darum ging, unsere Meerschweinchen beim Wegknabbern von Gemüse oder Kräutern zu beobachten.

In der Reflexion dient das Füttern als Denkanlass für „nurturing"-Prozesse, also Dynamiken, die mit Hege und Pflege im Allgemeinen zu tun haben – wer kümmert sich um wen? Ist es an Bedingungen geknüpft? Sind die Qualität und Quantität der Pflege/Sorge angemessen? Wie sehr definieren sich Systeme/Individuen über die Rolle des Pflegenden? usw.

6.4.3 Reflexion

Die Fütterung unserer Pferde und ihre eigenen ambivalenten Gefühle in diesem Moment regte eine Klientin dazu an, über die Sozialisation in ihrer Familie nachzudenken: Zuneigung wurde über „Futter" gezeigt: es wurde ständig Essen angeboten, ein Ablehnen galt als unhöflich, und die primäre Sorge in der Familie bestand darin, für alle Eventualitäten (Gäste etc.) vorgesorgt zu haben. Auch die Tiere der Familie wurden so sehr überfüttert, dass sie gesundheitlich darunter litten. Die Klientin analysierte, dass die „Währung" in der Familie Nahrung war – so löste man Konflikte, zeigte Zuneigung, belohnte erwünschtes Verhalten und knüpfte Beziehungen. Das Ablehnen von angebotener Nahrung kam einem Beziehungsabbruch nahe. Durch diese Erkenntnis konnte die Klientin Dekonstruktionsprozesse anstoßen. Ressourcen innerhalb des Systems wurden identifiziert: der Wunsch, anderen Gutes zu tun, war ja da! Sie erkundete alternative Handlungsmöglichkeiten und fand in der Interaktion mit unseren Tieren andere Wege des Bindungsaufbau und der Fürsorge. Somit wurden alte Muster sanft gestört, bzw. „genudgt". Die Klientin berichtete später deutlich mehr Lebenszufriedenheit: durch die Analyse hatte sie die positiven Absichten ihrer Familie erkannt und trotzdem für sich selbst den Handlungs- und Haltungsraum erweitert.

6.5 Spazieren gehen

Das scheinbar schlichte und wenig komplexe Unterfangen des Spazierengehens ist bei genauerer Betrachtung eine wunderbare Methode, um systemisch Prozesse zu erleben und zu erforschen. Der Spaziergang geht weit über eine körperliche Aktivität hinaus, sondern kann Aufschluss über unsere Selbstkonzeptionen, Beziehungsdynamiken und Umweltinteraktionen geben. Wir empfehlen, beim Spaziergang jede Menge fröhliche Hunde, Ponys oder andere Kreaturen mitzunehmen (egal ob gleichzeitig oder nacheinander) um von deren mannigfaltigen Perspektiven zu profitieren. Du solltest allerdings die Sicherheit aller in den Vordergrund stellen („nicht mehr Hunde als Hände" hat sich beispielsweise bei uns als Faustregel bewährt) und alle gut im Blick behalten.

6.5.1 Was kann die Methode?

Das primäre Ziel des Spaziergangs ist es, einen gemeinsamen „Frei-Raum" zu schaffen, in dem Mensch und Tier miteinander interagieren können. Dabei geht es nicht nur um physische Bewegung, sondern auch um den Aufbau von Vertrauen, das Erkunden neuer Terrains und das Wahrnehmen der Umwelt aus der Sicht des/der Anderen. Auf psychischer Ebene dient ein Spaziergang dazu, intuitiv und nonverbal das eigene Verhalten und die eigene Wirksamkeit sowie die der anderen im System zu erfahren und zu erleben. Ein anderer Ansatz kann ein meditativer Spaziergang sein, bei dem Verbundenheit mit anderen Lebewesen und der Natur erreicht wird, ohne dabei Dinge oder Konzepte zerdenken zu müssen.

6.5.2 Wie macht man das?

Ein fröhlicher Spaziergang mit einem Pony könnte beispielsweise wie folgt aussehen: Die Interaktion beginnt mit behutsamen Annäherungen, um Vertrauen aufzubauen. Wenn man sich so gut kennt, dass man sicher ist, dass beide entspannt und mit Freude miteinander unterwegs sein werden, und die Tagesform stimmt, kann es losgehen. Man kann gemeinsam eine vorher festgelegte Route ablaufen oder einfach spontan schauen, wohin die Reise geht. Während des Gehens werden die nonverbalen Signale des Ponys aufgenommen, um seine Gemütsverfassung und Präferenzen zu verstehen. Man versucht wahrscheinlich automatisch, die Umwelt aus Sicht des Ponys, eines

Fluchttieres, zu sehen: was erscheint uns mit dieser Fluchttierbrille gruselig? Wo lauern Gefahren? Wohin sollte man besser nicht gehen? Wohin zieht es uns? Wo fühlen wir uns sicher (und mit wem)? Da wir kognitiv und physisch aktiv sind bleibt während des Gehens wahrscheinlich wenig Raum für Selbstbeobachtung und Reflexion – dies kann man aber danach tun (siehe unten).

Die Führung während des Spaziergangs könnte bei einer Person/einem Pony liegen, sich spontan zwischen Mensch und Pony abwechseln, oder man tritt bei jeder Richtungsfrage in Verhandlungen… Einfach, wie es sich richtig anfühlt. Es wird unvorhersehbare Momente geben, z. B. wenn das Pony abrupt die Richtung ändert oder auf bestimmte Umweltreize reagiert. Der Spaziergang ist also nicht nur eine plumpe physische Aktivität, sondern wird zur kontextuellen Erfahrung, in dem Mensch, andere Lebewesen und Umwelt aufeinander einwirken und in Wechselwirkungen treten.

Diese Methode wirkt systemisch, indem sie nicht nur die unmittelbare Interaktion betrachtet, sondern diese in den größeren Kontext von Natur, sozialen Beziehungen und der Verschiedenheit individueller Perspektiven einbettet. Die Fokussierung auf Erfahrbarkeit, gemeinsame und unterschiedliche Blickrichtungen, das gegenseitige Ergänzen von Wahrnehmungen und die Unvorhersehbarkeit trägt dazu bei, Systemdynamiken erlebbar zu machen, aktiv zu gestalten und zu verändern. Der Spaziergang ermöglicht eine systemische Dynamik, bei der sowohl mit dem Tier als auch gemeinsam (wenn auch auf unterschiedliche Weise) mit Umweltfaktoren interagiert wird, und somit neue Erkenntnisse auf kognitive, intuitive und nonverbale Weise generiert werden.

6.5.3 Reflexion

- Auf welche Weise sind wir spazieren gegangen? Schnell? Langsam?
- Haben wir ein Ziel verfolgt oder den Weg genossen?
- Konnten wir uns auf den/die andere(n) einstellen, z. B. unser Tempo anpassen?
- Haben wir versucht, den Prozess zu kontrollieren oder dem Tier/uns selbst/anderen vertraut?
- Waren wir nah beieinander oder weit voneinander entfernt?
- Wie haben unsere jeweiligen nonverbalen Signale unseren Umgang und unsere Wahrnehmung beeinflusst?
- Wie wurde auf unvorhersehbare Situationen reagiert?
- Wie haben sich unsere Perspektiven ergänzt?

6.6 Spielen

Spielen bietet unendlich viele Möglichkeiten. Was alle Spiele allerdings gemeinsam haben: Ein zentrales Merkmal des Spiels ist das Erproben von Haltungen und Handlungen, das in einem geschützten Raum stattfindet. Idealerweise schafft das Spiel so Raum für neue Perspektiven und Erfahrungen, und geht mit Freude einher.

6.6.1 Was kann die Methode?

Spielen ermöglicht es uns, uns auszuprobieren. Es erlaubt das Erproben unterschiedlicher Rollen, Strategien und Aktivitäten, unabhängig von den Limitationen und Anforderungen, die wir im Alltag erleben. Sowohl physisch als auch psychisch wirkt führt Spielen zu Bewegung und Flexibilität. In der Interaktion mit Tieren fördert das Spielen natürlich auch positive Bindungserfahrungen.

6.6.2 Wie macht man das?

Da uns unzählige Spielmöglichkeiten zur Verfügung stehen, möchten wir hier keine Anleitung geben – die findest du im Internet oder in spezifischen Büchern – sondern einige grundlegende Überlegungen mit dir teilen, die unserer Meinung nach bei der Gestaltung von Spielen mit Tieren mitbedacht werden sollen.

Die Kunst ist es nämlich, das passende Spiel für den jeweiligen Anlass und Kontext zu finden, bei dem auch die Disposition von Person und Tier berücksichtigt werden. Die Auswahl des richtigen Spiels erfordert also Feingefühl und Anpassungsfähigkeit.

Du solltest deine Tiere kennen. Die Auswahl des Spiels für ein Tier erfordert ein gutes Verständnis der individuellen Persönlichkeit, Vorlieben und Grenzen. Es geht darum, eine Balance zu finden, die sowohl Herausforderung als auch Spaß bietet, ohne das Tier zu überfordern. Die kontinuierliche Motivation des Tieres sollte dabei im Fokus stehen. Also: was findet mein Tier spannend? Was tut es gern? Was könnte es noch lernen? Wo sind Grenzen? Womit wäre es überfordert?

Ein Pferd, das negative Erfahrungen mit menschlicher Aggression und/oder hektischen Bewegungen gemacht hat, bevorzugt natürlich ruhige Spiele, bei denen das gemeinsame, sichere und entspannte Interagieren und nicht Geschwindigkeit oder abrupte Bewegungen im Vordergrund stehen. Im Gegensatz dazu kann ein fröhlicher und bisweilen aufgedrehter Hund, der gerne rennt und Menschen grundsätzlich vertraut, also kein Problem mit erhobenen Händen und schnellen Bewegungen hat, Spiele wie Rennen und Werfen bevorzugen.

Beispiele für ungeeignete Spiele sind:

- Laute Spiele für schüchterne Tiere. Laute Spiele mit vielen Geräuschen können für schüchterne Tiere beängstigend sein und Stress verursachen.
- Hektische Bewegungen für ängstliche Tiere. Tiere, die ängstlich sind oder negative Erfahrungen mit hektischen Bewegungen gemacht haben, sollten nicht in Spiele involviert werden, die diese Elemente beinhalten. Bedenke vor allem in der Interaktion mit Fluchttieren, dass es ihr „default mode" ist, bei Unsicherheit wegzulaufen!
- Komplexe Spiele für Tiere mit wenig kognitiver Ausdauer oder Frustrationstoleranz: Spiele, die sehr schwierig sind und unsicheren Tieren Druck machen, wenn sie die Aufgabe nicht verstehen, können Ängste verstärken und die Bindung beeinträchtigen.
- Überfordernde Aktivitäten für ältere Tiere: Ältere Tiere könnten durch zu intensive körperliche Aktivitäten überfordert sein, was ihre Gesundheit beeinträchtigen könnte. Es ist wichtig, altersgerechte Spiele zu wählen.
- Spiele ohne klare Struktur: Wenn nicht klar ist, was gerade passiert – spielen wir „Fangen" oder ist es ein Angriff? – können Verwirrung und Unsicherheit auftreten.

Aus Schilderungen von Menschen, die uns von misslungenen Spielversuchen mit Tieren berichten, hören wir immer wieder heraus, dass das Problem darin liegt, dass nicht auf die Disposition und die Bedürfnisse der Tierart oder des individuellen Tieres eingegangen wird, was zu massivem Stress führt, der auch nicht erkannt wird, woraufhin er sich in irgendeiner Weise entlädt (kompletter Rückzug, überdrehtes Verhalten, Flucht oder Angriff).

Ebenso solltest du auch dich selbst bzw. die Person, mit der du systemisch arbeitest, fragen: Was möchte ich mit dem Spiel ich ausprobieren? Was ist mein Anliegen? Worum geht es eigentlich? Aus sich heraus gehen? Aufmerksamkeit? Körperliche Aktivität? Multitasking? Bindung?

Spiele kann man zwar sicherlich auch willkürlich einsetzen und dabei Spaß haben – wenn man aber etwas über sich selbst oder die systemischen Dynamiken, in denen man sich befindet, herausfinden möchte, ist die Wahl des Spiels entscheidend.

Auch der Spielkontext spielt eine entscheidende Rolle, insbesondere in Bezug auf Sicherheitsaspekte. Die Bodenbeschaffenheit, das Vorhandensein eines Zauns oder potenzielle Ablenkungen müssen berücksichtigt werden. Diese Faktoren beeinflussen die Art des Spiels, das sicher und angemessen ist. Zum Beispiel könnte ein unebener, löchriger Boden zu schlimmen Verletzungen führen, wenn man unkontrollierte Rennspiele spielt, während das Fehlen eines Zauns und die Nähe einer befahrenen Straße ein Ballspiel nicht ratsam erscheinen lässt. Habe ich mich für ein Konzentrations-Spiel, z. B. das gemeinsame Suchen versteckter Gegenstände, entschieden, ist es wichtig, möglichst wenig Ablenkungen zu haben. Die Anpassung des Spiels an den Kontext ist also essenziell – in unserer Erfahrung führt es zu besonders großer Frustration, wenn das Spiel eigentlich perfekt auf die Bedürfnisse der Menschen und Tieren zugeschnitten ist, aber aufgrund dritter Faktoren, die nicht berücksichtigt werden, nicht „funktioniert".

Wichtig: Brich' das Spiel ab oder passe es an, wenn du bemerkst, dass dein Gegenüber in Frust, Stress oder Erschöpfung verfällt. Es ist von größter Bedeutung, während des Spiels auf die Reaktionen des Tieres zu achten. Wenn Anzeichen von Unwohlsein, Angst, Anspannung oder mangelndem Interesse erkennbar sind, ist es wichtig, das Spiel sofort zu beenden oder so umzugestalten, dass sich das Tier wieder wohl fühlt. Die Fähigkeit, das Spiel flexibel an die Bedürfnisse des Tieres anzupassen oder es bei Bedarf zu beenden, ist entscheidend, um eine positive Erfahrung zu gewährleisten.

Spielen klingt erst einmal locker – bietet aber Raum für tiefgehende Reflexion über individuelle und systemische Dynamiken. Während des Spielens können wir uns erleben, welche Rollen wir im Alltag einnehmen, welche Strategien wir verfolgen und wie wir mit Herausforderungen umgehen. Vielleicht erkennen wir unbewusste Muster und erforschen alternative Handlungsmöglichkeiten [siehe Kap. 4 *Leitfaden*].

Ein Beispiel aus unserer Arbeit illustriert die reflektive Dimension des Spielens: Während des gemeinsamen Spielens mit seinem eigenen, eher schüchternen Hund erkannte ein Klient (auf unser Nachfragen hin), dass seine Tendenz, dem Hund viel abzuverlangen und ihn damit zu überfordern, Überkompensation seiner eigenen Unsicherheiten und Ängste darstellen könnte. Das bewusste Erleben dieses Moments im Spiel ermöglichte es dem Klienten, tiefer in seine eigenen Verhaltensmuster einzutauchen und konstruktive Veränderungen in der Interaktion mit dem Hund – und darüber hinaus – vorzunehmen.

Die Reflexion, die automatisch während des Spiels entsteht, kann somit als ein Instrument dienen, um systemische Prozesse zu verstehen, Beziehungen zu verbessern und persönliche Wachstumsprozesse zu initiieren. Es öffnet einen Raum, in dem spielerisches Handeln zu ernsthaften Erkenntnissen führen kann.

6.6.3 Wozu führt es?

Die Art und Weise, wie wir Spiele gestalten und wie Tiere darauf reagieren, enthüllt Aspekte unserer Interaktionsdynamiken, die in anderen Kontexten weniger offensichtlich und uns möglicherweise nicht gar bewusst sind. Ein Beispiel hierfür sind die Schwierigkeiten, offene Spielphasen mit unvorhersehbaren Interaktionen oder chaotische Phasen aushalten zu können, die wie bei unseren Klient:innen regelmäßig beobachten. Dies weist dann auf tiefer liegende Kontrollbedürfnisse oder Unsicherheiten hin, und macht einen genaueren Blick lohnend.

Das Spiel ermöglicht es somit auch, Beziehungsmuster zu identifizieren. Wenn wir beispielsweise feststellen, dass wir in bestimmten Spielsituationen dazu neigen, zu dominieren oder die Kontrolle zu behalten, könnten wir uns fragen, ob diese Muster in anderen Bereichen unseres Lebens und unserer Beziehungen ebenfalls präsent sein, woher sie kommen und wie sie unsere Interaktionen beeinflussen. Das Spiel wird somit zu einem Mikrokosmos, der unsere makroskopischen System-Dynamiken widerspiegelt.

6.6.4 Reflexion

- Wie habe ich das Spiel gestaltet? Die Auswahl von Spielen und deren Struktur spiegelt unsere Präferenzen und Herangehensweisen wider. Hierbei ist zu überlegen, ob bestimmte Muster, wie etwa Dominanz oder Unterordnung, erkennbar sind.
- Wie haben die Tiere reagiert? Die Reaktionen der Tiere auf unsere Spielvorschläge sind vielsagend. Verweigern sie sich bestimmten Aktivitäten oder zeigen sie Anzeichen von Stress? Dies könnte auf bisher übersehene Aspekte unserer eigenen Interaktionsmuster hinweisen.
- Was hat (nicht) funktioniert? Welche Kontexte und Interaktionen haben zu einem Flow-Erlebnis/Verunsicherung/Abbruch/Freude … geführt?
- Was hat das mit dem „echten Leben" zu tun? Wenn bestimmte Verhaltensmuster oder Reaktionen des Tieres in verschiedenen Spielsituationen wiederholt auftreten, ist es wichtig, zu überlegen – kommt mir das bekannt vor? Gibt es Situationen außerhalb des Spielens, in denen andere ähnlich auf mich reagieren?

Insgesamt ermöglicht die Reflexion des Spiels also eine systemische Selbstbeobachtung. Das Spiel dient als Instrument, um verborgene Muster zu entdecken, zu verstehen und gegebenenfalls zu verändern.

6.7 Stellvertreter:innen

Betrachten wir bewusst die Persönlichkeiten, Eigenheiten und individuellen Biografien unserer Tiere, so bieten sich uns wunderbare Möglichkeiten zur Selbstreflexion, ohne aber dabei ständig in der oft schmerzhaften „Ich-Perspektive" verbleiben zu müssen. Es geht bei dieser Methode darum, das Tier als mit all seinen Erfahrungen und Erlebnissen, aber auch den entwickelten Ressourcen und Strategien im breiteren Lebenskontext zu betrachten. Diese Perspektive ermöglicht es uns, Parallelen und Unterschiede zu unseren persönlichen Herausforderungen und Erfahrungen zu erkennen, und diese so aus einem anderen Blickwinkel zu betrachten und neue Einsichten zu gewinnen.

6.7.1 Was kann die Methode?

Die Methode der Reflexion und Externalisierung durch tierische Stellvertreter:innen bietet uns die Möglichkeit, schwierige Aspekte unseres Lebens in der dritten Person zu thematisieren. Dieser Ansatz erlaubt es, emotionale Distanz zu unseren eigenen Herausforderungen zu gewinnen und diese aus einer wohlwollenderen Perspektive zu betrachten.

Wenn wir die Persönlichkeit, die Eigenheiten und die Biografie eines Tieres erkunden, können wir dessen Bewältigungsstrategien in einem anderen Licht sehen. Wir neigen dazu, Tieren gegenüber nachsichtiger zu sein als uns selbst gegenüber, was uns in diesem Fall hilft, Verhaltensweisen, die auf den ersten Blick seltsam oder unangenehm erscheinen, in einem positiveren Kontext zu sehen. Diese wohlwollende Betrachtung kann dann als Modell für den Umgang mit unseren eigenen Herausforderungen dienen.

Denken wir an ein verletztes Tier, das sich aus einem Schutzbedürfnis heraus oder zur Heilung zurückzieht. Wir akzeptieren dieses Verhalten als natürliche, gesunde Reaktion auf Schmerz oder Trauma. Diese Einsicht lässt uns überlegen, ob wir nicht auch in schwierigen Zeiten in unserem Leben einen Rückzug brauchen könnten, um zu heilen. Indem wir das Verhalten des Tieres als vernünftig und angemessen anerkennen, eröffnen wir uns die

Möglichkeit, eigene, ähnlich intuitive Reaktionen in unserem eigenen Leben zu akzeptieren und zu verstehen.

Durch die Betrachtung der Erfahrungen unserer Tiere und deren Reaktionen erhalten wir wertvolle Einsichten in unsere eigenen emotionalen Prozesse und lernen, uns selbst gegenüber mehr Verständnis und Nachsicht zu zeigen. Diese Methode hilft uns nicht nur, schwierige Lebensphasen besser zu bewältigen, sondern fördert auch ein tieferes Verständnis für die Komplexität unserer eigenen Emotionen und Verhaltensweisen.

6.7.2 Wie macht man das?

Am besten funktioniert diese Methode mit einem Tier, das du schon ziemlich gut kennst. Dies kann ein eigenes Haustier sein, ein Tier aus einem Tierheim oder ein Tier, zu dem du regelmäßigen Kontakt hast. Es ist wichtig, dass bereits eine Verbindung und vor allem ein echtes Interesse an dem Tier besteht.

1. Beobachtung und Analyse:
   – Starte damit, das Tier in seinem natürlichen Verhalten zu beobachten. Achte auf seine Gewohnheiten, Reaktionen auf verschiedene Situationen und seine Interaktionen mit der Umgebung.
   – Versuche (auch durch Nachfrage bei Anderen), die Biografie des Tieres zu verstehen: Woher kommt es? Was hat es erlebt? Welche besonderen Verhaltensweisen hat es entwickelt?
2. Parallelen und Kontraste erkennen:
   – Überlege, wie die Lebensgeschichte des Tieres und seine Verhaltensweisen Parallelen oder Unterschiede zu deinen eigenen Erfahrungen und Reaktionen aufzeigen.
   – Reflektiere, welche Strategien das Tier entwickelt hat, um mit seinen Herausforderungen umzugehen. Vergleiche diese mit deinen eigenen Strategien.

Der Prozess der Reflexion und Externalisierung – indem über ein anderes Lebewesen nachgedacht und gesprochen wird – führt zu einer erhöhten Akzeptanz eigener Reaktionen, Gefühle und Verhaltensweisen. Indem zunächst die Schwierigkeiten und Herausforderungen in der dritten Person thematisieren, öffnen wir die Tür für ein objektiveres und weniger voreingenommenes Betrachten unserer eigenen Probleme. Diese Methode erleichtert es, eigene Verhaltensweisen, die wir vielleicht zuvor verurteilt, hart kritisiert oder ignoriert haben, in einem neuen Licht zu betrachten. Dieser Ansatz kann zu einer verbesserten Akzeptanz des eigenen Selbst mit allen Herausforderungen und Belastungen führen. Letztlich ermöglicht er es, uns selbst und unsere Reaktionen auf das Leben mit mehr Mitgefühl und Verständnis zu begegnen.

6.7.3 Reflexion

Die Anwendung der gewonnenen Einsichten auf das eigene Leben ist der nächste Schritt. Überlege, wie du das, was du durch die Betrachtung des Tieres erfahren hast, auf dein eigenes Leben übertragen kannst. Vielleicht erkennst du, dass ein Rückzug in schwierigen Zeiten, ähnlich wie das Tier es tut, auch für dich eine sinnvolle Strategie sein könnte. Du bemerkst eventuell, dass es eine natürliche Reaktion sein kann, abweisend zu reagieren, aus Angst zuzubeißen … oder das eigene Essen mit Zähnen und Klauen zu verteidigen. Experimentiere, wenn du möchtest, auch mit neuen Verhaltensweisen oder Einstellungen, die du von deinem Tier übernehmen kannst. Dieser Prozess erfordert Geduld und Offenheit, resultiert aber oft in erhöhter Selbstakzeptanz und persönlicher Entwicklung.

7

Ein letzter Ausblick

Bevor wir diese letzten Zeilen geschrieben haben, legten wir uns für einen Moment auf den warmen Boden vor dem Ofen. Unsere kleine Hundedame Topo kam leise zu uns und legte sich sanft auf unsere Brust, wo sie ruhig und zufrieden einschlief. Wir konnten ihr Herz schlagen hören, ihren Atem spüren und ihr glattes Fell fühlen. In diesem Augenblick verspürten wir große Dankbarkeit: So vieles von dem, was wir wissen, denken und fühlen, haben wir von dir gelernt, Topo, und von all den anderen Tieren, die wir kennen!

Wir haben gelernt, und lernen immer noch, zu beobachten; auf große Zusammenhänge und kleine Details zu schauen, die Perspektive zu wechseln und unsere Blickrichtung neu auszurichten. Wir haben die unterschiedlichsten Beobachtungsbrillen ausprobiert – wobei uns einige deutlich besser standen als andere – und bemerkt, dass die Welt wirklich unterschiedlich aussehen kann, je nachdem wie man schaut.

Wir haben eine systemische Haltung entwickelt, die im ständigen Wandel ist und doch auf einem festen Fundament steht. Wir haben Systeme analysiert, Dynamiken erkannt, Strukturen aufgedeckt, Glaubenssätze hinterfragt und die Konstruktionen unserer Realitäten liebevoll dekonstruiert.

Wir haben akzeptiert, dass es so ist wie es ist – um dann die alten Muster sanft zu stören, Neues auszuprobieren und uns an Veränderungen zu erfreuen. Wir haben erlebt, wie sehr wir mit der Welt verbunden sind, und sind uns unserer eigenen systemischen Wirksamkeit in dieser Verbindung bewusst geworden. Wenn wir von „uns" sprechen, schließen wir dich mit ein. Du hast all diese Prozesse mit uns erlebt: du hast die Fälle begleitet, unseren systemischen Leitfaden mit uns durchdacht und jede Menge Ideen ausprobiert. Du hast unsere Tiere kennengelernt und dich auf ihre Blickwinkel eingelassen. Du hast deine eigenen Systeme aus allen möglichen Perspektiven und vor verschiedenen Hintergründen betrachtet und vielleicht ein wenig Ordnung ins Chaos gebracht. Möglicherweise hast du auch Chaos in die Ordnung gebracht – auch das wäre großartig!

Vielleicht warst du auch einmal an dem Punkt, an dem wir Mik am Anfang des Buches abgeholt haben – und vielleicht hast du nun den Tunnel verlassen und einen neuen (Aus-)Blick auf die Welt und deine Wirksamkeit darin bekommen.

Wenn uns heute jemand dieselbe Frage stellen würden, die wir Mik damals gestellt haben, würden wir sagen: 10 von 10. Und du?

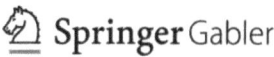 springer-gabler.de

Mehr Bücher von Mario S. Staller

Jetzt bestellen: link.springer.com

MIX
Papier aus verantwortungsvollen Quellen
Paper from responsible sources
FSC® C105338

If you have any concerns about our products,
you can contact us on
ProductSafety@springernature.com

In case Publisher is established outside the EU,
the EU authorized representative is:
**Springer Nature Customer Service Center GmbH
Europaplatz 3, 69115 Heidelberg, Germany**

Printed by Libri Plureos GmbH
in Hamburg, Germany